———————— 国家自然科学基金项目
———————— 云南省"万人计划"教学名师潘玉君工作室
———————— 云南省低纬高原地理环境与区域发展特色优势学科

地理学思想史

以中国为中心的地理学大事年表

上

潘玉君　著

中国社会科学出版社

图书在版编目（CIP）数据

地理学思想史：以中国为中心的地理学大事年表：全2册/潘玉君著.
—北京：中国社会科学出版社，2021.10
ISBN 978-7-5203-9122-1

Ⅰ.①地… Ⅱ.①潘… Ⅲ.①地理学史—思想史 Ⅳ.①K90-09

中国版本图书馆 CIP 数据核字（2021）第 191358 号

出 版 人	赵剑英	
责任编辑	孔继萍	
责任校对	刘 娟	
责任印制	郝美娜	

出 版	中国社会科学出版社	
社 址	北京鼓楼西大街甲 158 号	
邮 编	100720	
网 址	http://www.csspw.cn	
发 行 部	010-84083685	
门 市 部	010-84029450	
经 销	新华书店及其他书店	
印 刷	北京君升印刷有限公司	
装 订	廊坊市广阳区广增装订厂	
版 次	2021 年 10 月第 1 版	
印 次	2021 年 10 月第 1 次印刷	
开 本	710×1000 1/16	
印 张	31.25	
插 页	2	
字 数	462 千字	
定 价	188.00 元（全 2 册）	

凡购买中国社会科学出版社图书，如有质量问题请与本社营销中心联系调换
电话：010-84083683
版权所有 侵权必究

总目录

上　册

第1章　地理学年表:公元前25世纪之前 ········· (1)
　第一节　地理学年表:中国 ····················· (1)
　第二节　地理学年表:外国 ····················· (4)

第2章　地理学年表:公元前25—前11世纪 ····· (6)
　第一节　地理学年表:中国 ····················· (6)
　第二节　地理学年表:外国 ····················· (8)

第3章　地理学年表:公元前10—前1世纪 ······ (9)
　第一节　地理学年表:中国 ····················· (9)
　第二节　地理学年表:外国 ···················· (18)

第4章　地理学年表:公元1—11世纪 ·········· (23)
　第一节　地理学年表:公元1世纪 ··············· (23)
　第二节　地理学年表:公元2世纪 ··············· (25)
　第三节　地理学年表:公元3世纪 ··············· (26)
　第四节　地理学年表:公元4世纪 ··············· (28)
　第五节　地理学年表:公元5世纪 ··············· (28)
　第六节　地理学年表:公元6世纪 ··············· (29)

第七节　地理学年表:公元 7 世纪 …………………………………… (30)
第八节　地理学年表:公元 8 世纪 …………………………………… (32)
第九节　地理学年表:公元 9 世纪 …………………………………… (34)
第十节　地理学年表:公元 10 世纪 …………………………………… (35)
第十一节　地理学年表:公元 11 世纪 ………………………………… (37)

第 5 章　地理学年表:公元 12—18 世纪 ……………………………… (40)
第一节　地理学年表:公元 12 世纪 …………………………………… (40)
第二节　地理学年表:公元 13 世纪 …………………………………… (43)
第三节　地理学年表:公元 14 世纪 …………………………………… (46)
第四节　地理学年表:公元 15 世纪 …………………………………… (50)
第五节　地理学年表:公元 16 世纪 …………………………………… (53)
第六节　地理学年表:公元 17 世纪 …………………………………… (62)
第七节　地理学年表:公元 18 世纪 …………………………………… (75)

第 6 章　地理学年表:公元 19 世纪 …………………………………… (93)
第一节　地理学年表:公元 1800—1809 年 …………………………… (93)
第二节　地理学年表:公元 1810—1819 年 …………………………… (96)
第三节　地理学年表:公元 1820—1829 年 …………………………… (99)
第四节　地理学年表:公元 1830—1839 年 …………………………… (103)
第五节　地理学年表:公元 1840—1849 年 …………………………… (106)
第六节　地理学年表:公元 1850—1859 年 …………………………… (111)
第七节　地理学年表:公元 1860—1869 年 …………………………… (115)
第八节　地理学年表:公元 1870—1879 年 …………………………… (120)
第九节　地理学年表:公元 1880—1889 年 …………………………… (127)
第十节　地理学年表:公元 1890—1899 年 …………………………… (134)

第7章 地理学年表：公元20世纪（上） …………………………… (147)

第一节 地理学年表：公元1900—1909年 …………………… (147)
第二节 地理学年表：公元1910—1919年 …………………… (159)
第三节 地理学年表：公元1920—1929年 …………………… (173)
第四节 地理学年表：公元1930—1939年 …………………… (194)
第五节 地理学年表：公元1940—1949年 …………………… (220)
第六节 地理学年表：公元1950—1959年 …………………… (242)

下 册

第8章 地理学年表：公元20世纪（下） …………………………… (283)

第一节 地理学年表：公元1960—1969年 …………………… (283)
第二节 地理学年表：公元1970—1979年 …………………… (304)
第三节 地理学年表：公元1980—1989年 …………………… (325)
第四节 地理学年表：公元1990—1999年 …………………… (361)

第9章 地理学年表：公元21世纪 ……………………………………… (397)

第一节 地理学年表：公元2000—2009年 …………………… (397)
第二节 地理学年表：公元2010—2019年 …………………… (426)
第三节 地理学年表：公元2020年至今 ……………………… (468)

参考文献 ………………………………………………………………… (479)

上册目录

第1章　地理学年表：公元前25世纪之前 ······(1)
  第一节　地理学年表：中国 ······(1)
  第二节　地理学年表：外国 ······(4)

第2章　地理学年表：公元前25—前11世纪 ······(6)
  第一节　地理学年表：中国 ······(6)
  第二节　地理学年表：外国 ······(8)

第3章　地理学年表：公元前10—前1世纪 ······(9)
  第一节　地理学年表：中国 ······(9)
  第二节　地理学年表：外国 ······(18)

第4章　地理学年表：公元1—11世纪 ······(23)
  第一节　地理学年表：公元1世纪 ······(23)
  第二节　地理学年表：公元2世纪 ······(25)
  第三节　地理学年表：公元3世纪 ······(26)
  第四节　地理学年表：公元4世纪 ······(28)
  第五节　地理学年表：公元5世纪 ······(28)
  第六节　地理学年表：公元6世纪 ······(29)
  第七节　地理学年表：公元7世纪 ······(30)
  第八节　地理学年表：公元8世纪 ······(32)

第九节　地理学年表：公元 9 世纪 ································· (34)

　　第十节　地理学年表：公元 10 世纪 ································ (35)

　　第十一节　地理学年表：公元 11 世纪 ······························ (37)

第 5 章　地理学年表：公元 12—18 世纪 ································· (40)

　　第一节　地理学年表：公元 12 世纪 ································ (40)

　　第二节　地理学年表：公元 13 世纪 ································ (43)

　　第三节　地理学年表：公元 14 世纪 ································ (46)

　　第四节　地理学年表：公元 15 世纪 ································ (50)

　　第五节　地理学年表：公元 16 世纪 ································ (53)

　　第六节　地理学年表：公元 17 世纪 ································ (62)

　　第七节　地理学年表：公元 18 世纪 ································ (75)

第 6 章　地理学年表：公元 19 世纪 ····································· (93)

　　第一节　地理学年表：公元 1800—1809 年 ························· (93)

　　第二节　地理学年表：公元 1810—1819 年 ························· (96)

　　第三节　地理学年表：公元 1820—1829 年 ························· (99)

　　第四节　地理学年表：公元 1830—1839 年 ························ (103)

　　第五节　地理学年表：公元 1840—1849 年 ························ (106)

　　第六节　地理学年表：公元 1850—1859 年 ························ (111)

　　第七节　地理学年表：公元 1860—1869 年 ························ (115)

　　第八节　地理学年表：公元 1870—1879 年 ························ (120)

　　第九节　地理学年表：公元 1880—1889 年 ························ (127)

　　第十节　地理学年表：公元 1890—1899 年 ························ (134)

第 7 章　地理学年表：公元 20 世纪（上） ······························· (147)

　　第一节　地理学年表：公元 1900—1909 年 ························ (147)

第二节　地理学年表:公元 1910—1919 年 …………………（159）

第三节　地理学年表:公元 1920—1929 年 …………………（173）

第四节　地理学年表:公元 1930—1939 年 …………………（194）

第五节　地理学年表:公元 1940—1949 年 …………………（220）

第六节　地理学年表:公元 1950—1959 年 …………………（242）

第 1 章
地理学年表：公元前 25 世纪之前

第一节　地理学年表：中国

·腊玛古猿在亚洲的印度、土耳其、巴基斯坦和中国，非洲的肯尼亚，欧洲的匈牙利、希腊等地生活。形成和具有最原始的经验的地理知识。

·南方古猿在非洲东部和南部等地生活。形成和具有最原始的经验的地理知识。

·直立人在亚洲南部和中部、非洲东部和西北部、欧洲西部等地生活。中国的周口店北京人、云南元谋人、陕西蓝田人、安徽和县人等都属于直立人。形成和具有最原始的经验的地理知识。

·早期智人在亚洲、非洲、欧洲等地区生活。中国的陕西大荔人、广东马坝人、山西丁村人、湖北长阳人、辽宁金牛山人等都属于早期智人。形成和具有最原始的经验的地理知识。

·晚期智人在亚洲、非洲、欧洲、大洋洲、美洲等地生活。中国的广西柳江人、四川资阳人、北京周口店山顶洞人、内蒙古河套人等都属于晚期智人。形成和具有最原始的经验的地理知识。

·原始人类在猿人阶段依靠群体或集体力量开始走出热带森林自然地理环境，向温带自然地理环境拓展生存空间。开始人地关系新阶段。

·中国的中华文明在诸多地区起源。这些文明具有鲜明的地域特征。均形成和具有最原始的经验的地理知识。

- 中国安徽繁昌人字洞古人类居住于天然洞穴。
- 中国原始聚落 8000 年前开始出现。原始聚落包括居住功能区、手工作坊功能区、墓地功能区、周边壕沟功能区等。形成和具有一定的地理环境整体性、空间秩序、人地关系等原始地理观念。
- 中国原始聚落 5000 年前开始蓬勃发展，出现聚落群。形成一个以大型聚落为中心，中型聚落环绕，每一个中型聚落有若干小型聚落环绕的空间秩序。形成和具有一定的地理环境整体性、空间秩序、人地关系等原始地理观念。
- 中国 5500 年前原始聚落群中的中心聚落开始演变为城堡。形成和具有一定的地理环境整体性、空间秩序、人地关系等原始地理观念。
- 中国新石器时代农业生产活动广泛，从岭南到漠北，从东海之滨到青藏高原均有分布。黄河流域和长江流域是中国农业活动中心地区。处于人地原始协调时代。
- 中国黄河流域在距今 8000—7000 年前形成分布在河南中部的裴李岗文化区和河南中南部的磁山文化区。该文化有以种植业为主，采猎业和养畜业为辅的经济活动，人们过着相对定居生活。该地区形成萌芽地理知识。
- 中国黄河流域在距今 8000—7000 年前形成分布在陇东和关中地区的大地湾文化区和分布在陕南汉水上游地区的李家村文化区。该地区形成萌芽地理知识。
- 中国黄河流域在距今 7000—5000 年前形成以关中、豫西、晋南一带为中心的仰韶文化区。形成达百万平方米的大型聚落。经济活动多样。该地区形成萌芽地理知识。
- 中国黄河流域在距今 5000—4000 年前形成西起陕西，东到海滨，北达辽东半岛，南到江苏北部的龙山文化区。该地区形成萌芽地理知识。
- 中国黄河流域出现文化交流融合。促进萌芽地理知识发展。
- 中国长江流域在中原仰韶文化期形成河姆渡文化区和马家浜文化区。该地区形成萌芽地理知识。
- 中国形成河姆渡文化、仰韶文化、红山文化和彭头山文化等具有鲜明地域特征的人地关系地域系统。形成鲜明的文化地理区。该地区形成萌芽地理知识。

· 中国长江流域下游地区在公元前3300—前2200年形成良渚文化区。该地区形成萌芽地理知识。

· 中国华南和西南地区在新石器时代出现人类活动。该地区形成萌芽地理知识。

· 中国北方地区在新石器时代形成辽河上游的前红山文化区、红山文化区和富河文化区等。该地区形成萌芽地理知识。

· 在中国农业已开始成为基本经济部门。北方的农作物主要是旱地作物，南方的农作物主要是水稻。蔬菜种植开始。

· 中国西侯度人有动物地理知识。

· 中国元谋人熟悉采集和狩猎的环境。具有一定的地理知识。

· 中国蓝田人按不同时期在不同地点采集浆果、坚果和根茎，具有植物地理知识和时间地理知识。

· 中国北京人选择洞穴居住，在周口店形成聚落，掌握动、植物采集狩猎等，表明具有生物地理知识和聚落地理知识。

· 中国山顶洞人知道其东面有海洋。

· 中国河姆渡人等栽培水稻、饲养牲畜、开沟挖井和木构建筑，知道生存地区的气候、土壤、水文、生物、住所及聚落等地理知识。

· 中国西安半坡遗址等原始聚落多分布在河流阶地或依山傍水，房屋门多南向，具有聚落地理知识和空间规划地理知识。

· 中国仰韶文化和龙山文化中有土壤分布的知识。

· 中国大汶口新石器文化遗址出土陶器的图像符号，是由太阳、大气和云、山体组成，表明当时已有自然地理综合思想萌芽。

· 中国开始出现畜牧生产并发展。

· 中国以涿鹿为中心开始三皇五帝时期（公元前3500年至前21世纪）。深远影响人地关系地域系统。

· 中国古人类多聚居在河流阶地和湖岸阶地。具有地理环境整体性、地理环境分异性的萌芽知识。

·中国出现干栏式建筑。这一建筑形式和生活形式反映了人地关系的进步。

·中国原始社会的基本单元是氏族公社。具有地理环境人地性、地理环境尺度性萌芽知识。

·中国黄土高原地区距今6000年前出现锄耕农业地区，形成农业聚落，已有人地关系意识和思想萌芽。

·中国公元前26至前21世纪处于五帝时期。在自然地理格局基础上，形成人文地理格局。

·中国商周时期已出现"聚落等级系统"。该系统即第一等级聚落统辖若干第二等级聚落，第二等级聚落统辖若干第三等级聚落，第三等级聚落统辖若干第四等级聚落。

第二节　地理学年表：外国

·美洲大陆出现人类定居。开始人地关系过程。

·埃及和美索不达米亚已有用纸革和黏土制成的地图。

·埃及巴达里文化期（前4500—前3600年），出现农业和畜牧业，开始第一次社会大分工。深远影响人地关系。

·苏美尔埃利都·欧贝德文化期（前4300—前3500年）兴建最原始的城市。开始人地关系新阶段。

·埃及涅伽达文化早期（前3600—前3500年）发生第二次社会大分工。深远影响人地关系进程。

·苏美尔出现文字。深远影响当时文化地理。

·巴勒斯坦在公元前27至前22世纪出现许多小城邦。形成当时的城市地理格局。

·巴勒斯坦在公元前27至前22世纪使用图形文字。深远影响当时文化地理。

·埃及在公元前3500至前3100年进入以文字的创造和王权的产生为标志的文明时代。深远影响人文地理格局。

・埃及在公元前3500至前3100年出现城市国家。深远影响人文地理格局和人地关系。

・埃及约在公元前3100年开始统一。深远影响历史进程和人地关系。

・埃及在公元前3000多年出现象形文字。深远影响当时文化地理。

・罗马进入铜石并用时代，开始畜牧。深远影响人地关系。

・希腊进入青铜时代。深远影响人地关系。

・苏美尔约在公元前2900年出现灌溉农业。深远影响人地关系。

・西亚新月形地带在公元前9000至前8000年出现原始农业地区和最早的农业聚落地区，已有人地关系意识和思想萌芽。

・埃及历法在公元前4229至前4226年已采用一年365日的太阳历。

・西亚巴勒斯坦的耶利哥修建有城堡。

第2章
地理学年表:公元前25—前11世纪

第一节 地理学年表:中国

· 中国出现后来被冠名"大禹治水"的大规模的、以水文要素和地貌要素为核心的地理工程。具有鲜明的地理环境整体性意识和地理环境人地关系意识。

· 中国黄河流域在公元前9世纪出现水利工程意义的堤防工程。具有鲜明的地理环境整体性意识和地理环境人地关系意识。

· 战国时期是中国黄河流域堤防工程发展的第一个高潮。具有鲜明的地理环境整体性意识、地理环境分异性意识和地理环境人地关系意识。

· 秦汉时期是中国黄河流域堤防工程发展的第二个高潮。完成了黄河的系统堤防工程。具有鲜明的地理环境整体性意识、地理环境分异性意识、地理环境尺度性意识和地理环境人地关系意识。

· 中国甲骨文中有东、南、西、北等方位概念。这是以商朝为中心的方位观念。

· 中国形成完整的六十干支表。掌握地理环境周期过程性规律,属于时间地理学知识。

· 中国甲骨文出现晴、雨、日出、阴云蔽日、阴、云、雨、雪、雹、雷、雾、霾、风向、风的大小、天气预报、气象日变化、气象旬变化等气象气候方面的地理知识。

· 中国出现"以水平地"进行水平测量和"以绳测垂"进行垂直测

量等成熟测量知识。

· 中国江苏南部及上海地区建设海塘地理工程。

· 中国粟的栽培及其技术已从黄河流域传播到云南省剑川地区。

· 中国夏朝（前2070—前1600年）形成以帝丘、阳城为中心的人文地理格局。

· 中国夏朝出现"四海观"即东方观。是夏朝向往东部滨海地区，着力于自西向东发展的观念。

· 中国箕子率数千人赴朝鲜，向朝鲜传播科学技术。为重要文化地理现象。

· 中国黑龙江流域少数民族与中原交往。

· 中国栽培稻分布界线达北纬35°15′。

· 中国新疆孔雀河下游种植小麦。种植业和渔猎业并存。

· 中国商朝（前1600—前1046年）形成以殷墟、朝歌为首都的地理格局。

· 中国出现40个以上方国边疆地理知识。

· 中国出现包括邦、土、田、石、井、泉、水、川、州、邑、丘、麓、鄙、国等地理专名在内的500个以上地名和水文、地貌、领土、土地规划等方面的地理知识。

· 中国出现打井、灌溉、河流整治、防洪与排涝水利工程等方面的水文地理和农业地理知识。

· 中国开始出现以"刀耕火种"生产方式和生活形式为特征的人地关系态势。

· 中国在公元前1217年有连续10天的天气记录。

· 中国从夏代开始使用干支纪日法。干支为天干和地支的合称。具有时间地理方面的时间地理学知识。

· 中国二里头遗址、二里岗遗址和殷墟遗址等关于城市布局、职能分区等城市地理方面的地理学知识。

· 中国在商周时期已出现血缘关系被地缘关系所取代的现象。

· "中国"概念出现。"中国"一词最早出现在《诗经》中。"中国"

当时指西周王朝的京师或西周王朝直接统治地区"京畿"。"中国"所指的区域范围后来不断扩大。

·中国殷商时期的人口清查统计已制度化和定期化。

·中国殷商约在公元前13世纪开始使用阴阳历。具有时间地理方面的地理学知识。

·中国西周时期形成以镐京和洛邑为首都的地理格局。

·中国西周颁布《伐崇令》。为中国最早的地理环境保护法令。

·中国《竹年纪书》记载连年旱灾。

·中国已有"旬"的概念。具有时间地理方面的时间地理学知识。

·中国使用测量风向仪器"相风鸟"。

·中国云南省沧源地区的岩画,反映当时人群的综合地理实况和地理观念。

第二节　地理学年表:外国

·巴比伦人在陶片上刻画的地图是世界上发现最早的地图,约公元前23世纪之前。

·印度河流域文明(前2300—前1750年)形成以最大城市摩亨佐·达罗和哈拉巴为中心的地理格局。

·意大利公元前2000年进入青铜时代,形成北部的特拉玛尔文化和南部的亚平宁文化的人文地理格局。

·巴比伦公元前2000年制定和使用太阳历,并设置闰月。形成时间地理知识。

·巴比伦国成为两河流域最主要国家,经济和文化都有较大发展。深远影响两河流域地理格局。

·希腊远征小亚细亚特洛伊城。传播和形成一些地理知识。

·腓尼基人发明字母。为欧洲文字基础。深远影响文化地理和人文地理。

第3章
地理学年表:公元前10—前1世纪

第一节 地理学年表:中国

·中文"地理"词汇出现。中国《周易》之《易传·系词上》"仰以观于天文,俯以察于地理",为中文"地理"词汇的最早出现。

·中国《周易》中蕴含丰富地理知识。运用天、地、雷、风、水、火、山和泽等自然现象比喻卦象,体现自然地理知识。

·中国《周易》在爻辞中也有丰富人文地理乃至综合地理知识。如坎卦爻辞的阐述:随着人们由渔猎生计转向农业生计,生产方式和生产环境均发生变化,原来为渔猎而设的坎坑,在农业生产中便显得很不方便,为了农耕方便,必须把坎坑填平。

·中国《周易》爻辞中有田、野、郊、国、邑等地域概念。

·中国《周易》中有大川、高陵、穴、平、陂、渊、西山、幽谷、岐山、九陵、干、磐、陆、陵等地貌概念。

·中国《周易》中有东、南、西、东北、西南等地理方位概念。

·中国《周易》中有石、泥、沙等土壤或地面组成物质方面的概念。

·中国《周易》中有井和高墉等工程地理概念。

·中国《周易》提出"地道变盈则流谦"等地理环境变迁思想。

·中国《周易》提出和阐释天人合一的人地关系或人与自然关系。

·中国《周易》提出和阐释阴阳学说。具有科学方法论意义。深远影响中国古代地理学及地理学家与中国近代地理学及地理学家的思维、方法和发展。

· 中国完成《中庸》。阐述了"博学之，审问之，慎思之，明辨之，笃行之"的科学方法论。深远影响中国古代地理学家及其地理学和近代地理学家及其地理学的发展。

· 中国《大学》提出和阐述"格物致知"的思想和理论。具有科学方法论意义。深远影响中国古代地理学及地理学家和中国近代地理学及地理学家的发展。

· 中国逐渐形成后来被冠名的《老子》。

· 中国老子提出和阐述"道法自然"的思想。深远影响中国的人地关系论。

· 中国《诗经》把泉分为寒泉、肥泉和槛泉，为中国最早的泉分类。

· 中国《诗经》中描述和阐述流水侵蚀、搬运和堆积作用现象与原理。

· 中国《诗经》中详细阐述地貌分类知识。

· 中国《诗经》中记载与描述滑坡。

· 中国《诗经》记载和描述四季气候知识。

· 中国《诗经》记载和描述物候。

· 中国《诗经》提出和阐述"高岸为谷，深谷为陵"的地理环境变迁思想。

· 中国《诗经》提出和阐述江河的归宿是大海的地理观念。

· 中国孟子论述山脉斜坡上森林被砍伐之后，如果依然在那里放牧的话，森林就很难自然恢复。蕴含地理学核心概念人地关系、人地关系论和人地关系论知识。

· 中国韩非提出和阐述人口和社会财富的多寡是决定历史变动的原因的人地关系思想。

· 中国《孙子兵法》之《地形篇》《行军篇》《计篇》《军争篇》《虚实篇》等阐述地理环境对军事的影响，为中国最早的军事地理思想和理论。

· 中国《孙子兵法》之《势篇》阐述流水侵蚀强弱原理。为中国最早。

- 中国《考工记》提出和阐述中国南北植物和动物分布的界线。为中国最早。
- 中国《穆天子传》成书，也称《周穆王西游记》。具有区域地理性质的著作。
- 中国《夏小正》按月记述全年的物候，是世界上现存最早的物候专篇。
- 中国《礼记》提出和阐述"格物致知"思想和方法。深远影响中国古代和近代地理学发展和地理学家。
- 中国《礼记》最早系统阐述和规定生物资源保护与开发。《王制》《月令》最早阐述和规定按时序利用生物资源。最早记录某地全年各月物候。最早提出国土规划思想。
- 中国《礼记》提出和阐述人体的生理特点是由地理环境决定的观点。
- 中国开始编纂后来被冠名为《管子》的著作。其中，地员、地图、度地、水地、地数、乘马等为地理著作或具有地理知识的著作。
- 中国《管子》提出和阐述治理国家必先治理五大自然灾害思想。
- 中国《管子》提出和阐述国都选址的地理条件和地理位置条件。为城市地理学重要思想。
- 中国《管子》提出和阐述地图性质、用途、地理事物类型等。为地图学重要思想。
- 中国《管子》提出和阐述河流水系的分级、水流和曲流的特性、坡降公式等。为水文地理学重要思想。
- 中国《管子》提出和阐述水文、土壤条件决定人群善恶的地理环境决定论的人地关系思想。
- 中国《管子》提出和阐述土壤、植物、地下水等自然地理要素之间的关系。具有自然地理环境要素整体性思想。
- 中国《管子》提出和阐述植物分布格局。具有植物地理学思想。
- 中国《管子》提出和阐述植物、高度、地下水等自然地理要素之间的关系。具有自然地理环境要素整体性思想。

·中国氾胜完成《氾胜之书》。是综合性农学著作。

·中国氾胜《氾胜之书》包括人地关系思想、农业地理思想、时间地理学思想。是地理著作。

·中国《左传》出现"地名"术语。

·中国出现后来被称为马王堆地图的《地形图》《驻军图》《城邑图》。其中,《地形图》是世界上现存最早以实测为基础的地图,包括山脉、河流、道路、居民点等地理要素。《驻军图》是世界上现存最早的彩色军事地图。

·中国已有城市建设地理条件方面的知识。

·中国已出现把天象和人事分开的世界观。

·中国设置负责地理环境方面的官员。

·中国在春秋战国时代盛行游说之风。促进文化地理交流。

·中国沿海各诸侯国大力发展航海事业。

·中国春秋战国时代的著作中关于地理环境保护的记述内容十分丰富。

·中国开始编纂后来被称为《尚书》的著作。

·中国《尚书》之《夏书》《周书》记述和阐述五行学说。具有科学方法意义和作用。深远影响中国古代地理学及地理学家和中国近代地理学及地理学家的思维和发展。

·中国《尚书》其中之一为《禹贡》。它包括九州、导山、导水、五服四个部分。是综合性的地理著作。

·中国《禹贡》提出和阐述土壤类型、土壤分布、土壤分等方面知识。是土壤地理著作。

·中国《禹贡》提出和阐述植被水平地带性变化。是植物地理著作。

·中国《禹贡》提出和阐述有关水体、水系、流域等。是陆地水文地理著作。

·中国《禹贡》提出和阐述山脉并加以描述等。是地理著作。

·中国《禹贡》提出和阐述五服制度。是政治地理和政区地理著作。

·中国《禹贡》提出和阐述九州。是具有自然地理意义和人文地理意义的地理区划方案,是区域地理著作和地理区划著作。

·中国《春秋》记述民族。为中国最早民族地理知识著作。

·中国《春秋》阐述根据自然条件和自然资源确定和规定经济开发。为中国最早的可持续发展思想。

·中国《春秋》出现"地名"术语。

·中国墨子系统阐述道的逻辑。深远影响中国古代地理学和地理学家的逻辑思维与表述。

·中国墨子提出和阐述自然界的整体性观念和思想。深远影响中国古代地理学和地理学家。

·中国墨子提出和阐述探讨自然界运动、变化规律的科学方法论。深远影响中国古代地理学和地理学家。

·中国李悝提出和阐述"尽地力之教"的农业经济和农业地理思想。

·中国开始编纂《淮南子》。为管理和治理国家而编纂。为综合性地理著作。

·中国《淮南子》明确阐述中国古代研究地理的目的在于根据不同的地理环境因地制宜发展生产,以解决最根本的衣食问题。

·中国《淮南子》提出和阐述不同地区人群体质的差别,强调地理环境的重要作用。

·中国《淮南子》完整阐述二十四时,即二十四节气。是对自然地理环境周期性过程的认识,属于时间地理学知识范畴。

·中国《淮南子》指出和阐述生物资源持续利用原则。

·中国《淮南子》记述利用木炭重量变化测量空气湿度。

·中国《淮南子》阐述宇宙概念。时间叫作宙,空间叫作宇。

·中国《淮南子》记述和阐述以12年为周期的长期天气预报。

·中国《周书》系统阐述七十二候。是对自然地理环境周期性过程的认识,属于时间地理学知识范畴。

·中国出现理想的政区地理和政治地理格局的"畿服制"。

·中国北魏时期将七十二候正式载入国家历法。

·中国开辟后来被称为"丝绸之路"的中西交通大道。

- 中国出现百家争鸣态势。深远影响当时地理知识的交流和中国古代地理学的发展。
- 中国编纂完成后来冠名为《周礼》的著作。
- 中国《周礼》记述中国山脉、地表水体等。为自然地理著作。
- 中国《周礼》记述农业及其灌溉、人口、家畜、特产等。为人文地理著作。
- 中国《周礼》体现人地关系、地理环境整体性等思想。为地理学著作。
- 中国职方氏是掌管全国的地图和九大行政区的资源和经济情况的官员。
- 中国《山海经》和《尚书》等以"五方格局论"思想为核心阐述中华民族不同族群分布及其关系。是中国出现民族地理学的萌芽。
- 中国《尚书·尧典》记述二十四节气中的部分节气。《淮南子》完整阐述。
- 中国《尚书·尧典》提出和阐述季节概念。称为"时"。
- 中国荀况在其《天论》中阐述"天有其时,地有其财富,人有其用,夫是之谓能参"的地理环境或然论的人地关系理论。
- 中国记载海市蜃楼。
- 中国扬雄完成《輶轩使者绝代语释别国方言》。为最早较系统阐述语言地理的文献。
- 中国约公元前310年随葬于河北平山的"兆域图",为中国已发现的最早地图。
- 中国邹衍提出区域范围的大、小九州说。
- 中国《吕氏春秋》提出和阐述天时、地利、人力的广义的人地关系思想。该思想首先强调人力作用。
- 中国《吕氏春秋》记载了从鲁隐公元年(公元前722)到鲁哀公十六年(公元前479)共200多年的水、旱记录。为水文地理、气候、灾害地理著作。
- 中国司马迁著《史记》。包括丰富的自然地理和人文地理知识。是地理著作。

·中国司马迁《史记·大宛列传》记述大宛等国家和地区的地理和历史，包括距离、物产、人口、分水岭、水系等地理要素。是边疆地理著作和域外地理著作。

·中国司马迁《史记·货殖列传》将中国划分为十几个经济地理区，记述当时西北地区牧业，记述中国当时30余个城市的发展及分布，记述当时全国各个地区的资源。是经济地理著作、城市地理著作、资源地理著作。

·中国司马迁《史记·河渠书》系统记述中国水利发展及其地理环境条件。是水文地理著作和水资源著作。

·中国司马迁《史记·河渠书》开始系统阐释沿革地理方面内容。是历史地理著作。

·中国司马迁《史记·商君列传》提出和阐述经济发展的"本末"思想。深远影响中国古代经济地理。

·中国司马迁《史记·天官书》记述用碳的重量变化测量湿度的方法，测量从冬至到夏至的空气湿度变化。

·中国司马迁《史记·天官书》记述预测从冬至到夏至天气概况。

·中国开始编纂《尔雅》。包括释地、释丘、释山、释水等。是自然地理学著作。

·中国贾让提出和阐述治理黄河的"治河三策"。指出人们不合理开发是导致黄河水灾的重要原因之一。是对人地关系的认识。

·中国西汉远征西域军事活动。加深了对西域、中亚一带的区域地理知识。

·中国的"西戎"攻占镐京，西周亡。深远影响中国人文地理格局。

·中国李陵在出击匈奴过程中编绘地图，并复制一份呈汉武帝。

·中国设内外服制度和分封制度。为政治地理和政区地理重要制度。

·中国出现负责地学环境方面的官职。

·中国提出和施行城市布局的九服概念。

·中国出现自然土壤和农业土壤概念。

- 中国形成地理区域范围的"四极"观念和概念。
- 中国形成地理环境差异性概念。
- 中国周穆王姬满率队向西远游到达中亚地区。
- 中国从公元前 770 至前 476 年为春秋时期。深远影响中国人文地理格局。
- 中国公元前 475 年开始战国时期，为中国封建社会开始阶段。形成多国及其争霸地理格局。深远影响中国地理格局及历史进程。
- 中国张骞在公元前 139 至前 115 年两次出使西域。为中国系统认识西域地理的开端。
- 中国苏武出使匈奴。为匈奴区域地理发展提供基础。
- 中国秦朝完成秦国地图。包括地貌、水文、森林、政区、居民点、距离、方位等自然地理要素和人文地理要素。
- 中国将越南纳入中央王朝版图。
- 中国开始建设齐淄运河。为以水文地理要素为主导的地理工程。
- 中国建设成人工运河鸿沟渠。形成了黄、淮平原水运交通。为以水文地理要素为主导的地理工程。
- 中国建设引期思水灌溉雩娄的以水利为主导的地理工程。
- 中国修建后来被称为"芍陂"（也称为"安丰塘"）的实现人地共生的地理工程。2015 年国际灌溉工程委员（ICID）评定为世界灌溉工程遗产。
- 中国源于先秦盛于宋明后来被称为"紫鹊界梯田"的地理工程。2014 年被国际灌溉工程委员（ICID）评定为世界灌溉工程遗产，2018 年联合国粮农组织将包括紫鹊界梯田在内的中国南方稻作梯田评定为全球重要农业文化遗产。
- 中国修建（前 246 年开始修建、前 236 年竣工）后来被称为"郑国渠"的实现人地共生的地理工程。2016 年被国际灌溉工程委员（ICID）评定为世界灌溉工程遗产。
- 中国李冰（约公元前 256—前 251 年）主持修建后来被称为"都江堰"的水利工程，逐渐形成都江堰灌区。为人地共生的大型地理工程。

2000 年被联合国教科文组织评定为世界文化遗产，2018 年被 ICID 评定为世界灌溉工程遗产。

·中国建成长距离大渡槽——飞渠。

·中国在春秋战国时期始建京杭大运河地理工程。

·中国的秦国统一全国。建立一个以咸阳为首都的幅员辽阔的、多民族的、统一的国家。深远影响中国的历史进程和地理格局，深远影响中国古代地理学发展。

·中国秦朝中央政府设立管理少数民族事务的机构和官吏。深远影响民族地理格局和民族地理学发展。

·中国施行郡县制行政区划制度。把中国划分为 36 个郡，每个郡下面划分为若干县。深远影响中国政区地理格局和政区地理学发展。

·中国建设全国性交通网络。以咸阳为中心、以驰道为骨干的交通。深远影响中国地理格局和交通地理学发展。

·中国修筑第一条万里长城。深远影响中国地理格局。

·中国修筑直道约 800 公里。用于加强北方防务。深远影响中国地理格局和交通地理学发展。

·中国开始修筑五尺道。包括僰道和莋道。沟通中原和西南地区交通。深远影响中国地理格局和交通地理学发展。

·中国秦国讨伐匈奴。深刻影响政治地理格局、军事地理格局。

·中国为保护水体和山林等自然地理环境和自然资源而制定《田律》。

·中国秦始皇东巡封禅泰山。促进地理知识交流和集成。

·中国晁错完成《论守边备塞疏》。为边疆地理著作和军事地理著作。

·中国刘歆编订《山海经》。为管理和治理国家而编纂。包括山经、海经、大荒经三部分。为具有真实性和臆想性的综合地理著作。

·中国《山海经》记载河流和湖泊以及水系。为水文地理著作。

·中国《山海经》记载山脉及其走向、分布等。为地貌著作。

·中国《山海经》记载黄河流域、长江中下游地区和珠江三角洲地区等的自然地理和人文地理知识。是区域地理著作。

·中国《山海经》根据山脉等将其所描述的地区划分为五个地区。是地理区划著作。

·中国《山海经》描述植物分布和动物分布等。为生物地理著作。

·中国《山海经》描述多种矿物及其分类。为自然资源著作。

·中国朱赣编纂《风俗》。为综合性地理著作。

·中国朱赣《风俗》记述经济、物产、交通、风俗习惯等。为人文地理著作。

·中国朱赣《风俗》记述有关区域的综合地理情况。为区域地理著作。

·中国朱赣《风俗》记述海南岛部分地理。为海南岛区域地理著作。

·中国（公元前214年）修建成后来被称为"灵渠"的实现人地共生的地理工程。2018年被ICID评定为世界灌溉工程遗产。

·中国修建后来被称为"长渠"的实现人地共生的地理工程。2018年被ICID评定为世界灌溉工程遗产。

·中国约在公元前2世纪开始逐渐开辟古代交通道路即丝绸之路。较大规模的远距离区域联系开始。

·中国开始修建（始于秦汉、唐贞观年间修建大型渠道、清末建成八大干渠）后来被称为"河套灌区"的实现人地共生的地理工程。2019年被ICID评定为世界灌溉工程遗产。

·中国公元前214年建成后来被称为"灵渠"的实现人地共生的地理工程。2018年被ICID评定为世界灌溉工程遗产。

·中国修建成后来被称为"宁夏古灌区"的实现人地共生的地理工程。2017年被ICID评定为世界灌溉工程遗产。

第二节 地理学年表：外国

·希腊欧几里得《几何原本》提出和使用"公理"概念。深远影响地理学和地理学家。19世纪末德国戴维·希尔伯特《几何基础》提出和阐述"公理方法"。

·荷马整理、创作《伊利亚特》《奥德赛》等。包括丰富的地理知识。

·古希腊阿纳克西曼德提出和阐释生物进化思想，编纂地图，提出大地为球体。深远影响地理学。

·古希腊亚里士多德（公元前384—前322年）提出和系统阐述生物进化思想和理论。在《动物志》中阐述"自然界由无生物进展到动物是一个积微渐进的过程，因而由于其连续性，我们难以觉察这些事物间的界限及中间物隶属于哪一边。在无生物之后首先是植物类……从这类事物变为动物的过程是连续的……"他在《论植物》中阐述，"这个世界是一个完整而连续的整体，它一刻也不停顿地创造出动物、植物和一切其他的种类"。他认为生命的演化应该是这样的途径：非生命→植物→动物（这被后人称为"伟大的存在之链"）。深远影响地理学和地理学家的逻辑思维和表述。

·希腊亚里士多德提出和阐述自然界的整体性思想，蕴含自然地理环境要素整体性思想萌芽。深远影响地理学和地理学家的逻辑思维和表述。

·希腊亚里士多德完成后来被冠以《工具论》的逻辑学著作。系统阐述了演绎的方法和演绎的逻辑。深远影响地理学和地理学家的逻辑思维和逻辑表述。

·以色列犹太国建立。深远影响世界地理格局。

·希腊荷马史诗含有许多地理记述。其中对小亚细亚沿岸地带地理的描述较为详细。

·古希腊生活在公元前7世纪到公元前6世纪的泰勒斯最先在地球表面进行测量和定位。他和阿那克西德曼被有些学者尊为地理学数学传统的祖师。

·古希腊生活在公元前7世纪到公元前6世纪的阿那克西德曼（被希腊历史学家认为）是第一个绘制世界地图的人。他和泰勒斯被有些学者尊为地理学数学传统的祖师。

·古希腊约生活在公元前 5 世纪的赫卡特撰写《地球的描述》。他被有些学者尊为地理学文学传统的祖师。提出"新地理学"一词。

·古希腊希罗多德撰写关于世界历史和世界地理的著作。他指出地理学是一个以空间差异为基础的综合科学。

·古希腊柏拉图完成《理想国》。所提出和阐述的部分知识成为地理学基础。

·古希腊柏拉图阐述地理环境古今变化及其人类活动原因。蕴含人地关系思想。

·古希腊柏拉图阐述劳动分工或职业专业化及其社会价值。

·古希腊亚里士多德形成建立理论的最好途径就是去实地观察,同时检验理论的最好方法同样也是实地观察的思想;形成了四种基本的科学解释原理即回答"什么使事物成为这种样子"的思想。这些研究范式或学术范式的思想深远地影响地理学和地理学家。

·古希腊亚里士多德著有《气象学》。提出和阐述自然界所有现象发生的首要原因是太阳特别是它距离远近的影响。

·古希腊亚里士多德著有《政治学》。提出和阐述气候对社会关系的作用。

·古希腊亚里士多德提出和阐述"国家"概念。

·希腊认为自然界所有现象发生的首要原因是太阳特别是它距离远近的影响。

·古希腊希罗多德在《历史》(共 9 卷)一书中提出和阐述地理与历史的关系:必须用地理观点研究全部历史,用历史观点研究所有地理。

·古希腊形成地理环境"五带"概念和观念。这是地球表层空间系统分区及分异的最早理性认识。这里的"带"不仅具有天文意义,而且具有自然地理意义以及人文地理意义。

·古希腊希波克拉底完成《论空气、水和地方》。为系统研究人地关系的著作。但未使用"人地关系"术语。

·古希腊德谟克利特提出将整个地球与某国家联系起来和人类社会与自然在发展中相互制约等地理学思想。

- 古希腊普遍存在用自然条件的直接影响来解释社会现象的思想和意思。
- 毕达哥拉斯学派认为，大地是球形的，地球是宇宙的中心。
- "地理学"科学概念（包括术语和内涵）出现。源于埃拉托色尼所著《地理学》一书的书名：*Geographica*。其内涵是：关于地球的人的描述。既有地球客观含义又有人对地球的主观认识含义。蕴含着"人地关系"观念。
- 民族地理学萌芽在西方出现。古希腊《伊利亚特》和《奥德赛》记叙了以爱琴海为中心的不同族群分布及其关系。
- 古希腊埃拉托色尼使用本初子午线。
- 西方首次出现对"地理学研究对象"的界定。之后，克劳狄乌斯·托勒密和斯特拉波等阐述地理学的研究对象，认为地理学是研究整个地球表层上各地方的位置及其相互关系。蕴含着"空间视角"观念。
- "地理位置"概念（包括术语和内涵）在西方形成。可能是公元前3世纪之前。
- "地域"和"地域系统"概念在古希腊形成。包括地表、地区和地方。
- 开始重视地域或区域描述和研究。奠定地理学区域传统和经验方法论基础。
- 希腊亚里士多德推演出并阐述地球表面的各种可居住程度和纬度有关思想。
- 古希腊亚里士多德约公元前350年证明大地是个球体，并将南北半球划分为若干对称的温度带。
- 埃及在法尤姆绿洲兴修大规模以水利为主的地理工程。
- 希腊亚历山大军事征服的目的之一是扩大希腊世界地理视野，其结果之一是传播地理知识。
- 古希腊计划有直接地理目的的地理探险或地理考察。亚历山大生前计划派出两支探险考察队伍去寻找地理问题的答案。
- 古希腊希波克拉底约公元前5世纪完成《论空气、水和环境》医药地理学著作。

·古罗马马库斯·泰伦提乌斯·瓦罗在一部关于地理学纲要性质著作中提出和阐述"文化阶段性"理论。

·古希腊阿特米德罗斯著有多部地理（学）著作，提出和阐述关于地理（学）的系统观点。这些著作曾被古希腊斯特拉波多次引用。

·古希腊希帕卡斯提出太阳中心论。为最早提出。

·罗马波里比阿完成《通史》（共40卷）。重视和阐述地理环境对历史的影响。

·沟通尼罗河和红海之间的运河开始动工。深远影响地理格局的地理工程。

·腓尼基人完成环绕非洲的航行。深远影响地理格局和地理研究。

·印度形成种姓制度。深远影响印度人文地理格局。

第4章
地理学年表：公元1—11世纪

第一节　地理学年表：公元1世纪

·古罗马斯特拉波在公元10—20年编纂《地理学》（共17卷）。其中，第一、二卷系统阐述了地理学的研究对象和研究方法等元地理学问题，第三卷至第十七卷系统阐述了当时已知区域的区域地理。该书的编纂目的是为罗马行政长官和军事将领们提供情报，是世界上最早的"行政人员手册"。《地理学》湮灭在历史长河中，公元6世纪被重新发现。

·古罗马斯特拉波阐述地理学研究对象与研究范式。认为地理学是对人类居住世界的描述，不仅要研究一个地方的自然属性，还要研究它们之间的相互关系。

·中国贡禹（西汉末年一位朝廷大臣）指出，过度砍伐森林势必导致水灾进而导致旱灾。这一思想反映了人类改造自然和自然反作用于人类社会的科学的理性的认识。是人地关系理论。

·古罗马斯特拉波提出和阐述国家的特征。

·古罗马彭波尼斯·米拉公元43年完成一部地理学著作。被后来的百科全书大量使用。

·罗马普里林尼（盖乌斯·普里林尼·塞孔都斯）编著《自然史》（也译为《博物志》）37卷。包括丰富的地理学和区域地理知识。

·罗马普里林尼（盖乌斯·普里林尼·塞孔都斯）观察火山爆发。

·古罗马出现很多直接服务于航海的地理著作，如《厄立特里亚海航行记》。

· 古希腊喜帕恰斯提出和使用将圆周分为三百六十度的经纬线网。

· 中国王莽编纂《地理图簿》。记述 9 州 125 郡 2203 县的地理情况。

· 中国班固著《汉书·地理志》。有文献称《汉志》。为管理和治理国家而编纂。自此中国二十四史中十六史有地理志。

· 中国班固《汉书·地理志》记述 103 个郡国 1314 个县、邑、道、侯国。为中国第一部用"地理"命名的中国区域地理著作。

· 中国班固《汉书·地理志》有丰富的自然地理知识。是自然地理著作。

· 中国班固《汉书·地理志》有丰富的经济地理知识。是经济地理著作。

· 中国班固《汉书·地理志》有丰富的人文地理知识。是人文地理著作。

· 中国班固《汉书·地理志》有丰富的边疆地理知识。是边疆地理著作。

· 中国班固《汉书·地理志》有丰富的历史地理知识。是历史地理著作。

· 中国班固著《汉书·五行志》。记述各种自然现象,特别是自然灾害和异常现象。为自然灾害地理著作、中国自然国学著作。

· 中国张戎指出黄河多沙的特点。

· 中国东汉王充科学地指出了潮汐运动和月球运行的对应关系。

· 中国东汉王充阐述雷电现象的季节性、云雨和雷电的关系等。

· 中国东汉王充阐述云、雨、雾、霜、雪都是水汽形成的。

· 中国东汉王充指出人的活动和地理环境各有规律,反对人地关系绝对化思想。

· 中国王充完成《论衡》。深远影响中国古代和近代地理学和地理学家。

· 中国班超出使西域。为西域地理编纂提供基础。

· 中国完成《南阳风俗记》。

- 中国在公元 69 至 70 年大规模治理黄河。
- 中国修建成后来被称为"汉中三堰"的水利工程。为实现人地共生的地理工程。2017 年被 ICID 评定为世界灌溉工程遗产。
- 印度兴起大乘佛教。后影响亚洲文化地理格局。

第二节　地理学年表:公元 2 世纪

- 罗马克劳狄乌斯·托勒密完成《地理学指南》（共 8 卷）。其中，第一卷地图投影，第二卷至第七卷为经纬度表，第八卷为地名。反映了当时地中海地区人民对世界已知地理情况的总结。1409 年被翻译成拉丁文，1932 年被翻译成英文。
- 罗马克劳狄乌斯·托勒密阐述地理学特别是地理学的研究对象、学科体系和研究范式。他认为地理学是对地球整个已知地区及与其有关的一切事物进行描述。
- 罗马克劳狄乌斯·托勒密在其有关著作中提出和使用建立地理信息数据库概念（但没提出和使用术语）并建立和提供有关地区的地理信息数据库。其《地理学指南》中有约 8000 个地点的地理坐标。
- 罗马克劳狄乌斯·托勒密完成《地理学指南》中 27 幅世界地图。是世界地图集的鼻祖。
- 罗马克劳狄乌斯·托勒密在公元 2 世纪中叶完成的《托勒密地图》绘有海洋。他指出大西洋和印度洋同地中海一样，是闭合的大洋，并认为地球东西两点彼此十分接近，如果向西航行，则可以抵达东端。这一观念在 1300 多年后，启发了意大利航海家 C. 哥伦布的向西远航的设想。
- 中国班勇完成《西域记》。记述西域诸国的距离、位置、气候、地貌、风俗、物产等。为西域区域地理著作。
- 中国王逸完成《广陵郡图经》《巴郡图经》。
- 希腊喜帕恰斯提出用经纬网在地球表面确定地物的位置，并发明了极投影和正投影。
- 中国浙江建成水库鉴湖。该水库一直到北宋时期都是当地社会经济发展的重要保障。北宋中期到南宋初期在江南一带普遍出现围湖造田做法，鉴湖也被地方官员陆续围垦，水灾和旱灾分别增加 4 倍和 11 倍。这表明，人们违反自然地理规律过度改造自然地理环境遭到报复。

・中国在东汉末年进行人口普查。普查信息包括郡、县、姓名、年龄、身高和肤色等方面信息。

・罗马国王派遣使者几经周转到达洛阳。赠中国礼品。这是中国和欧洲国家直接交流之始。深远影响世界地理格局及其研究。

第三节　地理学年表：公元 3 世纪

・中国傅玄认为人类社会及历史是自然过程。

・中国《尚书纬》提出地有升降、四游说。为中国古代地动思想的重要表述之一。

・中国裴秀创立平面测量绘制地图理论"制图六法"。包括分率、准望、道里、高下、方斜、迂直。

・中国裴秀等编制完成地图集《禹贡地域图》。为国家管理和治理而编纂。为历史地图集。

・中国刘熙完成《释名》。包括《释天》《释地》《释山》《释水》《释丘》《释州国》。是重要的地理学著作。

・中国刘熙《释名》记述和阐述气候、地貌、水文、土壤等自然地理知识。是自然地理著作。

・中国刘熙《释名》记述和阐述州、诸侯国、郡等的历史和地理。是历史地理著作和区域地理著作。

・中国京相璠等编纂《春秋土地名》。也称《春秋地名》。为沿革地理著作和地名著作。之后郦道元《水经注》使用该书资料。

・中国《水经》问世。按 137 条河流从发源、流经、归宿、水系等描述全国水系。最早系统记述河流水系的地理著作。

・中国挚虞完成《畿服经》170 卷。为中国最早的地理总志，也是最早的中国地理著作。

- 中国这一时期的地理志，形成了重视地理沿革的传统。为后世所继承。
- 中国京相璠完成《春秋地名考》。为注释《春秋》中地名的著作。被称为中国古代的第一部地名辞典。
- 中国杜预完成《春秋左氏经传集解》。其中诠释春秋列国的地理。为历史地理著作。
- 中国杜预完成《春秋释例·土地名》。按诸侯国、四夷、山川等分类记述。为沿革地理著作。
- 中国杜预完成《春秋盟会图》。为春秋时代的政治地图。
- 中国应劭在其《风俗通义》中指出伏天日期全国各地不同，记述梅雨和季风。
- 中国《易纬》表述二十四节气晷影长度值表。
- 中国完成《三辅黄图》。记述城市地理和生物地理。首次使用"沿革"术语。
- 中国诸葛亮完成《隆中对》。对全国的军事地理、政治地理、经济地理等进行系统分析和阐述。是重要的战略地理著作。
- 中国曹操大规模建设新都——邺城。邺城是一个功能区划分清楚、布局严谨的城市。表明当时的城市地理学水平。
- 中国严畯完成《潮水论》。
- 中国顾启期完成《娄地记》。首次使用"记"作为地理志名称。为岩溶地貌学著作。
- 中国周处在《风土记》中全面描述东南信风的时间和特征。
- 中国朱应完成《扶南异物志》。为中国南海地区区域地理著作。
- 中国康泰完成《吴时外国传》。也称《扶南记》。为中国南海地区区域地理著作。
- 中国杨泉完成《物理论》。其中包括土壤形态分类等地理学内容。
- 中国《晋太康三年地记》记述当时的全国行政区划及有关地区的地理。
- 中国儒学传入日本。深远影响日本文化地理及人文地理格局。

- 中国魏晋南北朝（220—589 年）出现多种大地观或理论。

第四节　地理学年表:公元 4 世纪

- 中国法显经陆路到达印度并由海路归国（公元 399—412 年）。416 年著《法显传》。
- 中国张华完成《博物志》。其中包括地理知识。同期有较多的博物著作完成。
- 中国嵇含完成《南方草木状》。为中国最早的区域植物地理著作。提出南岭为中国植物地理的一条界线。
- 中国葛洪完成《抱朴子》。其中，表述了海陆变迁、植物在不同自然地理环境中形态变异、河曲地貌、岩溶地貌等自然地理方面的内容。
- 中国常璩著《华阳国志》12 卷。记述中国西南地区远古以来的地理和历史等方面事物。是中国现存最早以"志"命名的方志。
- 中国《华阳国志》记载民族地理知识。为区域民族地理著作。
- 中国郭璞完成《山海经传》。考证诸多山体。
- 中国郭璞完成《尔雅传》。考证诸多地理区域及其界线。
- 中国开始（公元 4—6 世纪后期）出现"地理大交流"。
- 中国姜岌发现大气折射阳光现象并加以解释。

第五节　地理学年表:公元 5 世纪

- 希腊人的地理世界观念和罗马人的地理世界观念基本形成。
- 中国陈澄完成《地理书》150 卷。
- 中国沈约完成《太康地理志》。包括历史地理、人口地理、政区地理、交通地理等方面内容。
- 中国法显完成后来被冠名的《佛国记》。为区域地理著作、自然地理著作。
- 中国法显在《佛国记》中记述信风。

•中国法显在《佛国记》中记述今天的帕米尔高原地区的地貌、植物地理等自然地理。

•中国法显在《佛国记》中记述斯里兰卡地理。

•中国谢庄完成地理模型。该地理模型可以拆分或组合。

•印度陈那开始（至公元6世纪）系统阐述后来被冠以《因轮抉择论》的因明学著作。深远影响印度古代地理学及地理学家的逻辑思维和表述。

•中国盛弘之完成《荆州记》。其中，记述和阐述了洞穴和地貌等自然地理，用温泉种稻等经济地理和资源地理。

第六节 地理学年表:公元6世纪

•中国郦道元著成《水经注》40卷。为综合性地理著作。

•中国郦道元《水经注》记述137条干流的水文地理特征，总结中国的温泉及其分布。是水文地理著作。

•中国郦道元《水经注》记述郡建置、诸侯国、县等发展变化情况。为历史地理著作。

•中国郦道元《水经注》记述植物及其分布，包括纬度分异性、经度分异性、垂直分异性等。记述一些动物及其分布和活动季节性。是生物地理著作。

•中国郦道元《水经注》记述河流所及之地的地理特征。是区域地理著作。

•科斯马斯著《基督世界地形》。以地平说代替球形说。

•中国贾思勰完成《齐民要术》。出于挽救北魏政权覆亡的目的而撰写。

•中国贾思勰《齐民要术》包括丰富的农业地理知识。是农业地理著作。

•中国贾思勰《齐民要术》包括丰富的人地关系知识，提出和阐释"顺天时，量地利，则用力少而成功多"的广义的人地关系思想和理论。

是人文地理著作。

·中国贾思勰《齐民要术》包括丰富的农业经济地理知识。是经济地理著作。

·中国李播完成《方志图》。隋唐时期完成的还有李该的《地志图》、吕才的《方域图》、尚献甫的《方域图》等。这些地图与天文、历法互相渗透。

·中国魏收完成《魏书·地形志》3卷。记述每一州及其所辖郡县的自然地理、经济地理和人文地理特征。为区域地理著作。

·阿拉伯语《古兰经》开始编撰。其中,记述了伊斯兰世界当时的主要地理知识。

·中国杨衒之完成《洛阳伽蓝记》5卷。为早期的城市地理著作和经济地理著作。

·中国历史《正广历》开始正式使用中国先秦时期系统阐述的"七十二候"。

·中国开始修建后来被称为"通济堰"的实现人地共生的地理工程。2014年被ICID评定为世界灌溉工程遗产。

·中国出现"物候"术语。在此之前中国已有物候概念,但无物候术语。

·中国有关文献中记录和解释降雨和霜。

·中国出现对寒冬气候变化的冬九歌的记述。

·中国中医典籍传到日本。为医学地理和文化地理的重要事件。

·中国蚕种被传教士运至罗马君士坦丁堡。为中国蚕种西传之始。是重要的文化地理和经济地理事件。

·中国梁元帝投降前焚烧大量地图。

第七节 地理学年表:公元7世纪

·中国唐朝于627年对中国行政区进行调整。中国划分为10道、358州、1551县。

- 中国政府规定地图编绘呈送。规定各州郡每三年编绘和向中央呈送地图一次。
- 西班牙伊西多尔编纂完成百科全书式著作《语源》（也译《词源》）。用分门别类方法表述当时已知的全部知识。包括地理知识。之后印制。
- 中国的京杭大运河工程取得巨大发展。在605—610年共有二三百万人进行开凿。
- 中国玄奘627年去天竺（印度）取经，公元645年回到长安。是中国了解域外地理的重要事件。
- 中国常骏完成《赤土国记》。有丰富的马来半岛南部的区域地理知识。
- 中国王玄策完成《中天竺国行记》。有丰富的印度有关地区的区域地理知识。
- 中国玄奘于公元646年编纂《大唐西域记》。该书共12卷10万余字，为重要的域外地理著作。包括中国新疆、中亚地区、阿富汗、伊朗、巴基斯坦、印度、尼泊尔、孟加拉、斯里兰卡等地。
- 中国王玄策多次出使印度后，编纂《中天竺国行记》10卷和图3卷。
- 中国李泰主持、萧德言等编纂，于642年完成区域地理巨著《括地志》550卷。又称《括地象》等。1980年中华书局《括地志辑校》为目前最完整版本。
- 中国郎茂完成《诸州图经集》100卷。时任尚书左丞的郎茂根据各州郡上报的图经汇总而成。
- 中国郎茂完成《诸郡特产土俗记》151卷。为以经济地理和人文地理为主的区域地理著作。
- 中国虞世南等多位修志专家编纂完成《区宇图志》巨著1200卷。包括州郡沿革、山川险易、风俗物产、郡国图、山川图等在内的综合性大型图志。为中国第一部《一统志》。
- 中国许敬宗（658—666年）编纂完成《西域图志》60卷。为中亚地理著作。

·中国裴矩编纂完成《西域图记》3 卷。为记述西域情况的地理和地图巨著。

·中国编纂《诸蕃国记》17 卷。

·中国侯君集、李道宗等于 635 年对黄河河源进行实地考察。到达星宿海、扎陵湖、鄂陵湖一带。

·中国江融编纂《九州设险图》。为中国的全国军事地图。

·中国虞世南完成《北堂书钞》。其中《地部》具有地理价值。

·日本开始颁布使用中国的《元嘉历》。为文化地理重要事件。

·日本派遣使团到中国隋都洛阳。为日本学习中国文化的重要的文化地理事件。

·中国开始在东、西和中亚地区建立以唐朝为中心的国际关系和国际秩序。深远影响世界地理格局和世界地理研究。

·中国隋炀帝开始派遣官员率船队到台湾。

·中国宇文恺主持洛阳城的规划、设计和建设。表明当时已有城市规划理论和城市地理学知识。

·中国孔颖达解释虹的成因。

·中国文成公主入西藏与吐蕃松赞干布成婚。中原汉文化开始大量传入西藏。

第八节　地理学年表:公元 8 世纪

·中国中央政府编绘全国总图《长安四年十道图》《开元三年》《元和十道图》等。是根据各州郡呈送的地图编绘。

·中国中央政府规定各州郡每三年或五年修编一次图经，并上呈中央政府。

·中国颁布国家水利法规《水部式》。以水管理为中心的地理环境管理。

·中国杜环著《经行记》。是已知中国最早记述北非的地理著作。

- 中国杜环《经行记》记述天山地区的积雪盆和冰瀑地貌。为冰川地貌方面著作。
- 中国贾耽完成《吐蕃黄河录》10卷。
- 中国窦叔蒙著《海涛志》（又称《海峤志》《海山齐志》）和《说潮》。是中国现存最早关于潮汐的著作。所编制的潮汐表比欧洲最早的潮汐表即不列颠博物馆所藏《13世纪伦敦桥涨潮表》要早4个世纪。
- 中国僧一行（原名张遂）和南宫说于724年开始大规模实测地球子午线长度和纬度。这也是世界上首次实测子午线。这项工作主要为编制《大衍历》而做。
- 中国僧一行对中国山脉分布系列进行论述。
- 中国四川涪陵城北长江南岸河床中的白鹤梁上刻有作为水位标志的鱼形图案。是水位观测的重要工作。
- 巴格达城修建。巴格达在此后一个多世纪中成为学术中心。
- 阿拉伯学者将古希腊著作翻译成阿拉伯文。
- 中国颜真卿于771年在今江西省南城县的麻姑山顶发现螺蚌化石，认为这是沧海桑田变迁的遗迹。
- 中国李淳风完成候风法。提出和阐述风速等。
- 中国《大唐六典》中规定地理环境保护等制度。唐朝的一些重要文献中均包括地理环境保护思想和制度。
- 中国陆羽完成《茶经》。包括茶的分布和自然地理环境方面知识。为茶叶地理著作。
- 日本舍人亲王（720年）编纂《日本书纪》。为日本第一部编年体史书，包括一些地理知识。
- 阿拉伯开始（762年）在巴格达修建新宫以为国都，历时4年竣工。
- 圣地亚哥成为欧洲基督教徒朝拜圣地。深远影响基督教文化地理格局。
- 长江沿岸涪陵白鹤梁石鱼枯水题刻始于764年。
- 日本修筑南海道新驿路，编纂地图。

第九节　地理学年表:公元 9 世纪

· 中国刘元鼎在去吐蕃路上考察黄河源,提出黄河源的新认识。

· 阿拉伯学者开始获得了比基督教学者更为详细的地理知识。

· 阿拉伯花拉子米以克劳狄乌斯·托勒密《地理学指南》为范本编纂《世界的形象》。

· 阿拉伯伊本·胡尔达兹卜约在 846 年编纂《道里邦国志》（也译《道路与国家志》）。有称该著作为地理百科全书。1991 年中译本出版。

· 阿拉伯雅库比约在公元 891 年开始编撰《列国志》。

· 中国贾耽完成《海内华夷图》。在图中首创以朱墨两色分注古今地名的方法。

· 中国贾耽完成《海内华夷图》。该图明确表示出中原地区和夷狄地区约 100 个国家。是当时以中国为中心的世界地图。

· 中国贾耽完成《古今郡国县道四夷述》40 卷。包括图、经等部分。

· 中国贾耽完成《皇华四达记》。为交通地理著作。

· 中国李吉甫编纂完成《元和郡县图志》40 卷。也称《元和郡县志》。为国家治理和管理而编纂。全书以 10 道为纲,为中国现存最早的全国地理总志。是区域地理著作。

· 中国《元和郡县图志》记述有关地方的距离和方位。是交通地理著作。

· 中国《元和郡县图志》等典籍中包括丰富的手工业地理知识。是经济地理著作。

· 中国李吉甫阐述地图对治国的重要作用,强调图志和地图必须高度重视"当下"和军事地理。

· 中国樊绰编纂完成《蛮书》10 卷。也称《云南志》《云南记》《南夷志》《南蛮志》等。为重要区域历史地理著作、民族地理著作、区域地理著作。自宋元以来刻本很多。1963 年中国向达《蛮书校注》由中国中华书局出版。

·阿拉伯伊本·胡尔达兹比赫编撰《列国志》。也称《道里邦国志》。

·中国张大庆完成《沙洲都督府图经》。也称《沙洲图经》。

·中国张大庆指出沙漠地区雪山脚下河流依靠冰雪融水补给,并有季节性变化。为重要水文地理观点。

·中国张大庆对流动沙丘有较系统认识和阐述。

·挪威人于874年到达冰岛。建立殖民点。

·中国833年开始修建后来被称为"它山堰"的实现人地共生的地理工程。2015年ICID评定为世界灌溉工程遗产。

·中国868年开始修建后来被称为"千金陂"的实现人地共生的地理工程。2019年被ICID评定为世界灌溉工程遗产。

·中国唐朝有50多个州编纂完图经。

·中国杜佑801年完成《通典》200卷。为政区地理和历史地理著作。1963年中华书局出版《经行记笺注》。

·中国杜佑在《通典》中阐述军事地理知识。

·意大利巴努斯·莫鲁斯编纂完成《论宇宙》。1467年出版,书名为《自然本源或宇宙万物》。为百科全书,共22卷。

·保加利亚在大普列斯拉夫建新都。深远影响该国人文地理格局。

·英格兰王国建立。统一英格兰岛各部。深远影响该地区的人文地理格局。

第十节　地理学年表:公元10世纪

·中国《唐书》完成。其中,提出和阐述地理学是研究地球表面现象、行政区划等情况的科学的思想。

·阿拉伯阿勒·巴尔基在921年编绘成世界上第一部《世界气候图集》。

·中国中央政府实行各地方政府闰年呈送图经制度。

·中国中央政府设置掌管全国地图的官职。

·中国邱光廷《海潮论》认为地壳存在垂直运动。

- 中国黄子发完成《相雨书》。记述预报降雨，为天气学著作。
- 阿拉伯伊本·胡卡勒在943—973年到访过非洲和亚洲。通过实地考察推翻古希腊关于赤道带无人居住的既有认识。
- 阿拉伯阿勒·麦斯欧迪（912—956年，又译为马苏第）阐述季风、蒸发和降水。
- 阿拉伯阿勒·麦格迪西在《最好的气候带划分方法研究》将世界划分为14个气候带。认识到气候与纬度、与大陆位置关系。
- 阿拉伯阿勒·麦斯欧迪旅行西亚、南亚、南欧、东非。著《黄金草原》一书。为区域地理著作。
- 中国王延德完成《高昌行记》。为高昌地区（今吐鲁番东部地区）的区域地理著作。
- 埃及（972年）开始修建艾孜哈尔清真寺。后成为世界上最古老的大学之一。深远影响文化地理格局。
- 法国采用阿拉伯数字和符号。这是阿拉伯文化地理的重要事件之一。
- 中国的北宋灭南唐，基本完成国家的统一。深远影响中国的地理格局。
- 中国宋太祖命地方政府向中央呈送地图。
- 中国两宋时期编纂边疆地图《幽燕地图》《契丹地图》《契丹图志》《西域图》《河西陇右图》《交广图》《海外诸域图》《海外诸藩地理图》。
- 中国的真宗皇帝处理朝政时经常使用地图。
- 中国编绘完成《淳化天下图》。在各地报送的州、府、军、监等地图400余幅基础上编绘。于993年完成。
- 中国中央根据各地方呈送的地图，编绘完成《十七路图》《十七路运转图》《十八路图》等。
- 中国乐史完成《太平寰宇记》200卷。为中国宋代大型全国性区域地理著作。也是人口地理著作。
- 中国编纂完成《太平御览》。其中包括丰富的地理内容。

·中国自937年开始修建、明嘉靖年重修的后来被称为"搓滩陂"的实现人地共生的地理工程。2016年被ICID评定为世界灌溉工程遗产。

·中国977年开始建设后来被称为"南安陂"的实现人地共生的地理工程。

·中国开始建立黄河岁修制度。为地理工程管理制度。

第十一节　地理学年表:公元11世纪

·"十字军"（1096—1279年）八次东征。促进地理知识交流，深远影响地理格局。

·中国开始大规模引种水稻。促进中国稻作地理发展，深远影响中国农业地理格局。

·中国单锷观察和研究太湖水位。指出湖水水位高低与气候情况和人类活动有关。具有人地关系思想和地理要素综合作用思想。

·阿拉伯阿勒·比鲁尼（约973—1048年或1050年）在1030年撰写关于印度地理的著作《印度的历史与地理》（也称《印度志》）。

·阿拉伯学者认识和阐述河流侵蚀。

·伊本·西纳以河流侵蚀解释山脉形成。

·中国朝廷（1107—1110年）设立修九域志局。组织领导全国修纂地图工作。

·中国在政府重视和支持下，地图编纂呈现政府和民间共同发展繁盛态势。

·中国税安礼编绘《历代地理指掌图》。是中国现存最早的历史地图集。

·中国宋敏求著《长安志》。是中国现存最早的城市地理著作。后人不断完善充实。清代版本的《长安志》包括《长安志》和《长安志图》。

·中国王存等人撰成《元丰九域志》，共10卷。原书为《元丰九域图志》。

·中国完成《景德山川形势图》。

·中国沈括著《梦溪笔谈》。为综合性科学著作。包括丰富的地理科学知识。

·中国沈括论述了河流侵蚀、搬运和堆积作用等。

·中国沈括阐述编绘地图方法。

·中国沈括提出和阐述中国华北平原形成原因。

·中国沈括提出和阐述用化石推断古气候原理。

·中国沈括提出和阐述中国浙东地区和西部黄土地区的地貌形成的流水侵蚀作用机制。

·中国沈括创"十二节气历"。为自然地理环境节律性基本认识之一，为时间地理学知识。

·中国沈括提出和阐释气温随高度增加而降低的观念和结论。是自然地理环境垂直分异（化）的萌芽观念。

·中国沈括提出和阐述磁偏角。

·中国朝廷下令各路编制地图并上报。当时中国十八路一府编绘图经 1400 余卷。

·中国完成《禹跻图》。为中国最早采用计里画方法编绘的全国政区地图。包括多种自然地理要素、人文地理要素。

·中国《新唐书·地理志》完成。

·中国完成《水利图经》。为水资源地理著作。

·中国自 1064 年开始修建（1083 年竣工）后来被称为"木兰陂"的实现人地共生的地理工程。2014 年被 ICID 评定为世界灌溉工程遗产。

·中国已有以物候描述黄河 12 个月每个月水位情况。为水文地理重要事件。

·中国李垂提出和阐述某河段人为分流的治河方略。

·中国已有河流的流量概念。

·中国江南一带大兴围湖造田，建成于 140 年并很好地服务当地社会经济发展的水库鉴湖被围垦，致使当地水灾和旱灾分别增加 4 倍和 11 倍，严重制约社会经济发展。这是不合理过度改造地理环境遭到报复的例证。

· 中国毕昇发明活字印刷。深远影响文化传播进而深远影响文化地理格局。

第5章
地理学年表:公元12—18世纪

第一节 地理学年表:公元12世纪

公元1107年

· 中国宋代开始设立第一个官方修志机构"九域图志局"。从此大规模进行方志、地图纂修工作。

公元1111年

· 中国欧阳忞开始（至1118年）编纂《舆地广记》，共38卷。该书注重行政区划变迁。

公元1114年

· 法国法兰西岛方言开始在法国全境流行。深远影响法国语言地理格局。

公元1121年

· 中国《九域守令图》问世。是中国现存最早以县为基本单位的全国行政区划图。

公元1123年

· 中国徐兢完成《高丽图经》（也称《宣和奉使高丽图经》）。

公元 1136 年

·中国《禹跡图》和《华夷图》石版地图问世。是中国现存最早用于印刷的石版地图。其中，《华夷图》编绘于 11 世纪 80 年代初期。

公元 1149 年

·中国陈旉著《农书》3 卷。为国家发展和人民生计而编纂。为以农学为主的综合性著作。

·中国陈旉在其《农书》等中提出和阐述根据自然规律适度发挥人的积极作用的人地关系思想理论。

·中国陈旉在其《农书》等中提出和阐述农业地理知识。

·中国陈旉在其《农书》等中提出和阐述土地利用和土地规划方面内容。

·中国陈旉在其《农书》等中提出和阐述"地力常新壮"土壤肥力学说。

公元 1150 年

·法国巴黎大学开始建设。深远影响文化地理格局。

·法兰德斯围海造田。法兰德斯是西欧的一个历史地名，泛指位于西欧低地西南部、北海沿岸的古代尼德兰南部地区，包括今比利时的东弗兰德省和西弗兰德省、法国的加来海峡省和诺尔省、荷兰的泽兰省。

公元 1153 年

·中国金朝迁都燕京。深远影响中国的人文地理格局。

公元 1154 年

·阿拉伯伊德里斯著《一个想周游世界者的愉快旅行》（有译为《罗杰之书》）。修正一些既有定论。绘制赤道以北地区有 70 个区域的世界地图。

公元 1160 年

·纳瓦拉王国（控制比利牛斯山脉大西洋沿岸地区的欧洲王国。1620 年被并入法国）本杰明到波斯、中亚及中国西部旅行，历经 13 年回国。是西欧来东方的第一位旅行家。

公元 1161 年

·中国郑樵完成《通志》200 卷。其中，《地理略》《都邑略》《食货略》《四裔略》等的地理价值最大。

公元 1175 年

·中国范成大著《桂海虞衡志》。较详细地介绍了喀斯特洞穴地貌、气候、生物、风俗、民族等。是综合性地理著作。1984 年广西民族出版社出版《桂海虞衡志校补》。

公元 1177 年

·中国大规模修建军事防御工程——界壕。也称成吉思汗边墙。为军事地理工程。

公元 1178 年

·中国周去非《岭外代答》刊行。为外国地理著作。

公元 1180 年

·中国吕祖谦开始观测和记录物候。至 1181 年完成《庚子·辛丑日记》。是世界上现存最早的实测物候记录。

公元 1181 年

·中国泉州刻印《禹贡山川地理图》。为印刷地图。

公元 1190 年

·中国黄裳作《地理图》等。

公元 1192 年

·中国茶叶传入日本,深远影响茶文化地理格局。

12 世纪期间

·中国朱熹完成《四书章句集注》。提出和阐述用"理"来诠释世界的思想和方法。他的"理"包括自然规律、道德标准、世界本原。深远影响中国古代地理学及地理学家和中国近代地理学及地理学的思维、方法和发展。

第二节 地理学年表:公元 13 世纪

公元 1200 年

·意大利波伦亚大学建立。深远影响文化地理格局。

公元 1209 年

·英国剑桥大学开始建立。深远影响文化地理以及人文地理格局。1903 年开始设置地理学系。

公元 1219 年

·中国耶律楚材随成吉思汗西征期间发现和提出"里差"概念。该概念即"地方时""经差"概念。

公元 1225 年

·中国赵汝适《诸蕃志》刊行。为外国地域地理著作。
·中国赵汝适《诸蕃志·序》记载他编绘有南海诸岛的海图。是中国见于最早的南海诸岛地图。

・中国祝穆开始编纂《方舆胜览》70卷。包括建置沿革、疆域、关塞、风俗等。为全国地理总志。是中国人文地理著作。

・中国火药及其武器等开始传入伊斯兰教国家。

公元 1227 年

・中国王象之编纂成《舆地纪胜》200 卷。1233 年定稿。

公元 1228 年

・中国耶律楚材完成《西游录》。为天山以北等地区的综合性地理著作。

・中国丘处机完成《长春真人西游记》。提出和阐述山地垂直分异、坡向分异、山地垂直分异的坡向差异等。自然地域分异规律的萌芽认识。

公元 1242 年

・中国开始建设后来被称为"官杜陂"的实现人地共生的地理工程。

公元 1245 年

・中国开始记述滥伐山林造成水土流失事件，并进行一定理论分析。

公元 1247 年

・法国学者、教育家樊尚・德・博韦编纂完成《大宝鉴》。为中世纪规模最大、涉猎最广泛的百科全书。后不断修订和出版。1642 年版包括32 卷。其中包括地理知识。

公元 1262 年

・中国郭守敬明确提出"海拔""海平面"概念。

公元 1270 年

· 中国古代最大的城市平面图《静江府城图》绘成。

公元 1271 年

· 意大利马可·波罗从意大利威尼斯出发,到中国居住、旅行 17 年。1295 年回威尼斯。1298 年由其口述记成具有区域地理性质的《马可·波罗游记》。《马可·波罗游记》为西方世界的中国地理观的形成和完善具有重要意义。

· 中国开始土司制度。在各少数民族聚居的府、州、县设立土官。深远影响中国政治地理格局。

公元 1273 年

· 中国中央政府编撰《农桑辑要》7 卷。

· 中国《农桑辑要》提出和阐述播种与地理纬度、地貌等因素有关等重要的农业地理知识。

公元 1279 年

· 中国在元开始统一全国,基本奠定了中华民族版图。各族人民广泛地迁徙、交流,促进更大规模的民族融合和文化融合。深远影响中国地理格局和地理学发展。

· 中国因编制授时历的需要,在全国进行纬度测量。建立 27 个观测站。

公元 1280 年

· 中国都实和阔阔奉忽必烈之命考察黄河源。为中国中央组织第一次官方黄河河源考察,为最早科学考察之一。1315 年编纂成《河源志》。

· 中国编绘黄河源区实测地图。

· 中国王应麟完成《通鉴地理通释》。在此先后完成《通鉴地理考》

《玉海·地理》。

·中国郭守敬等开始编制《授时历》。为自然地理过程节律性规律认识,为时间地理学知识。

公元 1284 年

·中国马端瑞开始编纂《文献通考》。其中的《舆地考》《四裔考》等地理价值最大。《四裔考》为邻国的地理。

公元 1294 年

·中国完成《大元大一统志》775 卷。1303 年续修。为《元史·地理志》的基础。

公元 1297 年

·中国周达观、汪大渊完成《真腊风土记》。为柬埔寨区域地理著作。

公元 1298 年

·意大利马可·波罗著《东方见闻录》,也称《马可·波罗游记》。

·中国郭守敬发现山洪流量与河谷截面积之间的关系。并用于测量。

13 世纪期间

·德国大阿尔伯特撰地理著作《地区的性质》。

·中国在元代初提出经度概念。很早就有纬度概念。

·中国在元代提出海拔高度概念。

·中国周密阐述四季划分与地理环境之间关系即气候四季。

第三节　地理学年表:公元 14 世纪

公元 1303 年

·中国政府编纂地理总志《大元大一统志》1300 卷。为中国的全国区域地理著作。附彩色地图。

公元 1304 年

·中国陈达震等编纂《大德南海志》。为海洋交通地理著作。

公元 1305 年

·法国皮埃尔·杜布瓦《收付圣地》中提出建立国家之间联盟思想。深远影响后来成立国际组织。

公元 1311 年

·中国朱思本开始绘制《舆地图》，至 1320 年完成。该地图既包括国内疆域又包括域外地区，由各个分幅小图合并成一幅大图。

·地中海地区出现最早有年代可考的航海地图。

公元 1313 年

·中国王祯编纂《农书》。为国家发展和人民生计而编纂。是以农学为主的综合性著作。

·中国王祯编纂《农书》包括农业地理思想和理论。是农业地理著作。

公元 1315 年

·中国潘昂宵编纂成黄河河源地区的著作《河源志》。

公元 1322 年

·中国马端临《文献通考》刊印。包括《舆地考》《四夷考》等。

·中国马端临《文献通考》出现"日本"国名。

公元 1330 年

·中国开始修建（1333 年竣工）后来被称为"姜席堰"的实现人地

共生的地理工程。2018 年被 ICID 评定为世界灌溉工程遗产。

公元 1331 年
· 中国赵世延、虞集等完成《皇朝经世大典》。其中附地图，称《元世经大典地理图》。

公元 1333 年
· 中国朱思本完成《九域志》80 卷。

公元 1342 年
· 中国李好文完成《长安图志》。

公元 1349 年
· 中国汪大渊完成《夷岛志略》。
· 中国汪大渊《夷岛志略》提出和使用"东洋""西洋"地理概念。

公元 1365 年
· 奥地利维也纳大学成立。成为维也纳文化中心，深远影响文化地理格局。1851 年创设地理学讲座。之后，分为自然地理学讲座和历史地理学讲座。

公元 1368 年
· 中国建立明朝。期间大规模修筑明代长城。影响中国人文地理格局的重要界线。

公元 1370 年
· 中国朱元璋下令收集和编纂全国各个地方的地图。后完成《大明志书》。

公元 1373 年
· 中国朱元璋下令全国各地方进献地图。

公元 1374 年
· 中国明朝《大明律》颁布施行。其中包括地理环境保护和地理环境建设方面法律。

公元 1375 年
· 卡普兰《世界地图》开始编制。

公元 1377 年
· 阿拉伯伊本·哈勒敦完成《普世历史》。系统阐述了人地关系、社会组织发展阶段、城市及其选址、产业发展、国家发展等。

公元 1386 年
· 中国明都南京城建成。反映城市地理和城市规划知识。

公元 1394 年
· 中国完成朱元璋下令编纂的全国交通地理著作《寰宇通衢书》。

公元 1395 年
· 中国完成《洪武志书》。包括丰富地理知识。

14 世纪期间
· "文艺复兴"思想解放运动开始（至 16 世纪）在欧洲发生。深远影响地理学和地理学家。
· 意大利 A. 但丁提出"人类统一体"概念一定。深远影响地理格局和地理学及地理学家。

· 中国詹思完成《西国图经》。为西亚和欧洲地理著作。

· 阿拉伯伊本·卡尔敦在《世界史》中阐述人们的活动与自然地理环境、人文地理环境的关系，认为人们的特征与他们的人文地理环境（文化与生活方式）有关而不是与自然地理环境有关，系统分析了灌溉区和游牧区两类不同地区的人们的生活方式。

· 人文主义开始形成思潮。深远影响人文地理学和人文地理学家。

· 意大利为十字军编绘实用地中海海图。

第四节　地理学年表:公元 15 世纪

公元 1402 年

· 朝鲜权近、金士衡、李茂、李荟等根据中国编制的地图编绘《混一疆理历代国都之图》《混一疆理图》。

公元 1403 年

· 中国批量生产雨量器。供全国各州县使用。

公元 1405 年

· 中国郑和率船队（至 1433 年）七下西洋。首创中国船队横渡印度洋的记录。其间完成《郑和航海图》。

公元 1406 年

· 中国开始建设北京城。

公元 1408 年

· 中国编成《永乐大典》。为中国古代大百科全书，辑录中国明永乐朝之前的保存下来的全部地理著作。

公元 1414 年

·中国陈诚奉命开始出使权哈里（今阿富汗赫拉特）等中亚 18 国。后著《西域行程记》《西域藩国志》。为中亚区域地理著作，是交通地理著作。

公元 1416 年

·中国马欢著《瀛寰胜览》。记述中非地区的自然地理、经济地理和人文地理事物。为中非地区区域地理著作，也是交通地理著作。

公元 1417 年

·中国明朝开始在北京修建承天门、太庙、天坛等。体现城市地理思想和理论。1421 年迁都到此。南京成为"留都"。深远影响中国人文—经济地理格局。

公元 1418 年

·葡萄牙亨利亲王创设包括地理和地图在内的研究机构。

·中国郑和船队在第五次下西洋中，横渡印度洋到达南纬 4°以南的地方。

公元 1424 年

·中国明朝政府制作雨量器，并要求全国各州县观测降水（雨）使用。这是世界最早由国家统一规定使用雨量器。

公元 1431 年

·中国郑和开始（至 1433 年）第七下西洋活动。

公元 1433 年

·中国郑和七下西洋结束。郑和七下西洋是以东方世界为中心的地理大发现。

公元 1434 年

·中国巩珍著《西洋藩国志》。为亚非区域地理著作，也是交通地理著作。

公元 1436 年

·中国费信著《星搓胜览》。为亚非区域地理著作，也是交通地理著作。

公元 1456 年

·中国完成《寰宇通志》119 卷。

公元 1461 年

·中国完成《大明一统志》。后有多个版本。包括丰富的区域地理知识。

公元 1477 年

·具有区域地理性质的《马可·波罗游记》（1298 年撰著）出版。

公元 1479 年

·俄国《莫斯科公国领地图》刊印。

公元 1485 年

·《马可·波罗游记》拉丁文版出版。

公元 1492 年

·西班牙 C. 哥伦布开始至 1504 年 4 次横渡大西洋，发现达美洲大陆。

・德国贝海姆研制成现存最早的地球仪"纽伦堡地球仪"。

公元 1494 年

・西班牙和葡萄牙签订《托德西利亚条约》。对非洲及西半球新发现的土地进行划分，形成这一地区的人文地理特别是政治地理格局。

公元 1496 年

・中国王琼编纂《漕河图志》8 卷。其基础是《漕运通志》。

公元 1497 年

・葡萄牙 V. da 伽马（至 1498 年）发现绕过好望角通往印度的航线。

公元 15 世纪期间

・15 世纪末至 16 世纪欧洲进入大航海时代。导致欧洲人对世界的想象和理解开始发生巨变，地理学发生巨大变化。

第五节　地理学年表:公元 16 世纪

公元 1502 年

・意大利亚美利哥·韦斯普奇航行到南美洲，并向世界发布发现"新大陆"的消息。

公元 1506 年

・中国唐胄开始编撰《琼台志》。为海南岛区域地理著作和人口地理著作。

公元 1507 年

・法国马丁·瓦尔特瑟米勒《宇宙学入门》在法国孚日圣迪印书发行。该书也译《宇宙志概论》。附最新版世界地图。这成为 1990 年创办国际地理节的历史基础。

公元 1512 年

· 中国杨子器开始编绘《杨子器跋舆地图》。

公元 1513 年

· 西班牙德·莱昂等发现墨西哥暖流。

· 地图上首次出现"美洲"术语。

公元 1514 年

· 波兰尼古拉·哥白尼首次提出"日新说"。

公元 1516 年

· 阿里·阿克巴尔著《中国纪行》。是现知唯一记述中国地理情况的波斯文古籍。1988 年中文本出版。

· 英国托马斯·莫尔《乌托邦》出版。全称《关于最完美的国家制度和乌托邦新岛的既有益又有趣的全书》。

公元 1519 年

· 葡萄牙 F. de 麦哲伦率领船队开始（至 1522 年）完成人类历史上第一次环球航行。证实了"大地是球形"的论断。

公元 1520 年

· 中国黄省曾编纂《西洋朝贡典录》3 卷。记述西洋 23 个国家的自然地理、经济地理、人文地理和朝贡等。为外国区域地理著作。

公元 1522 年

· 中国传入玉米。当时名为御麦。

公元 1523 年

· 英国安东尼·菲斯赫伯特完成《耕作之书》。为英格兰第一本农业指导手册。

· 西班牙开始建筑牙买加城。深远影响地理格局。

公元 1524 年

· 德国彼得·阿皮安《世界志》出版也称《宇宙志》。

公元 1525 年

· 荷兰鲁汶出现了尼德兰地区最早的地图制图学校。大约在 1550 年，随着安特卫普崛起，那里成为阿尔卑斯山脉以北的一个制图学的中心。在 1600 年左右，阿姆斯特丹又成为尼德兰地区地图制图学的中心。

公元 1526 年

· "飞地"概念首次出现在《马德里条约》中。后成为政治地理学概念。

公元 1529 年

· 法国法兰西学院创办。后逐渐成为法国及欧洲学术中心。

公元 1534 年

· "耶稣会"成立。作为天主教教会下的自治组织活动，不臣服于任何单一欧洲国家。耶稣会会士在中国和西方地理知识传播中发挥重要作用。

· 中国许论编纂《九边图论》《九边图》。为边疆地理著作，是军事地理著作。

公元 1538 年

·荷兰杰尔哈斯·墨卡托绘制《巴勒斯坦地图》。

·荷兰杰尔哈斯·墨卡托绘制世界地图。

公元 1539 年

·法国开始禁止使用拉丁语,以法兰西岛方言为国家语言。

公元 1540 年

·德国塞巴斯蒂安·明斯特尔整理审订和出版克劳狄乌斯·托勒密著作。多次再版。

公元 1541 年

·中国罗洪先编绘成中国最早刊印的大型综合地图集《广舆图》。该地图集由朱思本《舆地图》转绘而成。之后多次刻印,并衍生出很多地图集。多位耶稣会会士所编绘的中国地图都以该地图集为基础,形成"东图西传"态势。

公元 1543 年

·波兰尼古拉·哥白尼《天体运行论》出版。系统阐述日心说。这是第一次科学革命重大标志。第一次科学革命促进科学思维发展,深远影响地理学和地理学家。

·第一次科学革命促进确定、统一、普及和使用学术术语的方法的形成,开始使用标准的学术术语。深远影响地理学和地理学家。

公元 1544 年

·德国塞巴斯蒂安·明斯特尔《宇宙通志》出版,也称《宇宙志》。地理大发现早期最重要地理著作,是标准教科书。有多种文字译本,印刷出版近 50 次。

·荷兰杰尔哈斯·墨卡托《欧洲地图》出版。

公元 1545 年

·瑞士 C. 格斯纳（从 1541 年开始）编纂成《世界书目：拉丁文、希腊文、希伯来文全部书籍目录》。包括部分地理著作。

公元 1546 年

·比利时拉尔杜斯·梅尔卡托声明地球具有磁极。

公元 1547 年

·世界上第一个经济特区即意大利在里窝纳湾创立的免税自由港出现。第二次世界大战前世界上已有 26 个国家建立了 75 个以自由贸易为主的经济特区。

公元 1550 年

·阿拉伯速檀·穆罕默德开始编纂《奇迹集》。其中包括中亚地区的城市地理和自然地理情况。

·荷兰安特卫普成为阿尔卑斯山脉以北的一个地图制图学的中心。

公元 1555 年

·中国第一次刊印《广舆图》地图集。刊印时，有少许修改。

公元 1557 年

·中国澳门有耶稣会会士进入。向当地中国人传布天主教。深远影响中国宗教地理格局。

公元 1559 年

·德国保罗·斯科利赫《百科全书》出版。全称《百科全书或神学和世俗科学纲要》。首次使用"百科全书"术语。

公元 1560 年

· 荷兰杰尔哈德·墨卡托被杜伊斯堡公爵威廉五世任命为宫廷的宇宙学家。在杜伊斯堡的 20 年中，他出版了一些欧洲地图（1554 年）、英格兰诸岛屿地图（1564 年）以及在墙上挂的航海图。

公元 1561 年

· 中国郑若曾完成《万里海防图论》和《万里海防图》72 幅。

· 中国胡宗宪、郑若曾完成《筹海图编》13 卷。为海防地理著作和军事地理著作。

公元 1562 年

· 中国章潢开始编纂《图书编》，1577 年完成，共 127 卷。其中第 29—67 卷为地理部分，占全书近 1/3，包括总论、历史地理、都邑地理、省区地理、军事地理、自然地理（水文、地貌）、民族地理、域外地理、交通运输地理等。

· 中国郑若曾所撰抗倭海防全书《筹海图编》刊印。

公元 1566 年

· 法国让·波丹出版《易于理解历史的方法》。阐述人类与地理环境关系，提出地理环境是决定人类多样性的原因。他是地理环境决定论的先驱，极大影响了孟德斯鸠的思想。

公元 1567 年

· 意大利 M. 利玛窦开始在耶稣会的罗马学校学习。其间师从德籍学者克拉维斯学习教学和地理学。

公元 1569 年

· 荷兰杰尔哈斯·墨卡托首次采用所发明的正轴等角圆柱投影（又

称墨卡托投影）绘制世界航海地图。

·中国孙应元撰成《九边图说》。为军事地理著作和边疆地理著作。

公元 1570 年

·比利时奥泰利乌斯主持绘制完欧洲最早最完备的用拉丁文注记的世界地图集《地球全景》出版。也称《地球的舞台》。该地图集包 50 余幅地图。这些地图由 80 余位制图学家以及蚀刻画家完成。

公元 1571 年

·比利时奥泰利乌斯世界地图集《地球全景》荷兰文版出版。之后又以法文版、德文版、英文版出版。

·荷兰亚伯拉罕·奥特柳斯《寰宇概观》（第一版）在安特卫普出版即首次印刷成册。有称其为第一部系统的世界地图集。也译《寰宇图志》《地球大观》《寰宇大观》等。之后多次再版并在多国流传。是利玛窦编绘《坤舆万国全图》的重要基础。

·荷兰亚伯拉罕·奥特柳斯《寰宇概观》中出现单独的亚洲地图等亚洲地区的地图。

公元 1572 年

·荷兰法朗兹·洪根贝格和乔治·布老《世界城市概览》世界城市地图集开始出版。至 1617 年出版 6 卷。

·中国地图《古今形胜之图》流传到西班牙。使欧洲加深了对中国的了解。

公元 1574 年

·中国刘效祖编纂《四镇三关志》。为军事地理著作。

公元 1575 年

·荷兰亚伯拉罕·奥特柳斯被任命为西班牙国王的地理学家、地图制图师。次年其《地理学》出版。

·英国《英格兰和威尔士地区地图集》问世。

公元 1576 年

·丹麦第谷建立天文观测站。最早进行有规划的天体观测和气象观测。

公元 1578 年

·中国开始在全国清丈田地。

·中国李时珍完成《本草纲目》。包括丰富的生物地理知识。

公元 1582 年

·意大利 M. 利玛窦作为耶稣会会士进入中国并开始长期居住。为耶稣会在中国传教事业的开端。之后他逐渐放弃了欧洲中心主义观念和态度。

公元 1583 年

·意大利 M. 利玛窦（耶稣会会士）等编绘一幅将欧洲放在地图中央的世界地图，并挂在教堂，引起中国不满。为西方传入中国的第一幅世界地图。

公元 1584 年

·意大利 M. 利玛窦按中国官员要求把他带来的世界地图中的注释完全译成中文并重绘。这幅中文版的世界地图名为《山海舆地图》。这是中国第一幅中文版世界地图。在这幅地图上欧洲位于中央位置，中国人仍然不满。该地图在中国有十余版本，深刻影响当时中国对中国与世界关系的认识。

·荷兰东印度公司的卢卡斯·杨松·瓦格涅尔的地图集《航海明镜》（共 2 卷）开始出版。第二卷出版于 1585 年。

公元 1585 年

·荷兰杰尔哈德·墨卡托《高卢铜版画地志图》(内含 16 幅地图)、《下比利时地志图》(内含 9 幅地图)、《日耳曼铜版画地志图》(内含 26 幅地图)出版。

·罗马出版西班牙门多萨的西班牙文的《中华大帝国史》。为最早介绍中国历史和地理的西文著作。之后译成多种文字出版。

公元 1586 年

·意大利 M. 利玛窦第一次将欧洲人绘制的《寰宇概观》(第一版)等世界地图带到中国,并带来了地理大发现的信息。

公元 1587 年

·中国《大明会典》完成。包括丰富的地理知识。

·中国仇俊卿完成《海塘录》。为海塘地理工程著作。

公元 1588 年

·阿拉伯阿咱·艾哈迈德·拉兹开始编纂《七气象带》。这是一部地理、传记百科全书。

公元 1591 年

·中国王士性提出和阐述中国的 14 个自然区。为中国综合自然地理区划方案萌芽。

·中国王士性提出和阐述中国山脉的三大分布系列。

公元 1595 年

·荷兰杰尔哈斯·墨卡托等《墨卡托地图集》由德国杜伊斯堡出版社出版。是包括 107 幅地图的世界地图集。

公元 1599 年

·具有数学意义地图投影即"墨卡托投影"出现在由荷兰人墨卡托编制的世界地图上。

16 世纪期间

·公元 16 世纪至 17 世纪社会学中产生地理流派。力图用地理环境对社会生活的影响解释社会问题。又深远影响地理学和地理学家。

·现代地图学中的尼德兰地图制图学派也在此时兴起，包括奥特柳斯、洪迪乌斯和布劳家族等。尼德兰制图学派的兴起是多重条件的机缘巧合：包括印刷业的普及、地图消费市场的兴起（地图的审美性功用发展和东印度公司的需求增加）、墨卡托新型投影法的出现等。

·公元 16 世纪中期法国让·博登形成用地理环境对社会生活影响的思想和理论。

·"宗教改革"思想解放运动在欧洲发生。深远影响地理学和地理学家。

·中国和西方科学在 16 世纪末或 17 世纪初开始对接。之后在对待西方科学是否接受和如何接受上出现全盘拒绝、全盘接受、批判接受三种态度。深远影响西方近代地理学传入中国和中国对西方近代地理学的接受。

第六节 地理学年表:公元 17 世纪

公元 1600 年

·荷兰莱顿大学的数学系设立了相关的课程，以培养测绘员和地图制作员。用荷兰语文授课。

·荷兰阿姆斯特丹开始成为尼德兰地区地图制图学的中心。

·意大利 M. 利玛窦编绘完成《山海舆地全图》。这幅地图将中国放在地图中央即中央子午线，欧洲等放在地图边缘。地图上尽量使用中国的旧地名。

·意大利 M. 利玛窦向中国皇帝进献《万国图册》。引起中国皇帝的关注。

公元 1601 年

·意大利 M. 利玛窦晋谒中国皇帝并进献《万国图册》。

·中国冯应京、李之藻与意大利 M. 利玛窦结识。

·中国创建"旗制",包括黄、白、红、兰四旗。1615 年扩充为八旗。建成"八旗制度"。深远影响中国政治地理格局。

公元 1602 年

·意大利 M. 利玛窦在中国和中国李之藻合作编绘成的具有中文说明和中文注解的中文版第一幅彩色世界地图《坤舆万国全图》。分主图和辅图。在这幅地图中,中国位于中央,这不同于以前欧洲人绘制的以欧洲位于中央的地图。该地图雕版印刷,供不应求。梵蒂冈教皇图书馆和日本京都大学图书馆均有收藏。

公元 1603 年

·德国地理学家巴塞洛莫斯·凯尔曼提出和使用"专门地理"和"普通地理"术语并阐述这两类地理学。

·法国亨利四世提出"伟大计划"即将欧洲划分为 15 国,共同组成联邦。深远影响欧洲地理格局。

·意大利山猫学会成立。后开始编纂包括丰富地理知识的《墨西哥词典》。

公元 1605 年

·西方新版本的托勒密《地理学》出版。

·中国刊印由意大利 M. 利玛窦和中国李之藻合译的《乾坤体义》。为地理学基本理论著作。

- 中国徐必达编绘《乾坤一统海防全图》。

公元 1606 年
- 意大利传教士 A. 罗明坚在中国绘制了一部《中国地图集》。迄今仅有一部手稿保存在罗马国家档案馆。
- 比利时奥泰利乌斯世界地图集《地球全景》英文版出版。

公元 1607 年
- 中国徐霞客开始旅行考察。撰写《徐霞客游记》。于 1776 年刊印。

公元 1615 年
- 中国完成由葡萄牙 D. 阳玛诺和中国周希岭、孔贞时等合著的《天问略》。为数理地理著作。
- 中国张燮著《东西洋考》12 卷。为海洋交通地理著作。

公元 1619 年
- 作为尼德兰地图制图学派之一的洪迪乌斯家族完成的世界地图中已明确标示中国的辽东半岛和山东半岛。
- 西方传教士金尼阁来中国，携带图书 7000 余部。包括地理学著作。

公元 1620 年
- 英国弗朗西斯·培根《新工具论》（也称《新工具或解释自然的一些指导》）出版。阐述归纳法和归纳的逻辑，提出"知识就是力量"，高度重视经验和阐述经验主义。深远地影响地理学和地理学家。

公元 1621 年
- 中国谢肇淛编纂《滇略》10 卷。其中，卷一《版略》、卷二《胜略》、卷三《产略》、卷四《俗略》为云南区域地理著作。中国台湾商务印书馆出版《滇略》。

公元 1623 年

·意大利传教士 G. 艾儒略编纂、中国杨廷筠润色加工的在中国用中文著《职方外纪》（共 5 卷）开始刊印。是最早用中文系统描述世界、主要是欧洲的地理著作。这是中国政府 1618 年要求 G. 艾儒略完成的著作，向中国人展示了一个前所未闻的新世界。

·意大利传教士 G. 艾儒略和中国杨廷筠编纂世界地图集《万国全图》。该地图上有赤道线、两条回归线和两个极地圈。

·意大利传教士 N. 龙华民、阳玛诺制作了一个大的地球仪。

公元 1624 年

·德国菲利普·克卢费尔的遗著《普通地理学导论》（有文献称《世界地理导论》）出版。菲利普·克卢费尔从古典文学和历史学进入地理学。是一部具有教科书性质的著作。包括通论地理和区域地理两个部分。其中，在通论地理上仍然把地球当作宇宙的中心，在区域地理上形成包括区域的名称、范围、土地及其产品、古代和现代的政治区划、民族和地貌等在内的区域描述的规范。1639 年翻译成法文，1678 年翻译成德文。

公元 1629 年

·中国徐光启受命开始组织耶稣会传教士等编制《崇祯历书》。该历书引入了地球、经纬度等概念。

公元 1632 年

·意大利 G. 伽利略《关于两大世界体系的对话》出版。他提出、阐述和践行人们必须通过实验进行自然研究。深远影响地理学和地理学家。

·作为尼德兰地图制图学派之一的洪迪乌斯家族出版亚洲地图。该地图代表了 16 世纪、17 世纪欧洲对亚洲地理的标准认识。

·作为尼德兰地图制图学派之一的洪迪乌斯家族出版亚洲地图中包含大量民族地理信息。是民族地理专题地图的先驱。

公元 1634 年

·中国《崇祯历书》编成。为自然地理环境节律性过程的认识，为时间地理学知识。

公元 1637 年

·法国勒内·笛卡尔《方法论》出版。全名《正确思维和发现科学真理的方法论》。笛卡尔在《方法论》中指出，研究问题的方法分四个步骤。（1）永远不接受任何我自己不清楚的真理，就是说要尽量避免鲁莽和偏见，只能是根据自己的判断，非常清楚和确定没有任何值得怀疑的地方的真理。就是说只要没有经过自己切身体会的问题，不管有什么权威的结论，都可以怀疑。这就是著名的"怀疑一切"理论。例如，亚里士多德曾下结论说，女人比男人少两颗牙齿。但事实并非如此。（2）可以将要研究的复杂问题，尽量分解为多个比较简单的小问题，一个一个地分开解决。（3）将这些小问题从简单到复杂排列，先从容易解决的问题着手。（4）将所有问题解决后，再综合起来检验，看是否完全，是否将问题彻底解决了。后《哲学原理》1644 年出版。高度重视理性，深远影响地理学和地理学家。

·意大利 G. 艾儒略《西方答问》刊行。为西方的区域人文地理著作。

·中国宋应星《天工开物》刻本出版。包括丰富的产业地理知识。

公元 1638 年

·中国耿荫楼著《国脉民天》。研究中国人地关系——人多地少问题。

公元 1639 年

·中国顾炎武开始编纂《天下郡国利病书》。在诸多地区阐述该地区的人地关系问题。为综合性地理著作。

·中国顾炎武开始编纂《肇域志》。也称《肇域记》。1662年完成。为综合性地理著作。

·中国顾炎武开始编纂《日知录》。其中有《论地理》。1659年首次刻印。为综合性地理著作。

·中国徐光启1628年编成的《农政全书》刊印。在农业是国家富强之源和人民生存之源的思想指导下写成。

·中国徐光启《农政全书》阐述人地关系问题。是人文地理著作。

·中国徐光启《农政全书》阐述农业地理问题。是农业地理著作。

·中国徐光启《农政全书》阐述灾害地理问题。是灾害地理著作。

公元1640年

·德国伯恩哈德·瓦伦纽斯开始学习哲学、数学、物理学和医学。之后编著出版《通论地理学》等。

公元1641年

·中国徐霞客完成《徐霞客游记》。为重要的地理著作。

公元1642年

·法国曾德伦《大中国志》在巴黎出版。将中国分为南北两大区，系统准确列出中国明朝15省的省会城市的纬度。

·荷兰塔斯曼"发现"新西兰岛。

公元1643年

·中国方以志完成《物理小识》。用"西学"术语概括西方的自然科学知识。其中包括地理学知识。

公元1645年

·中国修订完善古老的"二十四节气"。沿用至今。这是对自然地理环境周期性过程规律的科学认识，属于时间地理学范畴。2016年成为世界非物质文化遗产。

公元 1648 年

·欧洲第一次国际会议"威斯特伐利亚大会"召开。完成开创用国际会议形式解决国际争端的先例,为影响世界的国际组织建立的开始。深远影响世界地理和地区的地理格局以及区域地理研究。

·威斯特伐利亚大会完成《威斯特伐利亚和约》。划定了欧洲大陆各国的国界,改变了欧洲政治力量对比及其世界地理格局。

·阿拉伯毛拉赛义德·穆罕默德·塔赫尔完成《大地类别的奇迹》。内容包括16—17世纪中亚地区的地理知识的著作。

公元 1649 年

·德国伯恩哈德·瓦伦纽斯开始出版关于日本的著作。其中,第一卷是关于日本地理和历史的著作,第二卷是关于日本宗教的著作。

·法国克莱蒙·费朗开始(至1651年)在巴黎和斯德哥尔摩进行气象观测。

公元 1650 年

·德国伯恩哈德·瓦伦纽斯《通论地理学》拉丁文版出版。也称《普通地理学》。后被译成多种欧洲文字,影响欧洲地理学一个多世纪。该书包括数理地理、气象学、水文地理学和地貌学等部分。数理地理方面,按日心说,论述了地球的分带,并按最长日的日照时间划分气候区,还讲了经纬度的确定方法和地图投影法。气象学方面,指出由于赤道地带和高纬度地带接受太阳热量不同,极地冷而重的空气必然向赤道流动。这是走向解释世界风系的第一步。认为风是空气的水平运动,由于太阳自东向西移动,风也来自东方。还详述了印度洋的季风,指出热带一年分干湿两季。水文地理学方面,认识到墨西哥湾流的存在,地中海水面低于大西洋。主张地中海和红海之间开凿运河。地貌学方面,认为大山是和地球共生的,小山则由风蚀形成。

·德国伯恩哈德·瓦伦纽斯提出"地球表面（层）"概念，包括居民等人文地理含义，提出和阐述地理学集中研究地球表面（层）观点。

·德国伯恩哈德·瓦伦纽斯把地理学分成专区地理学和通论地理学。

·德国伯恩哈德·瓦伦纽斯提出和阐述区域地理研究范式。

公元 1651 年

·意大利山猫学会《墨西哥词典》西班牙王室资助出版。

公元 1653 年

·意大利出现由 7 个站点组成的气象观测网。

公元 1654 年

·意大利传教士马尔蒂诺·马尔蒂尼（中文名字卫匡国）在中国完成《中华帝国图》。共 8 幅大型挂图。由奥德堡出版。

公元 1655 年

·意大利传教士马尔蒂诺·马尔蒂尼（中文名字卫匡国）《中国新地图集》（有文献称《新编中国地图志》）拉丁文版在阿姆斯特丹出版。之后，被译为法语、西班牙语、荷兰语和德语出版。他因在中国地理地方的研究和成就，被称为西方研究中国地理之父。该地图集深受中国《广舆图》地图集影响并大量使用。

公元 1659 年

·中国顾祖禹开始编纂《读史方舆纪要》。1679 年完成。全书 130 卷，其中《舆图要览》4 卷。1937 年中国商务印书馆出版。

公元 1660 年

·英国皇家学会成立。具有英国科学院功能。之后多位地理学家任会员。至 2019 年设立奖项 20 余项。

·捷克 T. A. 夸美纽斯最先提出在学校教育中把地理作为独立科目进行教学的思想。

公元 1662 年

·荷兰布勒家族的世界地图集《布勒地图大全》开始出版。全称《地理学：布勒宇宙学第一部分，眼睛可见的和以描述所解释的世界》。至 1672 年已出版十余卷。该巨型地图集包括拉丁语、法语、西班牙语、荷兰语以及德语等多种不同语言的版本。

·英国约翰·格朗特和威廉·配第《关于死亡率的自然观察和政治观察》出版。这部统计学开山之作深远影响地理学特别是计算地理学。

·中国开始修建后来被称为"东风堰"的实现人地共生的地理工程。2014 年被 ICID 评定为世界灌溉工程遗产。

·中国从荷兰殖民者手中收复台湾。深远影响中国地理格局和世界地理格局。

·中国顾炎武完成《天下郡国利病书》120 卷。为中国区域地理著作，是中国应用地理著作。

·中国顾炎武完成《肇域志》100 卷。为中国区域地理著作。

·中国洞庭湖地区开始出现大面积围垦情况。

公元 1663 年

·荷兰琼·布罗洛开始（至 1672 年）出版《世界地图集》系列地图集。该地图集成为欧洲走向世界的参考依据。

·中国开始使用"西藏"称谓。

公元 1664 年

·中国黄宗羲完成《今水经》。为水文地理著作。

公元 1665 年

·英国皇家学会创办《哲学学报》（又译《哲学会刊》）。开创科学学会创办科学期刊先列。该学报是科学成果交流的重要平台。

公元 1666 年

·法国科学院成立。1835 年创办《法国科学院报告》。

公元 1667 年

·中国陈芳绩编纂完成《历代地理沿革表》。1883 年刊印，共 47 卷。以地为经，以朝代为纬。

公元 1668 年

·中国开始编纂《大清一统志》。之后 1743 年成书 342 卷、1784 年成书 500 卷、1842 年成书 560 卷。为中国政区地理著作。

·中国编纂刊行由比利时 V. 南怀仁等编纂的《御览西方纪要》出版。

公元 1670 年

·英国艾萨克·牛顿编辑审定、由伯恩哈德·瓦伦纽斯于 1650 年完成《通论地理学》出版。

公元 1671 年

·比利时 V. 南怀仁在中国完成中文版《验气说》。

公元 1672 年

·比利时 V. 南怀仁在中国完成中文版《坤舆图说》。1672 年开始编纂。上卷主要是自然地理，下卷主要是人文地理。

公元 1674 年

·法国 P. 佩罗《泉水之源》出版。提出水量平衡概念及理论。

·比利时 V. 南怀仁在中国完成中文版《坤舆全图》地图，木板印制。地图上将东西两半球分开并列。

公元 1679 年

·中国顾祖禹完成《读史方舆纪要》。在诸多地区阐述该地区的人地关系问题。

·中国任命传教士 V. 南怀仁担任钦天监副监。颁行历书《时宪书》。

公元 1682 年

·俄罗斯彼得大帝开始（至 1725 年）认识和重视地理信息对于帝国继续向东扩展的重要性。

·德国第一本科学杂志《学术纪事》创刊，使用拉丁文在莱比锡出版。后发表与地理学及其发展有关的论文。

公元 1683 年

·中国康熙皇帝下令各省地方官编绘地图送兵部。清代初、中期兵部职方司职掌地理测编。

公元 1684 年

·法国 F. 贝尼埃等开始对世界人类进行人种分类。并与地理分布联系。

公元 1686 年

·英国 H. 哈雷发现和提出后来被命名的信风和季风。

·英国 H. 哈雷开始进行季风科学研究。之后研究季风指数的有：1908 年奥地利 J.F. 汉恩，1957 年苏联 С. П. 赫罗莫夫，1962 年中国高由禧。

·法国让·勒克莱尔开始编纂"百科与历史丛书"。共 25 卷，1693 年完成。包括地理知识。

公元 1687 年

·英国艾萨克·牛顿《自然哲学数学原理》出版。奠定了研究"宏观世界"科学基础，对地理学和地理学家有深远影响。

·英国艾萨克·牛顿《自然哲学数学原理》系统阐释万有引力定律。之后成为潮汐研究的科学基础，被引入到地理学中，成为地理模型的理论或工具基础。

公元1688年

·中国陈淏提出南北气温差异引起南北植物分布差异。具有鲜明的自然地理环境要素整体性思想。

公元1689年

·英国伦敦《地理消息》创刊。后地理学期刊陆续创刊。

·中国康熙皇帝高度重视疆界地图，认为疆界地图是防御外敌侵略、维护国家主权和统一的一项重要工作。

·中国靳辅完成《治河方略》。这是他在长期河流研究和河流治理实践基础上完成的水文地理著作和水利工程著作。

·中国靳辅完成《治河方略》中明确阐述河流的流量概念。

公元1691年

·英国L.艾卡德《地理学书目》出版。

·英国威廉·配第发表《献给英明人士——英国的财富与支出及赋税征收的方法》。完成了人类历史上第一次国民经济核算，提出和使用流量和存量，提出和论证劳动的价值。成为亚当·斯密和卡尔·马克思的理论思想支柱。深远影响地理学特别是计算人文地理学。

·中国梁份完成《秦边纪略》（也称《西陲今略》）主体部分。他是清代最早最系统研究西北地理的地理学家。

公元1692年

·德国莱布尼斯首先使用函数概念。之后深远影响地理学和地理学家。

公元 1697 年

·法国 J. 白晋《中国现状》在巴黎出版。

·中国胡渭完成《禹贡锥指》。为区域地理和历史地理著作。曾参加大清一统志编纂工作。

公元 1699 年

·法国《法兰西科学院章程》开始施行。深远影响地理学发展。

17 世纪期间

·"启蒙运动"开始（至 18 世纪）在欧洲兴起。深远影响地理学和地理学家的发展。

·近代形而上学唯物主义（也称机械唯物主义）开始（至 18 世纪）在欧洲盛行。当时的科学家们将自然界划分为不同的部分进行分门别类的研究。这样的研究是科学发展的必经阶段，对早期科学的发展起了重要作用，深刻深远地影响地理学和地理学家的发展。

·英国古典政治经济学开始（至 19 世纪 30 年代）出现。这一学派深刻深远地影响地理学和地理学家的发展，特别是经济地理学和经济地理学家的发展。

·形成近现代科学的核心概念"自然规律"。

·中国孙兰著《柳庭舆地隅说》《大地山河图说》。论述流水作用和地貌形成过程、人地相关论、水患治理、社会发展等地理问题。

·中国孙兰著《大地山河图说》。以图文并茂的形式直观地传播西方地圆说，使用地理纬度、南极、北极、赤道、地心等地理学术语。

·中国刘献廷著《广阳杂记》。提倡地理学应探讨"天地之故"。

·中国开始（至清末）西学东渐潮流。深远影响西方近代地理学传入中国。

第七节　地理学年表:公元 18 世纪

公元 1700 年
· 德国科学院成立。

公元 1701 年
· 中国政府开始编辑《古今图书集成》，1725 年完成。辑录了大量地理著作。
· 俄罗斯第一所数学和航海学校在莫斯科创立。

公元 1703 年
· 冰岛首次进行人口普查，为世界现代意义人口普查肇始。1749 年瑞典成为第一个定期进行人口普查的国家。1769 年丹麦首次人口普查，1790 年美国首次人口普查。1801 年英国和法国第一次人口普查，为定期人口普查肇始。

公元 1704 年
· 中国拉锡和舒兰率队考察黄河河源。
· 中国拉锡和舒兰指出星宿海以西黄河有三条河源。

公元 1707 年
· 英格兰王国和苏格兰王国合并为大不列颠王国。深远影响世界地理格局。

公元 1708 年
· 中国开始全国范围大地测量工程。中国康熙皇帝主持，多位来华传教士参加，采用三角测量法对清朝时期全国进行大规模的大地测量，测得数据 600 多对（每对包括经度和纬度）。为中欧合作重要工作。

- 中国皇帝规定地球子午线上 1 度是 200 里。
- 俄罗斯领土划分为八个省。具有现代意义的行政区划。

公元 1710 年

- 英国乔治·贝克莱完成《人类知识原理》。为经验主义重要著作。经验主义深远地影响地理学和地理学家。

公元 1714 年

- 中国在西藏测绘地图时发现珠穆朗玛峰。之后命此名。

公元 1716 年

- 中国中央政府命令全国各州县观测雨雪起止时间、降水量、水入土深度等。
- 日本新片白石开始系统编纂《西洋见闻》《采览异言》等世界地理著作。

公元 1717 年

- 中国在西藏地区进行大地测量。其中，大地测量队队员胜柱、楚儿泌藏布和兰本占巴等发现和命名珠穆朗玛峰并测量其海拔高度。
- 中国在大地测量基础上完成 21 幅分幅地图。

公元 1718 年

- 中国首次在实测基础上采用经纬网编绘成《皇舆全览图》。中国康熙皇帝主持，使用正弦等积伪圆柱投影，比例尺 1∶140 万，关内部分使用汉文、关外部分使用满文，有多种图幅的刻本和绘本传世。是中欧合作编绘地图的重要工作。该地图又称《康熙八排图》。该地图运用于国家管理机构。民国重印时称《清内府一统舆地秘图》。
- 俄国翻译出版由荷兰伯恩哈德·瓦伦纽斯于 1650 年完成的《通论地理》。俄译本书名为《普通地理：天体圈和水圈及其性质和作用》。

第 5 章　地理学年表：公元 12—18 世纪 | 77

・中国通过考察实测，认识到金沙江是长江正源。

公元 1719 年
・珠穆朗玛峰第一次以满文出现在铜版《皇舆全览图》上。1721 年第一次以汉文出现在木版《皇舆全览图》上。

公元 1723 年
・中国康熙皇帝命刊行图理琛著《异域录》。为图里深 1712—1715 年对欧亚北部地区实地考察基础上的区域地理著作。

公元 1725 年
・俄罗斯科学院成立。当时名称为科学艺术院。外籍院士很多。之后俄罗斯籍院士比例不断提高，多位地理理学家当选院士，立地理局。1917 年开始称俄罗斯科学院。1925 年发展为苏联科学院。
・中国完成《雍正十排皇舆全图》。为中国雍正皇帝命人在康熙《皇舆全览图》的基础上，扩大区域范围，增加政区变化和内政外交等最新信息的皇舆全图。该地图的地域范围比康熙《皇舆全览图》辽阔很多，北起北冰洋，南达海南岛，东北至日本海，东南到台湾，西抵黑海与地中海一带。之后有多种版本。开始正式用于国家管理。
・中国傅泽洪、郑元庆编纂完成《行水金鉴》175 卷。为基础水文地理著作和应用水文地理著作。

公元 1726 年
・德国 P. 雷色尔阐述区域基本问题。

公元 1727 年
・俄国 И. К. 基里洛夫《俄罗斯国家的繁荣》出版。为第一部俄国经济地理著作。

公元 1728 年

· 俄罗斯开始对堪察加半岛、白令海峡岛屿、阿拉斯加北海岸等地区进行探险考察。后确定亚洲和北美洲的地理界线。

· 英国 E. 钱伯斯编纂《钱伯斯百科辞书》出版。包括地理知识。

· 英国 J. 布雷德利发现地球公转的证据。

公元 1729 年

· 德国亚历山大·冯·洪堡开始为期五年的科学考察。

公元 1730 年

· 中国海洋地理学家陈伦炯完成《海国闻见录》。附 6 幅地图。

公元 1733 年

· 俄罗斯科学院组织开展远北综合探险考察。

公元 1734 年

· 德国伯恩哈德·瓦伦纽斯《通论地理学》英文版出版。英文版书名为《一般地理学的综合体系——解释地球的性质和特征》。为牛顿编辑后版本的英文版。

· 俄国 И. К. 基里洛夫《俄罗斯帝国地图集》出版。为第一部俄国地图集。之后俄罗斯科学院再版。

· 法国 J. B. 唐维尔编绘完成《中国地图集》。1739 年出版。

公元 1735 年

· 瑞典卡尔·冯·林奈《自然系统》出版。系统阐述他所提出和构建的科学分类法。深远影响地理学和地理学家。

· 法国让·巴普蒂斯特·杜赫德《中华帝国及其鞑靼地区地理、历史、编年、政治、自然之描述》（也称《中华帝国全志》）法文版在巴黎出版。共四卷。为关于中国的大百科全书。其中，第一卷和第四卷收入地图 50 幅，第四卷描述民族地理。其中的地图由唐维尔主要根据中国清朝三大皇舆地图编辑而成。之后，英译本出版。

·德国编绘中国康熙初年的《中国地图》。该地图中国版图面积约 1350 万平方公里。

公元 1737 年

·俄国瓦西里·塔季谢夫被任命为俄罗斯专门负责俄罗斯地图扩展和校正负责人。他高度重视和坚持地图语言和文字语言在描述地理时的互补。

·俄国 B. H. 塔吉谢夫向俄国科学院提交"关于编写俄国历史和地理著作的建议"。之后《论一般地理学与俄国地理学》出版。他论述地理学的研究对象、任务、学科体系和意义等地理学基本问题，特别强调地理学对国家发展的意义。

·中国乾隆皇帝亲自召集编纂大型综合性农书《授时通考》。包括农业地理和时间地理知识。

·俄国留清学生窃走一份详尽的《中国全图》。

公元 1739 年

·俄国科学院设地理学部。1799 年撤销。

·俄国 B. H. 塔吉谢夫向俄国参议院提交的报告中，提出和阐述外国人编写的俄国地理教科书的缺点及其危害，彼得一世最先提出的编写俄国地理的任务至今还未完成，他将编纂俄国地理等方面内容。

·法国 J. B. 唐维尔完成《中国地图集》开始出版。使用传教士带回欧洲的《皇舆全览图》资料完成。同期还有其他地图集编制。深远影响欧洲对中国地理认识和中国地理观。

公元 1740 年

·在厄瓜多尔建立第一个赤道标志。1744 年和 1982 年在同地建立第

二、三个赤道标志。

· 中国清朝《大清律》颁布施行。包括地理环境保护和地理环境建设方面的内容。

公元 1741 年

· 日本荷田在满著《本朝之都略考》。具有城市地理、政治地理属性。

· 中国清廷在理藩院下设俄罗斯学堂。聘请驻京俄罗斯人教授满汉贵族子弟俄文。

公元 1742 年

· 瑞典安德斯·舍尔修斯制作成摄氏温度表。

公元 1743 年

· 中国康熙《大清一统志》首次成书，共 342 卷。后中国分别完成乾隆《钦定大清一统志》、嘉庆《重修大清一统志》。

· 法国克勒罗著《地球形状理论》。

· 中国首座测候所（气象观测站）由法国耶稣会传教士宋君荣在北京建立。

公元 1745 年

· 俄罗斯科学院《俄罗斯地图集》出版。也称《帝俄地图集》。该图集有俄语和拉丁语两个版本。

· 法国孟德斯鸠《论法的精神》出版。系统阐述人地关系即以"自然地理环境及其区域差异对社会发展作用"为中心的思想，被后人称为"地理环境决定论"。是"地理环境决定论"的主要推动者。1968 年 K. M. 克里塞尔提出孟德斯鸠不是地理环境决定论者而是地理环境或然论者的观点。

公元 1747 年

·法国布丰记载森林植被演替。他 1753 年开始任法国科学院院士。

公元 1748 年

·瑞士欧勒著《空间及时间论》。

公元 1749 年

·法国布丰等著《自然史》（共 44 卷）开始陆续出版。又译为《自然的时代》《一般及特殊博物志》。

·法国布丰阐述了多种类型的人地关系（特别阐述了人群活动对地理环境的影响）、地理环境整体性、自然地理环境分异性、自然条件和自然资源的异同。

·瑞典开始开展人口定期普查。

公元 1750 年

·德国托哥特发表阐述地理与政治过程的论文。首次提出"政治地理学"概念及术语。

·瑞典林耐著《植物哲学》。系统阐述后来被冠名的林耐分类法。深远影响地理研究。

·中国编绘成《京城全图》。

公元 1751 年

·瑞典 C. 林耐阐述物候学的任务、观测和分析方法。

·法国丹尼·狄德罗主编《百科全书》开始编纂。全称《百科全书，或科学、艺术和手工艺分类字典》。全书于 1772 年问世，包括正文 17 卷，图 11 卷，共 28 卷。后增至 35 卷。包括丰富的区域地理知识。1991 年以英文选译本为基础出版中文选译本。

·法国百科全书学派开始逐渐形成。

·美国富兰克林著《人类的增长：各国人口考察》。具有鲜明的人地关系思想和人口地理学思想。

公元 1752 年

·法国菲利普·布歇反对过于使用行政区划单位作为地理分区框架，提出和阐述以自然地理线特别是流域界线作为地理分区界线的观点。

·英国（大不列颠）开始使用格里高利历法。将 1 月 1 日定为岁首。

公元 1754 年

·德国亚历山大·冯·洪堡完成"对地球从其最初生成的时期开始在引起日夜更替的自转中是否发生过若干变化和怎样才能证实这种变化的问题的研究"。1963 年王竹溪在《自然辩证法通讯》中译为"关于地球自转问题研究"。

·英国休谟著多卷本《大不列颠史》。包括地理与历史关系思想。

公元 1755 年

·俄罗斯的大学的地理学开始发展。之后开始出版第一批俄文版地理教材。

·法国 R. 康褆伦在其《关于商业本质的一般论述》中提出和阐述城市谷价决定农民的土地用途、谷物运费和距离城市远近等影响农业部门的区位。蕴含农业区位论萌芽。

·爱尔兰 R. 坎特龙论述了运费、距离和原料等对工业区位的影响。蕴含工业区位论思想萌芽。

·俄国 С. 克拉森宁尼科夫《堪察加地方记》出版。为区域地理著作，包括区域地理学理论方面内容。俄国米哈伊尔·罗蒙诺索夫给予高度评价。

·俄国 П. И. 雷奇科夫完成《奥良堡地貌》。为区域地理著作，包括区域地理学理论方面内容。俄国米哈伊尔·罗蒙诺索夫给予高度评价。1762 年出版。

·中国开始绘制《乾隆内府舆图》。中国乾隆皇帝主持，中国测绘人员合作，在康熙《皇舆全览图》和《雍正十排皇舆全图》基础上完成。该图地域范围比《雍正十排皇舆全图》更为辽阔，东北始于俄罗斯萨哈林岛，东至东海，西至波罗的海、地中海、红海，北到北冰洋，南至印度洋。也称《乾隆十三排图》。乾隆末年中国完成《皇舆全图》地图集三卷。

·德国伊曼努尔·康德《自然通史和天体论》出版。所阐述的思想深远影响地理学和地理学家。

·美国本杰明·富兰克林发表《对人类生殖、人口稠密国家的考察》。具有鲜明的人地关系思想和人口地理学思想。

公元 1756 年

·瑞典卡尔·布伦克曼研究 18 世纪城镇规模和间隔以及近于六边形腹地研究。具有中心地理论思想萌芽。

·欧洲开始重视与研究自然区划及其在区域地理分区中的地位。

·法国菲利普·比阿什《论自然地理学》出版。

公元 1757 年

·德国伊曼努尔·康德开始（至 1797 年）在德国柯尼斯堡大学讲授自然地理学。

·德国伊曼努尔·康德开始阐述和构建地理学的知识体系和学科体系。之后他将普通地理学和区域地理（学）看成地理学学科内两个相互制约的部分，他所讲授的自然地理学包括若干人文地理学。

·俄国莫斯科大学开始出现用俄语讲授地理学课程情况。

公元 1758 年

·俄国米哈伊尔·罗蒙诺索夫开始任俄国科学院地理部主任。他在他许多科学著作中指出和阐述自然界的各个组成要素和各个组成部分之间的联系性、变化性，具有自然地理环境整体性思想。他开始制定一系列地理考察方案。这些方案在 1768—1774 年陆续实施。

- 瑞典 C. 林耐等对世界人类进行人种分类。
- 中国周煌撰《琉球国志略》。为区域地理著作。

公元 1759 年

- 法国禁止刊印《百科全书》。

公元 1760 年

- 俄国米哈伊尔·罗蒙诺索夫提出和使用"经济地理"概念及其术语。之后他组织俄罗斯经济地图编制。1882 年德国 W. 戈策提出和使用"经济地理学"概念及其术语。
- 中国清朝乾隆皇帝收到法国传教士蒋友仁进呈的《坤舆全图》。
- 法国传教士蒋友仁进献《坤舆全图》，向乾隆皇帝传达东西两半球形势，并介绍了哥白尼的日心地动说。

公元 1761 年

- 中国制作完成《乾隆内府舆图》的铜版 100 余块。这些地图铜版可以组合成亚洲大陆地图。
- 中国齐召南著《水道提纲》。该著作为水文地理和区域地理著作。齐召南曾参加《大清一统志》编纂。1776 年刊印 28 卷。

公元 1762 年

- 俄国 П. И. 雷奇科夫 1755 年完成的《奥良堡的地势》出版。为区域地理学著作，包括区域地理学理论方面内容。
- 中国刘统勋、何国干等完成《西域图志》并提交军机处方略馆。之后中国乾隆皇帝派人员对该志修改充实，于 1782 年编纂成《钦定皇舆西域图志》52 卷。为新疆及西北区域地理重要著作。

公元 1763 年

- 俄国米哈伊尔·罗蒙诺索夫《地球的表层》（也称《论地层》）出

版。其中，阐述地理研究要重视因果关系的科学思想方法和人类应该尊重地球资源的思想。在此前后他在有关论著中提出和阐述地理学是"统一"中研究自然、人口和经济及它们的地区差异，地理环境各要素间存在规律性相互联系的地理环境整体性、分异性思想。

·中国《钦定西域同文志》24卷完成。简称《西域同文志》《同文志》。为中国新疆地名、地理辞典。每一名称均用满、汉、蒙、藏、维等多种文字表达。

·中国乾隆《大清会典》纂成100卷。包括丰富的地理知识。

公元1764年

·意大利G. R. 卡利提出和使用指数。之后不断发展并成为地理分析工具。

公元1766年

·德国安东·弗雷德里希·比兴《新地理学》被翻译成俄文。该著作第一个把俄罗斯欧洲部分按照自然条件划分为北、中、南三个纬度带。

公元1767年

·英国J. 斯秋阿特发表"政治经济基本原则"。提出和阐述劳动地域分工、手工业工业区位问题。蕴含劳动地域分工思想萌芽和工业区位论思想萌芽。

·中国黄证编绘《大清万年一统天下全图》。系作者根据大量地图编绘而成，运用中国传统地图表达方法。为当时众多地图中的代表作之一，也是学者独立编绘地图的典型代表，对普及地理知识具有重要作用。

公元1768年

·英国《不列颠百科全书》（也称《大英百科全书》或《英国百科全书》）在苏格兰爱丁堡开始编纂。1771年出版。后陆续出版多个版本。包含丰富的地理学和区域地理知识。1974年改名为《新不列颠百科全书》。

・俄罗斯科学院开始（至1774年）组织"科学院考察队"，开展系统的综合地理考察，取得丰富成果。为之后逐渐创立一系列理论假设的科学基础，用地理考察事实证实罗蒙诺索夫的以自然界的各个组成要素和各个组成部分之间的联系性和变化性为核心的自然地理环境整体性思想。

・俄罗斯科学院派出（至1774年）一系列以收集国家有关地区的自然地理和人文地理信息的探险考察队。也称科学院考察队。

・英国人J. 库克在1768—1779年海洋探险中最早进行科学考察。取得了第一批关于大洋表层水温、海流和海深以及珊瑚礁等资料。

公元1770年

・德国伊曼努尔·康德在"感觉和智能世界的形式和原则"中提出和阐述空间与时间问题。后来引申出地理学是关于空间的科学，只是研究地域关系的科学的观点。这一观点深远影响德国卡尔·李特尔。

・美国本杰明·富兰克林制作并出版了墨西哥湾流图。之后被引入自然地理学。

公元1773年

・英国J. 库克率领船队于1月17日首次到达南极圈。

公元1775年

・德国伊曼努尔·康德的地理学思想形成。他从1756年开始讲授自然地理学。1802年出版《自然地理学》，奠定了地理研究方法论中理论方法论的基础。

・德国伊曼努尔·康德提出和使用事物的"地理分类"体系。

・德国约翰·克里斯多夫·加特雷的《地理学纲要》出版。阐述地理学是"地球的描述即地球表面的画像"，使用"地球表面"概念。

・德国J. E. 布鲁门巴哈发表"人种的自然起源"。提出人种分类系统。包括高加索人种、蒙古利亚人种、埃塞俄比亚人种、亚美利加人种、马来亚人种。是民族地理学的基础工作。

·日本长久保赤水著《日本舆地路程全图》。

公元 1776 年

·俄罗斯 X. A. 契列巴诺夫《俄罗斯帝国地理描述方法》出版。为第一批俄文版地理教材之一。

·俄罗斯 X. A. 契列巴诺夫提出俄罗斯自然经济地理区划概念及其初步方案。

·中国齐召南著《水道提纲》28 卷刊行。1761 年完成。

·英国亚当·斯密《国民财富的性质和原因的研究》（简称《国富论》）出版。对地理学特别是经济地理学、政治地理学和社会地理学的发展具有重要意义。他的某些观点在传播中被曲解。1902 年中国严复翻译中译本名为《原富》出版。

·英国亚当·斯密在研究经济增长时将劳动分工置于首要地位。之后许多学者研究和阐述，逐渐成为地理分析工具。

·英国亚当·斯密系统提出和阐述了竞争。之后纳索·W. 西尼尔（1836 年）、《彭尼百科全书》（1839 年）、克乐夫·莫斯利（1888 年）、奥古斯丁·古诺（1838 年、1927 年）、威廉·斯坦利·杰文斯（1871 年）、埃奇沃思《数学心理学》（1881 年）、约翰·贝茨·克拉克（1899 年）和弗兰克·H. 奈特（1921 年）等不断发展。逐渐成为地理分析工具。

·英国亚当·斯密阐述城乡一体化概念内涵，没提出和使用城乡一体化术语。深远影响地理学和地理学家。

·英国亚当·斯密提出和阐述人类发展或经济发展的四个阶段即狩猎、游牧、农耕和商业。深远影响地理学和地理学家。

·法国 A. R. J. 多哥尔在其《关于财富形成研究》中提出和阐述劳动地域和农业区位问题。蕴含较系统的区位论理论萌芽。

·美国《美国独立宣言》施行，宣布独立。深远影响世界地理格局和地理研究。

·美国独立。之后美国西部大开发开始，也称西进运动。主要经历了农业开发期、工业开发期和高新技术开发期。在农业开发期和工业开发期在人地关系上表现为地理环境决定论、地理环境或然论和地理环境协调论等特征。深远影响世界及其地理格局以及世界地理研究。

公元 1778 年

· 英国 J. R. 福斯特《世界环航中的观察》在伦敦出版。包括地球与陆地、水和海洋、大气、地球的变化、有机界、人种共六个部分，重视和阐述人类活动与自然地理环境之间的关系。该著作形成区域地理研究范式雏形，具有地理方法论意义。

· 英国 J. G. 福斯特将其父亲 J. R. 福斯特《世界环航中的观察》翻译成德文出版。

公元 1779 年

· 俄罗斯莫斯科成立疆界学院。

· 英国 J. G. 福斯特在哥廷根会见亚历山大·冯·洪堡，建立对后者有深远影响的友谊。

· 美国詹姆斯编绘《孟加拉地图集》由英国出版。

公元 1781 年

· 德国伊曼努尔·康德《纯粹理性批判》出版。之后《实践理性批判》（1788 年）和《判断力批判》（1790 年）出版。合成"三大批判"。深远影响地理学家理论思维和地理学哲学。

· 中国纪昀等撰成《四库全书总目提要》。包括地理著作。

公元 1782 年

· 美国托马斯·杰斐逊（后任美国总统，《独立宣言》主要起草人）自费在法国用笔名出版《弗吉尼亚笔记》。之后陆续在英国、美国和德国出版。对 18 世纪地理学有影响。

· 中国完成《四库全书》初稿。为中国古代百科全书，辑录大量地理著作。

公元 1783 年

· 法国吉罗·苏拉威提出基于气候和地面岩石的自然区域概念。具有自然地理要素综合思想萌芽。

· 法国开始用热气球成功载人探测大气圈。

公元 1784 年

· 英国瓦特蒸汽机开始使用。这是第一次工业革命（也称产业革命）的标志。第一次工业革命深刻改变了人类对自然资源利用的形式——从改造性利用向掠夺性利用飞速改变，深远影响地理格局、地理学和地理学家。

· 中国乾隆《钦定大清一统志》完成。1789 年正式上呈。

公元 1785 年

· 美国颁布土地测量法。深远影响土地研究。

· 日本林子平著《三国通览图说》。次年出版。

公元 1786 年

· 日本林子平著《海国兵谈》。军事地理著作。1791 年刊印。

公元 1787 年

· 俄罗斯编纂成《俄罗斯帝国辞典》。

公元 1788 年

· 英国杰姆斯·赫顿《地球理论》出版。系统阐述陆地地貌过程的火成论。之后再版。他曾于 1785 年提出和发表均变说。在此之前，魏纳尔提出陆地地貌过程的水成论。

公元 1789 年

· 德国亚历山大·冯·洪堡进入哥廷根大学学习。次年开始对地理学发生兴趣。之后他进入弗赖堡矿业学院学习。后在普鲁士矿产部门任职，从事植物学、地质学、气象学等方面工作。

公元 1790 年
· 法国实施新行政区划。

公元 1791 年
· 法国奥普兰·德古热发表《女权宣言》。后女权主义不断发展。女权主义是 20 世纪六七十年代女权主义地理学的基础和核心。
· 英国成立陆军测量局。

公元 1792 年
· 德国 L. L. 芬克首先提出"医学地理"概念及其术语。

公元 1793 年
· 德国亚历山大·冯·洪堡发表第一篇科学论文。论文的研究基础是不同岩石对磁偏角的效应和矿区植物试验等方面内容。
· 俄罗斯《地理—历史学说》出版。为第一批俄文版地理教材之一。

公元 1795 年
· 德国亚历山大·冯·洪堡开始（至 1796 年）到意大利进行地理考察。他形成了植被与气候的联系性、植被和气候的垂直变化等科学经验，具有"植被—气候"要素的自然地理环境要素整体性思想。
· 美国哥伦比亚大学聘请苏格兰阿伯丁大学的 J. 坎普为地理学教授。也是美国第一位地理学教授。
· 英国舰队司令部成立水文地理办公室。为英国皇家海军提供必要的地图。

公元 1796 年

·中国陕西、四川、湖北、安徽、浙江等地开始出现开垦山地种植风潮。当时对此有很大争议,分为支持派和反对派。

公元 1797 年

·德国亚历山大·冯·洪堡辞掉政府官职,筹划外出旅行。开始独立科学家生涯。

·德国亚历山大·冯·洪堡和歌德在耶纳相见并交流。后一起在德累斯顿进行地质、地磁和天文观测。

·德国亚历山大·冯·洪堡完成《世界的机理》一书。该书阐述了地理综合体、地理环境整体性和区域联系等思想和概念。

·德国亚历山大·冯·洪堡开始形成以经验和归纳为主的科学方法论。

公元 1798 年

·英国托马斯·罗伯特·马尔萨斯的《人口学原理》(也称《人口论》)出版。系统阐述人口增长与食物增长之间的关系;人口增长过快导致食物短缺、导致饥荒和战争,进而又导致人口锐减。该著为人口地理学和综合地理学重要文献。1803 年修订思想。

·中国清代驻藏大臣松筠完成《西招图略》。为西藏自然地理和人文地理著作。

公元 1799 年

·德国亚历山大·冯·洪堡和法国植物学家艾梅·邦普朗开始(至 1804 年)到美洲考察奥里诺特河流域和安第斯山等地区。所取得成果成为《新大陆热带地区旅行记》的科学事实基础。

·德国亚历山大·冯·洪堡开始撰写他的 30 卷巨著《新大陆热带地区旅行记》。

·德国亚历山大·冯·洪堡从地貌要素对气候要素的影响，科学解释西班牙沿岸的地中海式气候和其中部的大陆性气候。具有"地貌—气候"要素的自然地理环境要素整体性思想。

·德国亚历山大·冯·洪堡在加那利群岛考察，并对其中的特内夫岛的植被随海拔高度变化进行系统研究，划分出不同的植被垂直带，形成植被垂直分异和植被垂直带两个科学概念。具有"植被—地貌"要素的自然地理环境要素整体性思想。

·德国亚历山大·冯·洪堡找到玄武岩是火山活动产物的证据，形成和阐述玄武岩火成论。

·德国亚历山大·冯·洪堡在委内瑞拉的库马纳考察。形成气候和土壤对植被影响的"气候—土壤—植被"三自然地理要素的自然地理环境要素整体性思想。

·俄国科学院撤销地理学部。

·德国 J. 孙南菲尔在"贸易财政基础"中，比较不同地理环境的区位因子。蕴含一般区位论思想萌芽。

18 世纪期间

·德国古典哲学开始（至 19 世纪上半叶）发展，是马克思主义哲学的直接理论来源。这一哲学思想深刻、深远影响着地理学和地理学家的发展。

·18 世纪前半叶欧洲中小学开始设置地理课程。

·18 世纪中叶俄国塔吉谢夫在俄国系统传播伯恩哈德·瓦伦纽斯地理学思想和理论。

·18 世纪中叶法国爱尔维休批判地理环境决定论，并阐述用地理环境决定论研究社会问题可能会得出反动结论的思想。

·英国开始施行诺福克轮作制。四年循环一次：第一年种植块根作物，第二年种植大麦，第三年种植苜蓿等，第四年种植小麦。这是人地关系地域系统协同共生系统。

·俄罗斯 С. И. 克拉申宁尼科夫《堪察加半岛的描述》出版。被苏联地理学界认为是综合自然地理专著的典范。

第6章
地理学年表:公元19世纪

第一节 地理学年表:公元1800—1809年

公元1800年

·法国G.居维叶将世界人类分为高加索人种、蒙古人种、尼格罗人种。

公元1801年

·英国开始第一次人口普查。

·法国开始第一次人口普查。

·法国尚·拉马克提出云的分类。

·中国包世臣完成《郡县农政》。提出和阐述山地开发逐级利用模式,以防止水土流失。

·中国阮元在杭州创办诂经精舍。所讲授内容包括地理。

公元1802年

·美国成立西点军校。之后所开设的地理专业,注重地理环境对军事行动的影响和军事战略制定中如何运用区域知识等方面教学及训练。

·德国伊曼努尔·康德著《自然地理学》。

·德国戈特弗里德·特雷维拉努斯首创生态学术语。

公元 1803 年

·美国开始西部地区大调查,主要包括自然资源和人口等。

·英国路克·霍华德根据云的外观对云进行分类。

公元 1804 年

·加拿大第一部法语区地理教科书出版。1835 年魁北克中小学开设地理课。

·德国 A. 佐恩编绘世界地形图。使用等高线符号。

·德国亚历山大·冯·洪堡与美国总统托马斯·杰斐逊会见,并进行讨论。为美国总统研究新西班牙领土诉求提供科学咨询。之后一年多保持通信。

·德国亚历山大·冯·洪堡提出美洲综合地理类型划分方案。

·六幅附有文字说明的欧洲地图开始编绘。

·英国 S. F 蒲福提出风级分类系统。

公元 1805 年

·德国 H. G. 霍迈尔系统阐述自然地理区划及其分级系统。他认为区域划分的基本单位有四个级别,即大区域、区域、地区和小区,并分别定义。

·德国亚历山大·冯·洪堡和法国 A. J. A. 邦普朗《新大陆热带地区旅行记》(法文版,共 30 卷)开始陆续出版。也称《1799—1804 年新大陆热带地区旅行记》。

·德国亚历山大·冯·洪堡和法国 A. J. A. 邦普朗合著《植物地理学论文集》出版。创立植物地理学。

·德国亚历山大·冯·洪堡形成"自然地理环境要素整体性"概念或思想,但没有提出这个术语或名词。

·德国亚历山大·冯·洪堡指出欧洲和美国为了纺织业发展而抽干湿地和砍伐森林,阐述不合理的人群活动导致地理环境破坏的人地冲突的人地关系思想。
- 中国禁止外国传教士刻书传教。

公元 1806 年
- 德国亚历山大·冯·洪堡定义"景观"概念。之后,很多学者(包括德国 C. 特罗尔 1939 年,德国 B. 赫瓦尔德 1968 年,以色列 N. 纳沃和美国 A. S. 利伯曼 1984 年,美国 R. T. T. 福曼和法国 M. 戈德龙 1986 年,中国景贵 1990 年,中国肖笃宁 1997 年,等等)先后从不同角度定义景观。
- 德国卡尔·李特尔提出和阐释地理单元有机统一体概念和理论。他认为每一个具有自然边界的区域,其气候、生产、文化、人口都是一个统一体。具有鲜明的区域综合的地理综合思想。
- 德国亚历山大·冯·洪堡提出高层大气中温度递降规律。

公元 1807 年
- 德国亚历山大·冯·洪堡和德国卡尔·李特尔会面。
- 德国亚历山大·冯·洪堡《自然景观》出版。系统阐述地理景观与地理地带等基本问题。俄国 1853 年出版俄文版。
- 德国亚历山大·冯·洪堡分析和阐述人类活动与地理环境之间关系,特别是人类活动对自然地理环境的依赖关系。
- 日本首次编绘世界地图。

公元 1808 年
- 德国约翰·奥古斯特·措伊内《科学地理学的尝试》出版。该书强调区域的划分要以自然单元为准,提出和阐述自然地理及其界线对人类的深刻影响,体现了地理环境决定论和自然地理与人文地理统一的意识。
- "人文主义"术语出现。也称"人本主义"。人文主义思想在古罗马和中国先秦时期已有。20 世纪 70 年代强调"理解"的人文主义地理学出现。

・英国罗伯特·托伦斯提出和阐述劳动地域分工及其自然地理基础。1911 年陶西格称其为劳动地理分工。

・法国将全国划分为 27 个大学区。

・法国政府下令排干沼泽，扩大耕地面积。

公元 1809 年

・法国巴黎大学设置地理教习。1898 年地理学家开始担任地理教习。

第二节　地理学年表：公元 1810—1819 年

公元 1810 年

・德国卡尔·李特尔完成书稿《科学地理学的基础》，也称《普通地球学手册》。该书稿提出和阐述了地理学研究对象是地球表面、地理学性质和方法论是经验性和描述性、地理学对地方研究的基本范式等地理学若干基本命题。

・德国卡尔·李特尔认为地理学是一门经验的科学，不应该接受先验成分。之后，不断构建基于归纳的逻辑的人类活动和地理环境之间关系的区域体系，具有人地关系地域系统，也是地理学研究核心的萌芽思想。

・法国孔拉·马尔特－布伦《通论地理学概要》8 卷本开始出版。

・法国孔拉·马尔特－布伦《简明世界地理》法文版（共 6 卷）开始出版。其中，第一卷主要阐述地理学的一般理论，后五卷主要阐述世界主要区域的区域地理。1827 年英文版名称为《世界地理：按照大的自然区划对全世界各部分的新型的描述，附有分析性、纲要性和基础性表格》。

・法国孔拉·马尔特－布伦阐述区域地理的描述的方法论即首先是自然地理，然后是人文地理，最后是分区的研究范式。

・中国编绘《大清万年一统地理全图》。为"大清一统天下全图"系列舆图的典型代表，运用中国传统地图绘制方法编绘，体现民间编绘和传播中国疆域政区地图的特征。

公元 1811 年

·德国亚历山大·冯·洪堡《新西班牙王国的政治》出版。该书为《新大陆热带地区旅行记》（共 30 卷）中的第 25、26 卷。在 1826 年新版中提出在古巴取消奴隶制度的方案。为世界上第一部区域人文—经济地理著作或广义人文地理著作。

·德国亚历山大·冯·洪堡提出在美洲巴拿马地区开掘运河的地理工程科学设想。

·德国卡尔·李特尔编撰两卷本的欧洲地理教科书。

·俄罗斯 И. С. 帕拉斯巨著《俄国动物学》出版。该著作阐述俄国动物区系。他在此前后有关论著中，非常重视阐明气候、植物和动物之间、自然界与人类之间的相互联系，具有地理要素整体性思想。

·日本绘成《新订万国全图》（世界地图）。

公元 1812 年

·德国 A. L. 布赫《论地理学及其与历史学和统计学的关系》出版。提出和阐述地理学的研究对象即地理学描述国家、居民（民族）、土地（即区域自然地理），提出和阐述大洲、自然大区（即大洲的较大部分）、自然地区、亚自然地区四个区域尺度，阐述人地关系。

·德国 A. L. 布赫提出和阐述地理环境整体性。

·德国 A. 米勒在《农业书札》中提出和阐述以城市为中心的农业业态分布格局。蕴含农业区位论和城市中心地理论思想萌芽，是杜能提出和构建农业区位论的直接基础。

·俄罗斯的大学中开始（至 1835 年）将地理学课程转属人文系。地理课程开始具有人文学科属性。

公元 1814 年

·德国卡尔·李特尔进入哥廷根大学学习。学习地理、历史和教学法等课程。

公元 1815 年

·瑞士依《维也纳宣言》确定版图，并成为永久中立国。深远影响世界地理格局。

公元 1816 年

·德国黑格尔开始（至 1917 年）在德国海德堡大学讲授哲学课程。包括自然哲学。1817 年《自然哲学》出版。

公元 1817 年

·德国卡尔·李特尔《地学通论》（共 19 卷，全称为《地学通论：它同自然和人类历史的关系》）第一卷出版。该书英译全称为《地球科学——它同自然和人类历史的关系》或《普通比较地理学——自然和历史科学研究与教学的坚实基础》，也称《地球学》。该书提出和回答了地理学的中心原理即地理学的研究对象与研究核心问题是"自然的一切现象和形态对人类的关系"、如何研究即地理研究范式——地理学是通过地表上空间结合现象的区域差异来研究地球表面等地理学元科学问题，阐述了人地关系、人地关系论和人地关系理论等地理学问题。他始终主张地理学应该以经验为依据，从观察中寻找一般法则，强调野外考察对于地理科学研究的重要性。

·德国卡尔·李特尔开始形成地理学的中心原理是"自然的一切现象和形态对人类的关系"观念。这是后来形成人地关系概念和人地关系论概念及其理论命题的思想基础。

·德国卡尔·李特尔明确提出和系统阐述区域等级系统。包括第一级区域是大地理单元即大洲，第二级区域是根据山脉走向和水系或流域划分出来的区域，第三级区域是根据各地详细的物质外貌和内容而构成的地表镶嵌结构划分出来的区域。

·德国卡尔·李特尔明确提出和系统阐述区域的差异性中的一致性的地理观念。

・德国亚历山大·冯·洪堡首次表述世界年平均气温分布。使用等温线，编绘出平均气温分布地图。

・英国大卫·李嘉图《政治经济学和赋税原理》出版。1819年和1821年出版第二版和第三版。对经济地理学发展影响深远。

・英国大卫·李嘉图系统提出和阐述比较优势原理。之后成为地理分析工具。

・英国大卫·李嘉图阐述劳动地域分工。之后成为地理分析工具。

・德国黑格尔《自然哲学》出版。其中阐述了他所认识到的世界地理空间秩序。深远影响地理学和地理学家。

公元 1818 年

・俄国 К. И. 阿尔森耶夫《简明通论地理》出版。强调经济发展问题，阐述如何改善农民生活质量。到1948年该书已发行了20版。

・俄国 К. И. 阿尔森耶夫提出根据地带性与区域性相结合的俄罗斯自然—经济地理区划方案。划分出10个具有自然—经济综合属性的地理地区。1948年完成修订方案。

・俄国卡拉姆辛著《俄国通史》。1829年完成。具有历史的地理基础思想观念。

公元 1819 年

・德国卡尔·李特尔成为法兰克福大学的历史学教授。

第三节　地理学年表:公元 1820—1829 年

公元 1820 年

・德国柏林大学在世界上最早开设地理学讲座，标志着大学地理学教育的开始。1827年洪堡在柏林皇家科学院做地理学讲演；1874年普鲁士政府决定在各大学设置地理学教授席；1880年德国有10所大学设置地理学教授席；19世纪末俄罗斯的 Д. Н. 阿努钦在莫斯科大学开设地理课；

1899年英国的牛津大学建立地理系；1903年美国芝加哥大学建立地理系，剑桥大学建立地理系；1921年德国的大学有地理系23个；20世纪50年代苏联综合性大学有地理系18个，师范院校有地理系18个；第二次世界大战后，地理学硕士和博士培养增多。1897年中国的上海公学设立地理课；1913年中国北平高等师范学堂建立史地系；1921年中国东南大学建立地学系。之后清华大学、中山大学等十余所大学先后建立地理系。1979年年末中国有十余所综合性大学和30多所师范院校设有地理系。20世纪80年代中国大学地理教育形成学士—硕士—博士学位制度。

· 德国卡尔·李特尔开始在柏林大学讲授地理学，直至逝世。在此期间，他在每年夏季率野外考察队到欧洲各个地区进行考察。他开始形成和阐述了包括自然地理要素和人文地理要素的地理环境整体性概念和地理综合思想、自下而上的区域地理综合思想和方法、从区域角度研究人地关系思想等地理学思想。

· 德国卡尔·李特尔在柏林大学发表演讲。阐述各洲的大小、形状、自然地理结构、气候等以及在不同历史阶段中各大陆民族的发展。

· 英国托马斯·罗伯特·马尔萨斯《政治经济学原理》出版。他去世后1836年修订再版。该著作提出和阐述反映经济状况的"国家收入""国家财富""国民收入""国民产值"等重要经济概念。深远影响地理学和地理学家，特别是经济地理学和经济地理学家。

· 美国学术团体协会（ACLS）人文科学电子图书开始出版。所收入的著作均由专家精心挑选，具有很高的学术价值，许多是"普利策奖"（Pulitzer）与"国家图书奖"（National Book Award）的获奖著作。

公元1821年

· 法国巴黎地理学会（SGP）成立。此后很多国家或地区的地理学会陆续成立。

· 中国徐松撰《西域水道记》。徐松通过实地考察和参阅文献完成。该书为西域水文地理和区域地理著作。

· 中国龚自珍著《蒙古图志》。

- 中国李兆洛著《海国记闻序》。
- 日本伊能忠敬著《大日本沿海实测图》。

公元 1822 年
- 丹麦斯考《普通植物地理学基础》出版。这一基础理论著作吸收了有关植物地理学家关于俄罗斯北方和堪察加半岛、俄罗斯植物区系、西伯利亚植物区系等前期重要研究成果。
- 德国黑格尔在《历史哲学》的《绪论·历史的地理基础》中通过阐述地理环境对历史发展的影响表达他的人地关系思想。他的高度重视地理环境对人群的决定作用的人地关系思想，以当时的人的集团活动与地理环境之间关系的事实为基础。之后，卡尔·马克思提出和阐述了地理环境对人类历史发展的重大影响；普列汉诺夫提出和阐述了地理环境通过对生产力的影响而作用于人类社会，这种影响是一种可变的量，阐述"历史的地理基础"概念，阐释地理环境对社会发展作用的人地关系思想。
- 德国黑格尔提出和阐述"原始的历史""反思的历史""哲学的历史"等历史学观念。深远影响地理学思想史和地理学思想史学家。
- 德国黑格尔提出和阐述后来所称的"欧洲中心主义"。"欧洲中心主义"导致"远东""中东""近东"地理概念的产生。
- 中国刊印《旧约全书》。深远影响中国的宗教地理格局。

公元 1823 年
- 法国马多利·达卢瓦阐述地质对地貌、土壤和地下水的影响。是地理因果论和自然地理环境要素整体性思想萌芽。

公元 1825 年
- 朝鲜李书九著《舆地考》。

公元 1826 年

·德国冯·杜能《孤立国》德文版第一版出版，全称《孤立国对于农业及国民经济之关系》。最早明确提出和系统阐述农业区位论。该著作及之前发表的有关论文的出发点是对当时盛行的特尔合理主义农业论的批判。他的理论深远影响德国农业布局和农业发展。他因该理论贡献于1830 年被授予罗斯托克大学名誉博士学位。1842—1850 年出版第二版，共 2 卷。1863 年第三版，共 3 卷。1916 年译为日文版，1966 年译为英文版。

·德国卡尔·李特尔发表"各大洲的地理位置及其水平扩展"。

公元 1827 年

·德国亚历山大·冯·洪堡开始在柏林皇家科学院和多所大学讲授自然地理（也称"宇宙"）。这些讲稿就是后来完成的《宇宙》的基础。他始终主张地理学应该以经验为依据，从观察中寻找一般法则，强调野外考察对于地理科学研究的重要性。

·美国出版孔拉·马尔特-布伦《简明世界地理》的英文版。英文版名称为《世界地理或按照大的自然区划对全世界各部分的新型的描述，附有分析性、纲要性和基础性表格》。

·德国 A. L. 布黑《论改进地理学讲授中所遇到的困难》出版。提出和阐述地理学的主要任务。

公元 1828 年

·德国亚历山大·冯·洪堡发表计划编撰《宇宙》的构想。

·德国亚历山大·冯·洪堡在柏林主持全德自然科学家代表大会。与有关科学家拟订建立全欧地磁观测网计划，数年后这个观测网建立起来。

·德国卡尔·李特尔发表"形式和数字的陈述作为地理空间关系的辅助方法"。阐述地理空间秩序的地理语言内涵，首次提出"地理空间"概念。

·柏林地理学会成立。由卡尔·李特尔和亚历山大·冯·洪堡等当时世界上数位著名地理学家发起成立。1853年创刊《地球》。

公元1829年

·美国综合性大型百科全书《美国百科全书》开始编纂出版。后多次再版。包括地理学和区域地理知识。初版是德国移民F.李勃于1829—1833年以德国《布罗克豪斯社交词典》第7版为范本编成，共13卷。1903—1904年经过改编增为16卷。后又经多次修订，1912年修订版为22卷。1918—1920年再经重编改版，共30卷，遂成为后来历次修订版的基础，并从此采取了连续修订制。全书采取狭主题、小条目的编法。但对重大主题也设置大条目。全书约有插图2万幅，另有许多彩色插页。条目释文内共有地图1100幅。全书图文比为1∶1500词。条目之间建有严谨的参见系统，采取集中参见和随释文参见相结合的方式。该书内容偏重美国和加拿大的历史、人物和地理资料，人物条目和科技条目篇幅较大，前者约占40%，后者占30%多。

·德国亚历山大·冯·洪堡在俄国西伯利亚考察，直达中国边境。观察到温度的经度变化，这是自然地理环境随经度变化规律的初步科学认识，是后来形成经度地带性概念及观念的基础。

·德国亚历山大·冯·洪堡向俄国沙皇提出建立气候观测站网建议。

第四节　地理学年表:公元1830—1839年

公元1830年

·英国皇家地理学会（RGS）成立。最初名称为英国伦敦地理学会。1859年由英国伦敦地理学会改为现称。设有十余个奖项。

·德国冯·杜能因《孤立国》理论贡献被授予罗斯托克大学名誉博士学位。

·英国C.莱伊尔《地质学原理》出版。之后四卷本《地质学原理》出版。

·法国 A. 孔德《实证哲学教程》开始陆续出版。实证主义对地理学和地理学家有深远影响。

公元 1831 年

·德国《施蒂勒地图集》初版完成。从 1817 年开始编制。

·德国尤利乌斯·弗勒贝尔提出地理学的研究对象的二元论，即一方面把地球作为自然体来研究，另一方面把地球作为人的家园来研究，并对其进行批评。

·英国詹姆斯·克拉克·罗斯测定地球北极位置。

·英国查理·达尔文乘贝格尔号探险船开始（至 1836 年）环球航行。

公元 1832 年

·英国 J. 赫歇尔提出气候及其变化与地球轨道有关的想法。

·中国董立方、李兆洛编绘地图集《皇朝一统舆地全图》刊行。该地图综合使用经纬网和方里网。是中国清代大型疆域政区地图。分幅编绘，装订成册。之后有多种版本。

·俄国阿尔森耶夫提出和论述城市经济功能及其分类。

·德国开始出版卡·冯·克劳塞维茨《战争论》（共 3 卷）。包括军事地理。1964 年中国人民解放军军事科学院翻译，总参谋部出版局 1964—1965 年出版，1978 年商务印书馆出版，1986 年解放军出版社出版。

公元 1833 年

·德国亚历山大·冯·洪堡开始撰写巨著《宇宙》。

·法国朱利斯·米什莱《法国概况》出版。为 17 卷《法国通史》的首卷。提出和阐明地理环境对历史的重要性的人地关系思想。

·德国卡尔·李特尔发表"地理科学的历史因素"。

·英国 C. 莱伊尔《地质学原理》4 卷本出版。又名《可以作为地质学例证的地球与它的生物的近代变化》。系统阐述他所提出和构建的渐变说。1959 年《地质学原理》中译本出版。深远影响地理学和地理学家。

・墨西哥地理学会成立。

公元 1834 年

・德国亚历山大・冯・洪堡提出和阐述"在差异性中找出一致性"地将地理环境整体性和地理环境分异性统一起来考虑的地理环境整—差性问题。

・中国广州成立由外国传教士组成的益智会,开始进行科学技术名词中文名词统一工作。包括地理学。

・德国克拉普罗特(旅居法国)在柏林地理学会讲演《大唐西域记》。

・法国雷慕莎所译《佛国记》出版。

・德意志关税同盟提出和使用"负面清单"概念和工具。

公元 1835 年

・俄国建立起从圣彼得堡到阿拉斯加沿海的气候观测站网。后来,德国亚历山大・冯・洪堡利用资料编绘第一幅世界平均温度地图,使用等温线。建立气候大陆性概念。

・法国科里奥利发现、提出和阐述后来被称为的"科里奥利力"。

・中国人口突破 4 亿人。主要分布在中国东部地区。

公元 1836 年

・德国卡尔・李特尔发表"自然和历史作为自然史的因素,或论地球资源"。

・德国 G. B. 门德尔佐恩《日耳曼的欧洲》出版。他是李特尔的学生,该著是从自然结构与居民及其关系进行阐释的历史地理著作。

・德国约翰・爱德华・瓦帕奥伊斯获得哥廷根大学博士学位。1838年开始在哥廷根大学任教。创建哥廷根大学地理学传统。

·德国法兰克福地理学会成立。

公元 1837 年

·德国海因里希·贝格豪斯《德国的土地和人民》（共 6 卷）开始出版。

·瑞士 A. 阿加西发现阿尔卑斯山曾有过大冰期，向瑞士科学院提出报告，遭到反对。

公元 1838 年

·英国托马斯·阿诺德《罗马史》出版。该书重视历史的地理基础。

·中国林则徐（时任钦差大臣）组织开始翻译英国 H. 幕瑞《世界地理大全》。也称《四洲志》。为世界地理著作。

公元 1839 年

·德国《贝格豪斯自然图集》开始出版。多次再版。1945 年英文版出版。

·中国最早的教会学校马礼逊学堂在中国澳门开办。开设课程之一是地理课程。

第五节　地理学年表:公元 1840—1849 年

公元 1840 年

·德国海因里希·贝格豪斯《地理学基础》（共 5 卷）开始出版。

·瑞士 J. L. R. 阿加西提出气候史上曾出现冰期或间冰期的气候演变学说。

·瑞士 J. L. R. 阿加西建立世界上第一个冰川研究站，发表《冰川研究》，系统地提出和构建冰川理论。

·美国进行第一次全国农业普查。1920 年之前为人口普查的重要组成部分，之后开始独立进行。至 2017 年已进行 29 次农业普查。

- 鸦片战争爆发。中国战败的基础原因之一是中国从皇帝到指挥官缺少地理知识。

公元 1841 年
- 法国 A. 苏雷尔阐述河流纵剖面趋向均衡的地貌学学术思想。
- 美国 G. K. 吉尔伯特阐述地貌发育中的均衡概念及其思想。
- 德国 J. G. 科尔发表"人类交通居住与地形"。他是李特尔的追随者,该文是较早遵循演绎法系统阐述聚落地理著作。
- 德国弗里德里希·李斯特提出经济发展"五阶段说"。1949 年美国胡弗和费雪也提出"五阶段说",1960 年美国罗托斯提出经济发展"六阶段说",1966 年美国弗里德曼提出经济发展"四阶段说",20 世纪 70 年代埃及阿明提出经济发展"三阶段说"。之后成为地理分析工具。
- 德国海因里西·吉佩特《希腊语希腊殖民地》地图集出版。1871 年出版第二版。后多次印刷。之后,他编辑出版多种地图和地图集。
- 俄罗斯开始(至 1848 年)出版什图根·贝尔格的 6 卷本的《俄国水文地理》。
- 中国林则徐会见魏源并请他编撰后来被称为《海国图志》的地理著作。
- 中国北京设立测候所。由俄国东正教会设立。1850 年改称北京地磁气象台,1867 年归属彼得堡科学院。

公元 1842 年
- 法国 J. 阿德马尔也提出气候及其变化与地球轨道有关的科学假设。
- 俄国财政部《欧俄工业地图集》出版。这是最早的工业地图集之一。
- 中国魏源《海国图志》开始印制。为中国自编的第一部世界地图集和世界地理巨著。主要有 1843 年 50 卷本、1847 年 60 卷本、1852 年 100 卷本 80 多万字。是中国近代文化思想的最早形态。在中国政界并未产生太大影响。不久后传入日本,在日本政界和民间产生巨大影响,几年之内有数十个日文译本刊行。

·中国嘉庆《重修大清一统志》560 卷完成。

·中国编绘的中国地图中包括今日中国与蒙古国。同期英国编绘的中国地图主要是长城以南地区。

·英国卢米斯印制带有等温线和等压线的天气地图。

公元 1843 年

·英国洛桑建立罗萨姆斯特试验站。为世界最早的综合定位试验站。

·英国传教士 W. H. 麦都思等在中国上海创建墨海书馆。主要向中国传播西学。出版《地理全志》《大英国志》《大美联邦志略》《六合论丛》等西方地理译著和编著。

·德国弗里德里希·恩格斯在"英国状况——评托马斯·卡莱尔的'过去和现在'"中提出和阐述"人和自然的统一"。深远影响地理学和地理学家关于人地关系论的研究。

·中国林则徐著《俄罗斯国纪要》。

公元 1844 年

·德国 J. S. 穆勒提出和初步阐述"平衡增长"概念和理论，为平衡增长理论的开始。之后保罗·罗森斯坦·罗丹（1943 年）、R. 纳克斯（1953 年）等系统阐述平衡增长理论。之后成为地理特别是经济地理的分析工具。

·德国卡尔·马克思著《1844 年经济学—哲学手稿》。深远影响地理学和地理学家。

公元 1845 年

·德国亚历山大·冯·洪堡《宇宙：物质世界概要》（共 5 卷）开始陆续出版。至 1859 年他去世前已出版 4 卷。第五卷于 1862 年出版。全书系统阐述了地理学的研究对象、地理学的研究目的、自然地理学基本原理、区域地理研究法则等地理学元问题。曾被译成多种文字出版，几乎包括所有欧洲语言。

·德国亚历山大·冯·洪堡在有关论著中提出"地球总物理学"概念和思想。认为全球的大气、海洋、地质和生物有着相互联系，应该连接起来观测和研究。是地球系统科学的近代科学萌芽，是广义的自然地理环境要素整体性思想。

·俄罗斯地理学会（RGS）在彼得堡成立。尼古拉一世8月批准成立俄罗斯地理学会。之前海军上将Ф. П. 李特契倡议成立俄罗斯地理学会。并在俄国科学院会议厅举行第一届会员全体大会。在建立过程中起领导作用的是科学院和海军部。学会中的各个专业合称"地理科学"。学会设置四个部：普通地理学部、俄国地理部、人种学部和俄国统计部。1917年以前名称为俄罗斯帝国地理学会。1926年更名为（苏联）国家地理学会。1938年改为苏联地理学会。1991年苏联解体后恢复原来的名称——俄罗斯地理学会。

·德国埃尔恩斯特·卡普《比较地球学》出版。他是李特尔的追随者，该著系统阐述了普通地理学与特殊地理学及其区别。

·德国卡尔·马克思和弗里德里希·恩格斯在开始撰写（至1846年）的《德意志意识形态》中提出和阐述"自然史和人类史相互制约""人创造环境，环境也创造人"的思想。深远影响地理学和地理学家关于人地关系论研究。

·德国卡尔·马克思开始提出和阐述从生产力、生产关系和人的发展等不同角度的社会发展历史阶段的理论。深远影响地理学和地理学家。

·德国W.劳舍《国民经济体系》出版。运用J. H. 杜能的农业区位论系统研究了农业业态的分布格局。

·俄国瓦西里耶夫完成《大唐西域记》俄译本。

公元1846年

·英国W. J. 汤姆斯提出和使用"民俗"科学概念（包括术语和内涵）。为民俗地理学重要概念。

公元 1847 年

·德国亚历山大·冯·洪堡《宇宙》开始陆续出版。也称《宇宙：物质世界概论》。第一、二卷于 1847 年出版，第三、四卷于 1858 年出版，第五卷于 1861 年出版。

·美国乔治·帕金斯·马什阐述"人地关系"。把人类对自然景观的改变划分为自觉的和不自觉的、适当的和危险的等类型（这属于科学维度），并进行价值维度和伦理维度的评述。形成人地关系研究范式的萌芽。

·德国约翰·爱德华·瓦帕奥伊斯《地理学与统计手册》（多卷本）开始陆续出版。

·德国卡尔·尼古拉·弗赖斯《各个时代气候和植物界——二者的历史》出版。论述了人类活动影响植物界和气候的变化等，具有自然地理环境要素整体性思想萌芽、人地关系思想萌芽。

·俄国地理学会组织第一次规模巨大的考察队，历时三年考察亚洲和欧洲在整个北乌拉尔山脉上的界线。

·法国儒莲在《亚洲学报》发表文章阐述翻译中国僧人西行著作。

·葡萄牙人玛吉士辑译《新释地理备考全书》中文本刊行。扉页印书名《外国地理备考》。玛吉士认为地理为"地之理也，盖讲释天下各国之地式、山川、河海之名目"。分为文、质、政三等。为世界地理著作。

·德国开始在所有大学设立地理学讲座。

公元 1848 年

·俄国 К. М. 贝尔发表"外部自然环境对各民族社会关系和人类历史的影响"。

·英国玛丽·萨默维尔《自然地理学》出版。她是自学的地理学者，在该书中阐述地貌、海洋、大气、生物、人类活动等。共出版印刷 7 次。

·俄罗斯 К. И. 阿尔谢尼耶夫《俄国统计概论》出版。该著作划分出一、二级经济区域，并对每一个经济区域的自然地理和经济地理进行描述。

·中国徐继畬《瀛寰志略》在福建雕版印行。该著为世界地理著作,约15万字,以地图为纲依图论述,全面介绍世界各大洲数十个国家和地区的情况。初定名为《舆地考略》,后改名为《瀛寰考略》。1844年完稿。1867年清朝政府重新刊印此著,后列为京师同文馆教科书。

·美国科学促进会(AAAS)成立。包括地理学学科。是《科学》杂志主办者。

·德国卡尔·马克思《共产党宣言》(也称《共产主义宣言》)出版。阐述问题之一是发展问题。深远影响地理学特别是马克思主义地理学。

·德国冯·杜能被选为法兰克福议会议员。

公元 1849 年

·美国阿德诺·盖约阐述"地理学研究范式"问题:"新地理学"不仅要描述,而且还应该进行比较和解释,"提高到解释所描述的现象是什么以及为什么的高度"。

·英国麦考利《英格兰历史》出版。提出和运用剖面法研究1685年英格兰地理景观。剖面法于1931年在英国克利福德·达比完成的博士论文《芬兰区在英国历史中的地位》中得到了很好的应用,逐渐成为历史地理研究范式和研究方法。

第六节 地理学年表:公元 1850—1859 年

公元 1850 年

·美国 M. F. 莫里编绘出"全球陆地风向概要图",阐述地球有关"风带"。之后,系统阐述全球大气环流模式即后来被称为"莫里大气环流模式"。

·德国卡尔·李特尔发表"地球外形对历史的影响"(也译为"地理环境对历史的影响")。宏观阐述地理条件对历史进程的作用。

·英国 T. 米纳尔《自然地理图集》出版。

·英国皇家气象学会创立。

公元 1851 年

·美国地理学会（AGS）成立。成立时名称为美国地理学与统计学会（AGSS），为美国地理学会（AGS）前身。1871 年更名为美国地理学会（AGS）。1910 年创刊《地理评论》。后设立克拉姆奖、乔治·戴维森勋章等。

·奥地利维也纳大学创设地理学讲座。之后，分为自然地理学讲座和历史地理学讲座。

·俄罗斯特拉乌特菲杰尔《论欧洲俄罗斯植物地理区》出版。该著作给出俄罗斯平原植物地理区划方案。

·俄罗斯 Э. X. 楞茨编著教材《自然地理》出版。作者原来的职业是物理学家。这一时期俄罗斯的自然地理学课程属于物理教研室。

·法国莱昂·傅科通过"傅科摆"证明地球自转。

公元 1853 年

·俄国 П. П. 谢苗诺夫 – 天山斯基（至 1854 年）在柏林听过德国卡尔·李特尔的地理课。他在此前后将卡尔·李特尔的《亚洲地理》由德文翻译成俄文。他认为卡尔·李特尔"主要是以历史学及人文学为基础的地理学家"。

·俄国 П. П. 谢苗诺夫 – 天山斯基（至 1854 年）认识了德国亚历山大·冯·洪堡。

·俄国 П. П. 谢苗诺夫 – 天山斯基（至 1854 年）与德国斐迪南·冯·李希霍芬一起进行过中亚地区探险准备工作。

·德国亚历山大·冯·洪堡发表"我的自然观"。阐述"自然环境对道德结构和人类命运有经常不断的影响"的人地关系理论。

·德国卡尔·李特尔在其"比较地理学的思想"中，阐述英国"处于海峡环绕的中央，它自然就成为大海的统治者"的人地关系理论。

·俄国地理学会开始（至 1857 年）考察里海地区。这次考察的科学成果之一是发现和提出河岸相对不对称定律。

·俄罗斯列杰布尔《俄国植物区系》出版。该著作给出包括16个植物区的俄国地植物区划方案。

·英国传教士W.慕维廉编纂《地理全志》中文版开始（至1854年）在中国墨海书馆刊行。1880年、1883年等多次修订刊行。该著参考《瀛寰志略》《新释地理通考》《世界地理导论》等。有学者称该著作为"中文版西方地理百科全书"。

·柏林地理学会《地球》创刊。

公元 1854 年

·美国亨利·戴维·梭罗《瓦尔登湖》出版。反映与述说工业革命导致自然地理环境变坏即不合理工业经济活动导致自然地理环境破坏的以人地冲突为特征的人地关系。深远影响地理学和地理学家的环境伦理思维。

·英国约翰·斯诺完成《霍乱地图》。用编绘地图研究霍乱发源地及扩散规律。这是早期最重要的医学地理研究成果。

公元 1855 年

·俄国地理学会组织大西伯利亚考察。

·美国M. F. 莫里《海洋自然地理学》出版。

·地理学期刊《彼得曼通报》创刊。曾介绍《彼得曼地图集》。

·美国H. P. 塔潘研究美国城市增长。

·俄罗斯动物地理学奠基人H. A. 谢维尔佐夫开始（至1873年）发表一系列动物地理学论著。

·俄国 П. П. 谢苗诺夫－天山斯基等《俄罗斯帝国的地理—统计词典》（共5卷）开始（至1885年）出版。

公元 1856 年

·俄国 П. П. 谢苗诺夫－天山斯基开始（至1857年）天山考察。

- 俄国 П. П. 谢苗诺夫 – 天山斯基在《亚洲地理》第一卷中阐述地理学是一门独立学科。
- 英国传教士 W. 慕维廉译著《大英国志》共 8 卷由中国墨海书馆刊行。
- 德国斐迪南·冯·李希霍芬获柏林大学地学方面博士学位。他一生在地理学理论、自然地理学、人文地理学、地理学人才培养等方面开展研究，均有成绩。
- 奥地利维也纳地理学会成立。
- 法国达西提出"达西定律"。

公元 1857 年

- 美国 J. W. 威尔逊提出"河流基准面"概念。
- 英国亨利·托马斯·巴克尔《英国文明史》开始出版。其中阐述了自然规律对人类（群）活动的影响，即"人类不过是自然的一部分，人类历史同样受自然规律的支配"。1903 年开始翻译为中文。
- 法国儒莲《大唐西域记》法译本出版。
- 美国布鲁杰特·洛林《美国气候和北美大陆的温度带》出版。
- 英国 P. L. 斯科莱特根据鸟类分布将世界大陆划分为生物地理六界即古北界、埃塞俄比亚界、印度界、澳洲界、新北界和新热带界。奠定了生物地理学的基础。
- 德国卡尔·马克思和弗里德里希·恩格斯在《1857—1858 年经济学手稿》中提出和阐述"自然联系占优势的社会和社会、历史因素占优势的社会"。深远影响地理学和地理学家。
- 德国恩斯特·恩格尔开始提出和阐述后来被称为"恩格尔定律""恩格尔系数"的关于经济和社会发展的有关理论和方法。之后成为地理学特别是人文地理学的分析工具。
- 中国上海的墨海书馆创办中文期刊《六合丛论》。刊载过"地球形势""水陆分界""洲岛论""地震火山论""山原论""平原论""海洋论""河湖论"等。

公元 1858 年

·德国亚历山大·冯·洪堡《宇宙》第四卷出版。系统总结了他对地理学的认识并系统阐述地理学。他称地理学为地球描述,目的是研究现象的空间分布、空间关系和相互依存。

·德国奥斯卡·佩舍尔《发现时代史》出版。提出东西方贸易活动对地理发现有重要作用的观点。

·俄国 П. П. 谢苗诺夫 - 天山斯基考察中国新疆。

公元 1859 年

·德国亚历山大·冯·洪堡逝世。因科学成就而享受国葬,柏林全市服丧。

·中国何秋涛撰《朔方备乘》。该书名为中国咸丰皇帝所赐。1881 年刊印。为重要的历史地理和区域地理著作,李鸿章为此书作序。

·英国约翰·廷德尔提出"温室效应"概念。之后逐渐形成术语。

·英国皇家地理学会由 1830 年成立的英国伦敦地理学会改为现名。

·德国卡尔·马克思《〈政治经济学批判〉序言》简要系统地表述历史唯物主义的科学内涵。深远影响地理学和地理学家特别是马克思主义地理学和马克思主义地理学家。

·英国 C. 达尔文《物种起源》出版。提出和系统阐述生物进化论。这是第二次科学革命的重大标志,深远影响地理学和地理学家,直接影响德国弗雷德里希·拉采尔人文地理学思想。

第七节 地理学年表:公元 1860—1869 年

公元 1860 年

·英国 A. R. 华莱士确立"华莱士线"。1876 年发表《动物的地理分布》。

·美国成立商务分析机构。之后所核算数据支持地理研究特别是区域经济地理研究。

·第一批世界气候图开始（至 1870 年）编制。深受洪堡始于 1817 年使用等值线图的影响。

·俄罗斯地理学会开始（至 1880 年）集中进行地理考察。

·德国科学院设立洪堡基金会。

·德国斐迪南·冯·李希霍芬首次到中国考察。

公元 1861 年

·德国弗里德里希·恩格斯致卡尔·马克思的信中，使用《彼得曼地理通报》（也称彼得曼《地理研究所通报》）中的信息。

·德国卡尔·马克思开始（至 1863 年）撰写后来被称为《政治经济学手稿（1861—1863）》的著作。其中的"剩余价值理论"深远影响马克思主义地理学及其地理学家。

·美国艾德温·赫格斯海默根据美国 1860 年人口调查数据编绘出《美国南方各州奴隶人口图》。之后成为林肯用于呼吁废除奴隶制的主要支撑文献。

·中国开始"洋务运动"。促进国外地理学思想、地理学著作的引入与翻译。

公元 1863 年

·美国索罗提出森林演替概念。19 世纪末发展为"植被演替"概念。

·德国冯·杜能《孤立国》德文版第三版出版，共 3 卷。1937 年中国正中书局出版《孤立国》中译本，1986 年商务印书馆出版《孤立国》中译本，均为第一卷和第二卷第一章。

·美国国家科学院（NAS）成立。是由美国著名科学家组成的科学组织，其成员在任期内无偿地作为"全国科学、工程和医药的顾问"，是美国科学界荣誉性及政府咨询机构。成立时分设 11 门类，没有地理学。之后，开展地理研究，支持国家成立美国地理调查会和美国地理调查部。多位地理学家当选院士。

·中国《大清一统舆图》刊行。

·中国江苏省舆图总局成立。之后中国十余省成立舆图局。这些舆图局负责本省地图测量与编制。

·俄国 П. П. 谢苗诺夫 - 天山斯基开始（至 1885 年）阐述和重视地理学对于解决贫困等社会发展问题的重要作用。

·法国维维昂·德圣马丁开始（至 1875 年）编纂出版《地理年刊》。其间提出"地理学研究薄弱，对于民众教育来说是一种可悲征兆"。该刊物为《国际地理学文献》前身。

·俄罗斯莫斯科大学成立自然地理教研室。之后设置自然地理学硕士和博士学位制度。为地理学的莫斯科大学学派肇始。

·英国托马斯·赫胥黎《人类在自然界中的位置》出版。深远影响地理学家的理论思维特别是在人地关系方面的理论思维。

公元 1864 年

·美国乔治·帕金斯·马什《人与自然：人类活动所改变的自然地理》出版。20 世纪 50 年代出版的《人类在地表改变中所扮演的角色》《被人类行为所改变的地球：过去三百年中全球和区域变化》等深受其影响。

·美国乔治·帕金斯·马什提出和阐述要合理规划人的活动进而实现与自然地理环境协调的思想和理论，即人地关系论中的人地协调理论。

·美国建立以保护红杉为目的的约西迈特山谷自然保护区。

·英国 J. 克罗尔提出黄道偏心率变化可以引起冰期的假说。

公元 1865 年

·德国奥斯卡·佩舍尔《地理学史》出版。1877 年第二版出版。

·英国阿·盖基系统阐述自然地理环境对人类的影响。包括对种族（民族）、对历史、对经济活动和对民族性格等的影响。

·苏联地理学会《全苏地理学会通报》创刊。20 世纪 20 年代改为现在这个名称。

・俄罗斯亚历山大·伊凡诺维奇·沃耶科夫的博士论文被德国哥廷根大学接受，并授予其博士学位。

・英国 E. G. 拉文斯坦开始在社会科学领域运用物理学中的万有引力模型开展研究。

公元 1866 年

・美国乔治·帕金斯·马什《人与自然》在俄国出版俄译本。

・法国保罗·维达尔·白兰士毕业于巴黎高等师范学校史地系。当时的史地系的历史学课程占压倒性优势。他于 1872 年完成博士学位论文。

・法国皮埃尔·拉鲁斯主编具有一定大百科全书性质和功能的工具书《十九世纪万有大辞典》（共 17 卷）开始陆续出版。包括丰富的地理学和区域地理知识。

公元 1867 年

・法国埃利兹·雷克吕出版《地球》，至 1868 年共出版两卷，是系统地理学特别是系统自然地理学著作。

・"城市化"术语出现在与地理学有关的文献中。

・德国卡尔·马克思《资本论》开始出版。是马克思主义地理学最重要的理论基础著作。提出和阐述人类活动与地理环境关系问题。是马克思主义人地关系理论的重要著作。

・德国卡尔·马克思明确提出和系统阐述社会分工和生产过程分工及其本质差别。之后成为地理分析工具和地理学方法论。

・意大利地理学会成立。

・中国杨守敬和邓承修编绘完成《历代舆地图》初稿，包括 44 个图组 34 册。未刊印。

公元 1868 年

・俄罗斯开始出现长达约 20 年的气候学之争即以 Т. И. 维特尔为首的气候的地球物理方向与以 А. И. 沃耶科夫为首的气候的地理方向之间的争论。

- 中国江南制造总局翻译馆在上海成立。翻译刊行《地学浅说》《中西名目字汇》《西国近事汇编》等。
- 中国江南制造总局翻译馆在上海成立。之后开始进行科学技术名词英译汉的标准统一问题。包括地理学。
- 德国 W. G. F. 罗舍尔从定性角度明确阐述"区位"概念。
- 德国斐迪南·冯·李希霍芬（至 1872 年）先后沿 7 条路线对中国的沿海和内地进行地学综合考察。这些成果是他 1877—1912 年完成的巨著《中国》的重要基础。
- 中国《万国公报》创刊。由在中国的传教士、外国领事和商人等组成的团体"广学会"创办。是介绍西学的主要刊物之一。
- 日本开始后来被称为的明治维新运动。地理学和地理学家提供间接支持。

公元 1869 年

- 德国奥斯卡·佩舍尔《比较地球学》（全称《作为地表形态学探索的比较地球学的新问题》）出版。该著讨论和阐述核心问题之一是洪堡和李特尔的地理学观念。
- 著名期刊《自然》创刊。其办刊宗旨是"将科学发现的重要结果介绍给公众，让公众尽早知道全世界自然知识的每一分支中取得的所有进展"。自创刊以来发表不少地理学方面文章。
- 《自然》发表两篇同一题目为"利文斯通博士的探险"的论文。
- 《自然》发表英国托马斯·洛金"苏伊士运河"。
- 《自然》发表"通向印度的运河之路"。
- 《自然》发表"达尔文学说与国民生活"。
- 德国厄恩斯特·卡普《普通比较地理学》出版。
- 苏伊士运河开始通航。它是亚洲与非洲之间的分界线，也是亚非与欧洲之间最直接的水道。
- 日本成立民部省地理寮。1876 年改为内务省地理局。

第八节　地理学年表:公元 1870—1879 年

公元 1870 年

·法国大学开始设立独立的地理讲座和地理系。

·英国 T. H. 赫胥黎将世界人类分为高加索人种、蒙古人种、尼格罗人种、澳大利亚人种。

·德国奥斯卡·佩舍尔《比较地理学的新问题》出版。为地理学理论著作。其中，系统阐述他早年提出的地理学的研究对象是不包括人类活动的地球表面形态的观点。

·德国 W. P. 柯本以植物与气候之间关系研究论文获莱比锡大学博士学位。

·俄国 Н. М. 普尔热瓦斯基开始（至 1873 年）对亚洲中部地区即中国西北地区的第一次考察。后在俄国地理学会资助下出版巨著《蒙古与唐古特人地区》。

·英国爱德华·温珀在《自然》发表《冰川的纹理构造》。

·英国查尔斯·比克在《自然》发表《尼罗河问题的答案》。

公元 1871 年

·第一届国际地理大会在比利时安特卫普召开。会议召集了所有对"地理科学"感兴趣的专家，涉及地理学和宇宙学等方面的问题 89 个。1922 年成立国际地理联合会。

·美国地理学会（AGS）由地理学与统计学会（AGSS）更名为此名。

·俄国 П. П. 谢苗诺夫-天山斯基提出俄罗斯欧洲部分的综合地理区划方案。该方案将其划分为 12 个区域或地区。

·英国爱德华·泰勒《原始文化》出版。影响文化地理学和人文地理学研究。

·中国李兆洛《历代地理志韵编今释》刊印。同期完成历史地图集

《历代地理沿革图》。1931 年商务印书馆出版《历代地理志韵编今释》，为王云五主编"国学基本丛书"之一种。

·中国华蘅芳和美国高温译编《地学浅说》在中国江南制造总局翻译馆刊行。该书译编自英国 C. 莱伊尔《地质学纲要》。

·德国奥斯卡·佩舍尔被任命为莱比锡大学地理学首席教授。他早年学习法学，从 1858 年开始出版地理学史、地理学方法论、人文地理学、自然地理学方面著作。

·美国颁布《鼓励西部草原植树法》。之后又颁布《沙漠土地法》《森林保护法》等。深远影响美国人地关系发展，促使美国人地关系协调发展。

公元 1872 年

·法国保罗·维达尔·白兰士完成史学博士学位论文。

·法国保罗·维达尔·白兰士开始在南锡大学任地理系讲师。

·中国出版由美国公理会传教士卢公明主编的《英华荟萃》。其中包括科学技术术语（英汉对照）部分。其中的地理学术语部分由美国公理会传教士山嘉利编纂。

·瑞士 J. J. 埃格利《地名学》出版。为现代地名学诞生主要标志之一。

·美国亨特使用"古地理学"术语。

·德国学者提出"大地水准面"术语。

·美国批准建立第一个国家公园"黄石公园"。为世界上最早的自然保护区之一。

公元 1873 年

·德国圣·马丁《地理学史》出版。

·德国奥斯卡·佩舍尔《民族学》（也称《人种及其地理分布》）在德国出版。1879 年英译本在伦敦出版。是重要的人种地理学和民族地理学著作。

· 德国弗里德里希·恩格斯开始（至1882年）撰写《自然辩证法》。《自然辩证法》首次出版于1925年，由苏联国家出版社出版。深远影响地理学和地理学家，特别是马克思主义地理学和地理学家。

· 受邀到日本工作的德国学者在日本成立德国东亚学会。该学会成为日本学习和接受德国地理学的主要平台。

公元1874年

· 德国奥斯卡·佩舍尔《民族学》出版。阐述人文地理学、民族地理学和文化地理学等理论问题和区域问题。

· 德国弗雷德里希·拉采尔开始（至1875年）到北美洲和中美洲长途旅行。这些经历成为他以后很多思想的经验基础。

· 普鲁士政府决定在每一所普鲁士大学中设立地理学教习。要求由具有教授头衔的学者担任。

· 美国出版《美国统计图集》。该图集是将统计资料叠加在地图上的地图集。

· 德国弗里德里希·恩格斯使用动物地理学、植物地理学、普通自然地理学等术语。

· 德国弗里德里希·恩格斯提出和阐述"科学的产生与发展一开始早就被生产所决定"的思想。深远影响地理学和地理学家。

· 天气气候学开始建立。

· 经济学界开始系统研究将竞争作为判断实际市场效率的标准问题，如莱昂·瓦尔拉斯（1874年）、阿尔弗雷德·马歇尔（1890年）、帕累托（1895—1896年，1907年）、A.C.庇古（1912年）等。之后成为地理分析工具。

· 法国埃米尔·布鲁特发表"论自然法则的或然性"。使"或然性"成为多学科的重要术语。之前法国伏尔泰等已使用"或然性"概念。

公元1875年

· 第2届国际地理大会在法国巴黎召开。大会的地理学学科有数理地理学、水文学、自然地理学、历史地理学、经济地理学、地理教学和探险。

·第2届国际地理大会的地理教育组提出和阐述地理学定义。认为地理学是认识和研究地表自然形态和人地关系的学科。

·德国弗里德里希·恩格斯使用"比较自然地理学"术语，并阐述其价值。

·奥地利 E. 休斯巨著《地球的面貌》出版。

·奥地利 E. 休斯提出"地球生物圈"概念，是指岩石圈上所有生物的总和。之后被称为"生物圈"。该概念之后多有变化。

·意大利罗马大学聘请意大利近代地理学创建人季乌塞佩·达拉·韦多瓦担任首席地理学教授。

·英国詹·克罗尔《气候和年代以及它们的地质关系：地球气候世纪变化的理论》出版。蕴含地理研究中的时间序列思想萌芽。同年有学者在著名期刊《自然》上发表评论文章。

·《自然》发表"风暴定律"。阐述和解释龙卷风。

·埃及地理学会成立。

公元1876年

·德国弗里德里希·恩格斯在《劳动在从猿到人转变过程中的作用》中提出和阐述"我们不要过分陶醉于我们人类对自然界的胜利。对于这样的胜利，自然界都对我们进行报复"的人地关系思想和发展与环境协调思想。该文1896年正式发表。

·法国艾利兹·雷克吕《新世界地理》（或译《新世界地理：土地和人类》）开始陆续出版。至1894年共出版19卷。也被译为《地理大全》。体现以区域为基础的地理研究范式。

·俄国 B. B. 道库恰耶夫开始（至1881年）对俄罗斯大草原进行土壤及自然地理环境系统的综合科学考察。行程约12000公里。这次系统的科学考察，是他1883年《俄国黑钙土》和提出创建自然地带性理论、土壤形成因素学说（或理论）、植树造林生态环境修复思想等的科学考察基础。100 余年后的 1993 年俄国沿着此考察路线进行考察。

·英国 A. R. 华莱士《动物的地理分布》出版。修补了英国 P. L. 斯科莱特 1857 年根据鸟类分布将世界大陆划分为生物地理六界即古北界、埃塞俄比亚界、印度界、澳洲界、新北界和新热带界的方案。提出了生物地理六界即古北界、埃塞俄比亚界、东洋界、澳洲界、新北界和新热带界的方案。奠定了生物地理学基础。

·德国弗雷德里希·拉采尔撰写了一部关于中国移民特别是中国移民到美国西部并参与开发的著作。这是第一部系统阐述这方面问题的著作。

·俄国 H. M. 普尔热瓦斯基开始（至 1878 年）对亚洲中部即中国西北地区的第二次地理考察。

·中国杨守敬和饶敦秩等完成《历代舆地沿革险要图》。该图后与《历代舆地图》初稿合编。

·丹麦皇家地理学会成立。

·国际地理联合会在布鲁塞尔举行会议，成立"考察与开发中非国际协会"。

公元 1877 年

·法国保罗·维达尔·白兰士开始在巴黎高等师范学校任教。后创建地理系。他在这里吸引和培养了包括白吕纳、德芒戎、德马东等在内的一批地理学家。之后，逐渐提出和创建以及使用地理综合法。维达尔地理学派开始孕育。

·德国斐迪南·冯·李希霍芬系统阐述包括研究对象、研究核心、研究范式和学科价值等地理学元问题：地理学注意观察地球表面各种存在联系的现象的分布；地理学最高目标是研究人与自然以及生物特征之间的关系。

·德国斐迪南·冯·李希霍芬提出和阐述人地关系问题。他研究中亚山脉对居民及其移动的影响。具有鲜明的人地关系，特别是宏观尺度上的自然地理环境对人类活动的决定性作用的思想。

- 在中国成立由新教传教士发起的"学校教科书委员会"。也称"益智书会"。之后开始科学技术术语标准译名工作。
- 中国益智书会开始（至1889年）因编译教科书需要科学技术术语统一的翻译工作。其中，地理学术语由美国林乐知编纂。
- 德国 K. A. 库比乌斯基提出"生物群落"概念。
- 德国斐迪南·冯·李希霍芬《中国：个人旅行的成果和在这个基础上的研究》开始（至1912年）陆续出版。简称《中国》。共5卷和2卷地图集。其中，他亲自执笔第一、二卷和地图集第一卷，后三卷和地图集第二卷为其友人和学生根据他留下的资料编纂出版。这项编纂工作得到德国政府资助。
- 德国斐迪南·冯·李希霍芬创立中国黄土高原风成理论。之后，他提出和阐述地貌形成的内营力和外营力综合作用的思想，被尊为地貌学之父。
- 德国斐迪南·冯·李希霍芬提出和阐述后来被称为地球系统科学的有关思想。
- 德国斐迪南·冯·李希霍芬提出"丝绸之路"和"震旦纪"概念及其术语。
- 俄国 H. M. 普尔热瓦斯基《蒙古与唐古特人地区》（计划分为三部）部分出版。该著作为他第一次对亚洲中部地区即中国西北地区进行考察的成果。俄国地理学会资助。
- 美国路易斯·亨·摩尔根《古代社会》出版。对于研究史前地理有重要价值。
- 英国牛津大学设立地理学教授。
- 荷兰阿姆斯特丹大学设立荷兰第一个地理系。
- 瑞典人类学和地理学学会成立。后设立"维加奖"。
- 英国托马斯·亨利·赫胥黎《地文学》出版。
- 英国厄恩斯特·乔治·拉文斯坦提出地球人口极限是60亿的假说。
- 中国古代地理著作《尚书·禹贡》被德国斐迪南·冯·李希霍芬

《中国》第一卷全面引用。

公元1878年

· 美国威廉·莫里斯·戴维斯开始担任哈佛大学地质系自然地理学讲师，并制订地理教学计划。1885年成为全职教授。为1904年创建的哈佛大学地理系的主要创建人。培养出强大的地理学学生群体。

· 德国阿尔布雷希特·彭克毕业于莱比锡大学地质系。之后受李希霍芬影响专攻地理学。

· 美国开始出版《美国统计要览》。之后不断再版。包括地理和环境。

· 德国弗里德里希·恩格斯完成《反杜林论》。全名为《欧根·杜林先生在科学中实行的变革·哲学·政治经济学·社会主义》。其中，提出和阐述自然规律和社会规律及其自然历史统一性，时间和空间是物质存在的基本形式等。深远影响地理学理论发展和地理学家理论思维。

· 中国杨守敬等编纂编绘《历代舆地图》历史地图集（共70幅）开始在上海、湖北、四川等地刊印发行。

公元1879年

· 俄国H. M. 普尔热瓦斯基开始对亚洲中部即中国西北地区的第三次地理考察。

· 德国奥斯卡·佩舍尔的遗著《自然地球学》出版。之后发行第2版。该著研究和阐述的问题之一是人类的种族和文化地理问题。这样的阐述在当时被称为民族学。

· 美国地质调查局成立。主要研究地理环境、自然资源和自然灾害等问题。

· 巴拿马运河国际会议决定开凿巴拿马运河。1904年破土动工。深远影响地理格局。

· 日本东京地理学会成立。之后《东京地理学杂志》创刊。

· 加拿大政府任命第一位地理学家。

第九节　地理学年表:公元 1880—1889 年

公元 1880 年

· 德国贝尔格《埃拉托色尼的地理学片段》出版。也称《地理学概论》。

· 德国新地理学开始（至 1914 年）系统引入俄罗斯。俄罗斯许多地理学家都曾在德国学习。

· 著名期刊《科学》（*Science*）创刊。20 世纪上半叶刊发不少地理学学科方面文章。

· 德国黑格尔的《逻辑学》阐述了分解与综合的辩证关系。他阐述道"（分解）仅是一个方面，而主要是分解（基础上）的综合"。深远影响地理学家。

· 俄国 П. П. 谢苗诺夫－天山斯基完成俄罗斯经济区划。这一区划主要考虑自然条件、人口和农业。

· 中国成立天津水师学堂。后开设地舆图说课程。

公元 1881 年

· 第 3 届国际地理大会在意大利威尼斯召开。

· 第 3 届国际地理大会地理教育组提出和阐述地理学的科学观念是什么、地理学与其他学科关系等地理学基本问题。

· 德国阿福雷德·赫特纳因气候研究获得博士学位。出版区域气候研究著作。在此前后，他关注、学习和研究哲学，这成为他以后地理哲学的基础。

· 瑞典人类学和地理学学会设立"维加奖"。由瑞典国王颁奖。该奖项被称为诺贝尔地理学奖。已奖励约 70 位地理学家和地学家，包括四次考察青藏高原以及周边地区并写出《从极地到极地》巨著的斯文·赫定、创造了"地理循环理论"的戴维斯、创造了"阿尔斯冰期理论"的彭克、证实了"米兰科维奇理论"的英柏瑞、"古海洋学之父"埃米利亚尼、创造了"稳定同位素温度理论"的丹斯果、开拓了山地冰芯气候研究的汤姆森、系统研究青藏高原冰川和环境的姚檀栋。

· 葡萄牙在中国澳门设立气象观测站。

公元1882年

· 德国弗雷德里希·拉采尔著《人类地理学》第一卷《地理学在历史学上的应用导论》德文版出版。1891年《人类地理学》第二卷《人类的地理分布》德文版出版。该著作系统阐述了各种自然地理要素和自然地理环境对历史发展的影响。这些论述因其学生艾伦·丘吉尔·森普尔及其再传学生E. 亨廷顿等的渲染，而被有的学者冠以自然地理环境决定论。现有德文版、英文版、法文版和俄文版等。该著作尝试构建社会发展与自然地理环境相互关系即人地关系的理论或学科范式。

· 德国弗雷德里希·拉采尔开始系统阐述人地关系。他认为地理环境对人类的影响包括对人类直接的生理影响、对心理的影响、对人类社会组织和经济发展的影响、对人类迁移及其最后分布的影响等多重或直接或间接的影响。他的这一系统阐述，后来被冠名为自然地理环境决定论。拉采尔及其有关著作被确定为地理环境决定论典型代表。他及其弟子在地理环境决定论方面，只提出和阐述到生存空间和国家有机体，从没提出、阐述和赞同民族优劣思想。他的人地关系理论在传播过程中被扭曲。

· 德国W. 劳恩哈德从定量角度阐述"区位"概念，提出若干公式。

· 德国弗雷德里希·拉采尔创建"德国科学区域地理学中央委员会"。组织编写《德国地理学与民族地理学》。1946年开始改称为《德国地理学》。

· 德国W. 戈策发表"经济地理学概论"。首次提出和使用"经济地理学"概念和术语。

· 俄国B. B. 道库恰耶夫从1882—1886年、1887—1891年分别对俄罗斯平原进行以土壤为主的自然地理综合考察。这是他明确提出和阐释自然地带性学说的科学实证基础之一。

·第一次国际极地年，为国际合作考察极地的开始。

·瑞典卡尔·阿勒纽斯第一次向瑞典民众介绍弗雷德里希·拉采尔的思想，并将其解释为人文分布学。在这一时期，人文地理分布界线的思想在瑞典盛行。

·美国威廉·莫里斯·戴维斯开始承担蒙大拿州煤矿资源调查等考察工作，开始产生"侵蚀循环"思想、高度重视地理野外考察的观念。

公元 1883 年

·德国斐迪南·冯·李希霍芬阐述地理学研究对象即地理学是研究地球表面以及与其有成因关系的事物与现象的科学；提出"地球表层"概念即岩石圈、水圈、大气圈和生物圈相互接触的地方；提出和阐述地理学必须限于研究地球表层观点；提出和使用"地域分异"概念及术语。

·俄国 B. B. 道库恰耶夫《俄国黑钙土》出版。也译《俄罗斯黑钙土》。在此前后提出和阐述"自然地带"概念，创立土壤形成因素学说，阐述自然地带理论，蕴含自然地理综合体、自然地理环境要素整体性和地理综合研究思想。他的这些思想和理论，1914 年从俄文翻译为德文，1927 年从德文翻译为英文。

·德国斐迪南·冯·李希霍芬明确提出"自然综合体"概念。之后"自然综合"术语开始出现。

·德国斐迪南·冯·李希霍芬受聘担任莱比锡大学地理学首席教授。

·德国斐迪南·冯·李希霍芬在德国莱比锡大学发表题为"当前地理学的任务和方法"的就职演说。其中之一，阐述了"地理学不能抛弃人类"的思想。

·俄国 H. M. 普尔热瓦斯基开始（至 1885 年）对亚洲中部即中国西北地区的第四次地理考察。他因四次考察获得 24 个俄国和欧洲主要国家的最高学术团体和大学授予他的博士学位及会员、荣誉会员和名誉会员等称号。

·法国泰斯朗·德·博尔发现、提出和阐述后来被称为的"大气活动中心"概念。

·奥地利J. F. 汉恩《气候学手册》出版。该巨著提出较完整的气候学研究的方法体系。

·瑞典哥本哈根大学成立地理系。

·美国亨利·奥古斯特·罗兰发表"为纯科学呼吁"。被誉为"美国科学的独立宣言"。8月15日在美国科学促进会（AAAS）上的演讲，8月24日发表在《科学》上。深远影响地理学（家）学术自觉。

公元1884年

·美国威廉·莫里斯·戴维斯创立"侵蚀基准面和侵蚀循环学说"。1889年将"侵蚀循环"修正为"地理循环"。这一思想和理论对地理过程和地理研究时间序列有重要影响。

·国际子午线会议决定，通过英国伦敦格林尼治天文台旧址的子午线为本初子午线（也称首子午线）。

·国际子午线会议决定，全球按经度分为24个时区，每区各占经度15度。

·俄国亚历山大·伊凡诺维奇·沃耶科夫《地球的气候》出版。也称《世界气候》。为气候学地理学方向、综合自然地理的最重要著作。他高度重视和阐述地理环境各个要素之间相互作用及其过程，具有自然地理环境要素整体性、自然地理环境过程整体性和地理综合思想。1887年德国出版德文版。1948年苏联再次出版。

·英国《牛津词典》开始陆续出版。对许多地理名词有语源和词意解释。

·德国弗里德里希·恩格斯《家庭、私有制和国家的起源》出版。系统阐述辩证唯物主义历史观。深远影响地理学研究。

·德国弗里德里希·恩格斯阐述两种生产即生活资料的生产和人类自身的生产。深远影响人地关系研究和人地关系论研究。

·英国迈克尔·乔治·马尔霍尔在其《统计学字典》中提出和阐述

后来被称为购买力平价的概念的内涵。购买力平价是区域比较的重要计量工具。

· 苏格兰皇家地理学会成立。

· 中国王同春开始（至1899年）集中对绥远河套地区以水利为中心的开发。为协调—控制型人地共生的地理工程。

· 美国成立劳工部统计局。统计数据支持社会经济地理研究。

公元1885年

· 德国弗雷德里希·拉采尔《民族学》（共3卷）第一卷出版。第二卷1886年出版，第三卷1888年出版。1896年英译本出版，名为《人类的历史》。为民族地理学重要著作。

· 德国弗雷德里希·拉采尔开始明确提出、阐述地理事物的起源和扩散，并运用于研究。之后，形成包括位置、空间和界限在内的系统理论。

· 俄国B. B. 道库恰耶夫成为圣彼得堡大学第一任地理学教授。

· 俄国莫斯科大学创建地理教研室。为地理学的莫斯科大学学派奠定基础。该学派主要包括自然地理学的景观学派和经济地理学的区域学派。

· 俄国Д. Н. 阿努钦开始在莫斯科大学的历史—哲学系和物理—数学系讲授地理课程。

· 德国J. 温默《历史景观学》出版。

· 中国康有为提出"知万国之故，地球之理"。地理学成为中国近代化的现行学科。

· 英国A. 亨利（至1897年）先后四次来华，雇用中国人在湖北、四川、云南、海南、台湾等地采集了数万件标本。著有《中国植物名录》《中国经济植物笔记》。

· 瑞典斯文·赫定开始到中国考察。之后多次到中国考察。在西北和西藏等地从事考察并收集大量资料。后出版《穿过亚洲》《丝绸之路》《1899—1902年中亚科学考察成果》《南西藏》《游移的湖》等。

·哈佛大学成立地质地理系。1904 年哈佛大学成立地理学系。

公元 1886 年

·德国弗雷德里希·拉采尔开始（至 1904 年）任莱比锡大学地理学首席教授。在此期间，赫特纳曾作过他的助教。他毕生研究最为重要的主题之一是人地关系，所构建的人地关系理论被曲解为自然地理环境决定论。

·德国斐迪南·冯·李希霍芬受聘担任柏林大学地理学教授，开始主持自然地理学讲座。其间他讲授的问题之一是殖民地理、交通地理等，1908 年由奥托·施吕特尔审定，以《移民与贸易地理》为书名出版。

·德国阿尔弗雷德·吉尔希霍夫主编《欧洲区域地理》系列著作开始出版。

·美国 R. E. 彼利开始到格陵兰探险。后来证明格陵兰岛为第一大岛。

·中国政府成立会典馆。负责组织编撰《光绪会典》。1890 年在会典馆中设画图处。

·中国曹廷杰完成《东北边防辑要》。之后，完成《西伯利东偏纪要》《东三省舆地图说》等著作。

·中国黄沛翘编纂完成《西藏图考》。为西藏区域地理著作。

·俄国国民教育部提出了将地理教研室从历史—哲学系移至物理—数学系。表明地理教学及课程性质在大学中的转变。

·法国《法国大百科全书》开始（至 1902 年）编纂并陆续出版。全称《伟大的百科全书——科学、文字及艺术的系统库存》。全书共分 31 册。

公元 1887 年

·俄国亚历山大·伊凡诺维奇·沃耶科夫《世界气候》德文版出版。

·英国哈尔福特·麦金德阐述地理学的价值。他认为地理学必须满足政治家和商人的实际需求、历史学家和科学家的理论要求和教师的智力要求。

- 奥地利 J. F. 汉恩编制全世界等温线气候地图。
- 英国巴康和海尔巴森特编绘世界等温线气候地图。
- 英国乔治·格尔兰阐述地理学的研究对象之二元论，即一方面把地球作为自然体来研究，另一方面把地球作为人的家园来研究的问题，并对其进行批评。
- 德国阿尔布雷希特·彭克《德意志帝国》出版。为典型区域地理著作。
- 英国哈尔福特·麦金德受聘开始任牛津大学地理学教授。促成1889年牛津大学地理学系的建立。
- 中国黄遵宪著成《日本国志》（40卷）。
- 连接北海与波罗的海的基尔运河开始动工。

公元 1888 年

- 德国阿尔多夫·巴斯蒂昂《地理区域论》出版。
- 美国国家地理学会（NGS）成立。后设立"研究与探索委员会主席奖"。2001年授予中国侯仁之。
- 美国国家地理学会创办《国家地理》杂志。最初为学术性科学杂志，后为大众科普杂志。迄今有近40种文字版本。
- 芬兰地理学会和地理学家协会成立。
- 俄国 П. П. 谢苗诺夫－天山斯基考察土耳其斯坦荒漠。
- 美国地理学会《国家地理杂志》创刊。

公元 1889 年

- 第4届国际地理大会在法国巴黎召开。
- 美国威廉·莫里斯·戴维斯将其1880年创立的"侵蚀基准面和侵蚀循环学说"修改为"地理循环学说"。这一思想和理论对地理过程、地理时间和地理研究时间序列有重要影响。

·俄罗斯 B.B. 道库恰耶夫发表阐述土壤形成过程以及根据气候影响划分自然土壤地带的思想。

·英国 G.G. 奇泽母《商业地理手册》第一版出版，后多次再版。

·英国 A.H. 基恩完成《人：过去和现在》。为人种地理学和民族地理学重要著作。

·德国 A. 苏潘《奥匈帝国》出版。为典型区域地理著作。

·法国让·白吕纳开始（至 1892 年）在法国巴黎高等师范学校学习，是保罗·维达尔·白兰士的学生。

·英国牛津大学成立地理系。

·中国薛福成（至 1894 年）受命出使英、法、意、比四国。阐述气候与人文的关系的地理环境决定论及自然资源枯竭危机思想。

·法国伊曼努尔·德·马东（保罗·维达尔·白兰士的女婿）从法国巴黎高等师范学校毕业。

·挪威地理学会成立。

第十节　地理学年表:公元 1890—1899 年

公元 1890 年

·第 5 届国际地理大会在瑞士伯尔尼召开。

·德国阿尔布雷希特·彭克在第 5 次国际地理大会上提出编制 1∶100 万世界地图建议，得到大会通过。成立国际地图委员会，共有 20 位委员。

·第 5 届国际地理大会的地理教育组归纳和阐述地理研究对象等问题。

·"应用地理学"概念出现。后不断变化发展。

·英国 J. 斯科特·凯尔蒂《应用地理学：初步的描绘》出版。1908 年出版第二版。

·瑞典斯文·赫定开始对亚洲中部即中国西部地区的第一次地理考察。

·美国 A.T. 马汉《海权对历史的影响（1660—1783 年）》出版。为政治地理学著作和地缘政治学中的海权论代表性著作。他主要从英国发展历史角度，提出和阐述地缘政治学中的海权论，认为海上力量对一个国家的发展、繁荣和安全至关重要，充分控制公海就能控制世界的贸易和财富，就能控制全世界。

・美国 A. T. 马汉系统阐述国家海上力量的六要素理论。包括地理位置、陆地形状、领土范围、人口、民族特征、政府政策。

・中国政府在会典馆下设立画图处。主持全国测绘工作和编绘全国总图工作。同期，全国十余省成立了舆图局，负责本省的测绘和编绘地图工作，并向会典馆画图处提供资料。

・美国成立地名委员会。1902 年瑞典成立地名委员会，1919 年英国成立地名常设委员会，1997 年中国成立地名委员会。

・德国弗里德里希・恩格斯提出"历史唯物主义"术语。1892 年在《社会主义从空想到科学的发展》英文版序言中系统阐述"历史唯物主义"概念。深远影响地理学特别是马克思主义地理学和地理学家特别是马克思主义地理学家。

・国际组织"美洲共和国国际联盟"成立。1948 年改为美洲国家组织。深远影响美洲地区政治经济地理格局及其研究。

公元 1891 年

・德国弗雷德里希・拉采尔《人类地理学》第二卷《人类的地理分布》德文版出版。系统阐述地理位置、空间和界限是影响人类分布与迁徙的三组地理要素等地理综合思想，同时认识和深刻蕴含因为有人文因素而自然地理因素的控制是有限的人地关系思想。他曾竭力主张的确存在着协调的人地关系。这一人地关系思想并非绝对的自然地理环境决定论。

・俄罗斯 И. К. 帕乔斯基发表《植物区系发育阶段》。他提出和阐述植物地理学的研究对象是植物群系。

・瑞典杰勒德・德・耶尔到美国介绍主要通过冰川覆盖范围变化建立起来的地质年代学特别是时间尺度。

- 美国艾伦·丘吉尔·森普尔开始师从德国弗雷德里希·拉采尔。后来将弗雷德里希·拉采尔的地理环境决定论引入美国,对其发扬光大。1911 年她的《地理环境的影响》出版。
- 法国巴黎地理学会《地理学年鉴》创刊。为年鉴学派建立重要标志。主要创办人维达尔·白兰士致力于地理学与历史学相结合的研究,否定地理环境决定论,认为人类生活方式是多重因素相互作用的结果,而非自然地理环境的单一因素所致。他的这一人地关系思想或理论,被称为地理环境或然论,也称人地相关论。
- 中国益智书会确定开展科学技术名词标准化统一化是重要工作。其中,地理学术语和地质学术语由美国李德安负责,气象学术语和矿物学术语由英国傅雅兰负责。
- 美国加州大学圣塔芭芭拉分校成立。20 世纪 80 年代成立地理系。

公元 1892 年

- 日本农业科学家横井时敬应用冯·杜能的理论。为日本首次引用。
- 美国成立研究中学教学课程和大学入学标准的"十人委员会"。之后,有一次专门讨论中学地理课程内容和标准的会议。
- 比利时布鲁塞尔大学邀请法国艾莉兹·雷克吕任教。
- 俄国自然科学爱好者学会下成立地理学分会。Д. H. 阿努钦任地理学分会主席。1894 年创办杂志《地理》。
- 俄国 Д. H. 阿努钦阐述地理学的研究对象、学科性质和学科体系等地理学基本理论问题或元问题。
- 俄国沙皇三世亚历山大命令俄国 B. B. 道库恰耶夫调查考察 1891 年俄国旱灾成因。道库恰耶夫经过调查认为,原来大草原的气候是十分稳定的,只是由于一个世纪以来断断续续的农业生产活动才破坏了原来生态环境的稳定性。他建议采取包括建设从北到南的防护林带、改良土壤、修建水利工程等一系列的措施,恢复大草原地区的生态环境,提高土地的粮食生产力。沙皇接受了道库恰耶夫的建议,随后派出农业、牧业和林业专家前往大草原地区进行进一步的调查,探讨防护林带工程建设的可能性。同时，一些文学家、艺术家也纷纷前往大草原地区，了解那里的自然风情与文化。

·俄国 B. B. 道库恰耶夫《俄罗斯草原今昔》出版。

·俄国 B. B. 道库恰耶夫提出和阐述了自然地带内在非地带性自然地域分异因素作用下的非地带性自然地域分异的思想。

·美国组成以威斯康星大学校长 T. C. 钱伯林为主席的地理教育国家委员会，开始调查美国全国的学校地理教育，完成调查报告。调查报告建议从小学、中学到大学都要进行地理教育。

·中国屠寄中进士。后完成《广东舆地图》《黑龙江舆地图》《黑龙江舆图说》《黑龙江水道记》等。曾任京师大学堂正教习。为清末民初著名地理学家。

公元 1893 年

·挪威 F. 南森开始在北极地区探险至 1896 年，1895 年 4 月 7 日到达当时人类所到的最高纬度（北纬 86°14′）。

·瑞典斯文·赫定开始对亚洲中部即中国西部地区的第二次地理考察。

·南斯拉夫约万·茨维伊奇被任命为塞尔维亚贝尔格莱德大学的地理学教授。其基本学术思想受弗雷德里希·拉采尔、让·白吕纳和伊曼努尔·德·马东的影响。

·南斯拉夫约万·茨维伊奇《喀斯特现象》出版。

·芬兰赫尔辛基大学设立芬兰第一个地理系。

·俄罗斯 Д. И. 门捷列夫开始（至 1896 年）进行俄国及其工业发展可能远景的经济区划。他原来的职业是化学家。

公元 1894 年

·德国阿尔布雷希特·彭克《地表形态学》（共 2 卷）出版。先后有法、英、德、意等多种译本出版。提出和使用"地形学"概念及其术语，后来也称地貌学。19 世纪中德国普遍使用"地表形态的科学"概念及其术语。他在此前后阐述了地理学和地质学的关系即地理学是目标、地质学是方法。

·德国阿尔布雷希特·彭克提出地貌分类系统。之后，美国威廉·莫里斯·戴维斯于1884年和1899年，苏联K. K. 马尔克夫于1929年，中国沈玉昌于1958年都提出了各自的地貌分类系统。

·开始出现"地貌学"科学术语。

·法国保罗·维达尔·白兰士《维达尔普通地图集》出版。也称《普通地图集：历史与地理》《历史与地理大图集》。该地图集运用地理要素相关表示法，体现地理环境整体性和地理综合思想。后多次再版。

·俄国 B. B. 道库恰耶夫（至1903年）组织了俄国最主要的河源考察队。

·中国益智书会的傅雅兰编纂完中英文对照《地理学术语表》。

·中国邹代钧主持完成《湖北全省地图》。

·德国威廉·文德尔班《历史和自然科学》出版。

·俄国自然科学爱好者学会下属的地理学分会开始出版杂志《地理》。

公元1895年

·第6届国际地理大会在英国伦敦召开。

·英国《泰晤士世界地图集》第一版出版。至今经历了四代发展，2011年出版第13版。

·俄国 П. П. 谢苗诺夫－天山斯基完成《俄罗斯地理学会半世纪活动史》（共3卷）。后出版。

·俄国亚历山大·伊凡诺维奇·沃耶科夫阐述和定义气候概念。

·中国邹代钧创办"舆地学会"。这是中国第一个民间地图学术团体，主要任务是编译西方地图的原本。1908年停办。这12年间共出版《中外舆地全图》《中华分省图》等中外地图700余幅。

·俄国普列汉诺夫《论一元论历史观之发展》，注意并阐释地理环境对社会发展作用的人地关系理论。

·俄国 H. M. 西比尔泽夫系统阐述俄国和世界的土壤地带系统。

·瑞典斯文·赫定开始对亚洲中部即中国西部地区的第三次地理考察。

·《殖民事业和农业经济》出版。为社会地理著作。

·英国亨利·波克尔《英国文明史》出版。对发展地理环境决定论的人地关系理论有重要作用。

·美国奥提斯·梅森提出文化区概念及其术语，提出和阐述三种形式即功能文化区、形式文化区和饮食文化区。

·德国阿福雷德·赫特纳创办《地理杂志》。该杂志关注和发表地理学范式和方法论问题。该杂志 1943 年停刊，1963 年复刊。

·中国练兵处在北京成立测量科。之后中国成立若干测量机构。

·英国伦敦政治经济学院成立地理系。应用地理学是其主要传统。

·中国的北洋大学设置地理课程。

公元 1896 年

·俄国 A. Ф. 阐述"区域"概念。认为区域是以某些指标与其他部分相区别的、在地图上准确地标志出来的地表的一部分。

·德国恩格斯·海克尔提出生态学概念并定义。之后，生态学与地理学之间交叉融合。德国戈特弗里德·特雷维拉努斯于 1802 年首创生态学名词。

·瑞典 A. 斯万提出二氧化碳排放量增加可能会导致全球变暖。

·德国弗雷德里希·拉采尔《土地与生活》出版。系统阐述地理环境对人们生活影响的人地关系理论。

·美国鲍威尔提出和完成美国地文区划，把美国划分为 16 个地文区，部分地文区进一步划分为地文副区。

·中国严复发表"救亡决论"。提出"科学为本"的著名观点。批判在此之前的"中学为体，西学为用"观点。深远影响中国近代科学发展，当然也包括地理学。

・中国益智书会成立科学技术术语委员会。傅雅兰负责统一术语中文译名工作。

・中国"西学富强丛书"开始出版。包括地理学、天文学、矿政等。

・中国邹代钧等在武昌组建成立"译印西文地图公会"。

・法国让·白吕纳（至 1912 年）在瑞士弗里堡大学教授地理学。1912—1930 年在巴黎大学担任研究教授。其间，1925—1927 年在加拿大蒙特利尔大学开设地理学课程。

・瑞典斯文·赫定开始对亚洲中部即中国西部地区的第四次地理考察。

公元 1897 年

・德国弗雷德里希·拉采尔《政治地理学》出版。全称《政治地理学：国家、贸易和战争地理学》。提出和阐述"国家有机体""生存空间"概念和学说。后经他人被德国纳粹利用为侵略的理论根据。"生存空间"逐渐成为地理学中重要的概念和观念以及理论。

・俄国 Г. И. 唐菲里耶夫完成《欧俄综合自然地理区划》。

・俄国 Д. Н. 阿努钦《上伏尔加河的湖泊及西德纳河的上游》出版。

・瑞典卡尔·阿勒纽斯根据皮肤颜色等生理指标进行人种分类。

・瑞典许贡德·冯·什未林为瑞典第一位地理学教授。他从奥斯卡·佩舍尔著作中认识到人类依赖于自然的观点，批评弗雷德里希·拉采尔过于教条的地理环境决定论。

・俄罗斯开始第一次人口普查。

・中国陶葆廉《侍行记》刊印。

・中国王锡祺完成《小方壶舆地丛钞》。为地理类丛书。1985 年中国杭州古籍书店出版影印本。

・中国创办上海南洋公学。在师范部设置地理课程。成为当时的中国地理中心。

・中国商务印书馆在上海建立。之后成立史地部和编译所等。出版大量地理学译著。促进外国的地理学传入中国和中国地理学的发展。

·中国黑龙江舆图局兼通志局成立。之后在屠寄主持下完成黑龙江舆图及图说。

·英国建立污水处理厂。

公元 1898 年

·德国弗雷德里希·拉采尔《德国区域地理》出版。阐述文化地理差异比自然地理差异对景观有更重要和更鲜明的影响思想。

·俄国 B. B. 道库恰耶夫在有关文献中开始系统阐述自然地带学说。之后逐渐完善并形成自然地带理论。

·俄国 B. B. 道库恰耶夫提出自然地理环境对人类的精神生活（道德和宗教）以直接影响。

·俄国 B. B. 道库恰耶夫开始（至 1900 年）系统阐述地理综合体。

·俄国 B. B. 道库恰耶夫提出构建综合研究自然地理环境的新学科。这个新学科就是"关于错综复杂的、多种多样的相互联系和相互作用的科学……有机自然和无机自然之间的长期变化规律"的科学。这个新学科即后来诞生的综合自然地理学或狭义的自然地理学。

·法国埃里兹·雷克吕提出"地理环境"术语。该术语首先出现在哲学和社会科学中，后出现在地理学中。

·法国保罗·维达尔·白兰士开始在巴黎大学任教。是巴黎大学地理教习的第一位地理学家。

·美国威廉·莫里斯·戴维斯《自然地理学》出版。

·英国 A. C. 哈东《对人的研究》出版。为人种地理学和民族地理学著作。

·苏联（俄国）В. И. 列宁《俄国资本主义的发展》出版。1908 年再版。提出和阐述综合考虑生产力与生产关系之间关系的"经济区"概念和理论。成为十月革命后苏联经济区划方法论的理论基础。同时，该著作是将地理和历史资料综合运用的历史地理著作和政治经济地理著作。

·法国巴黎科学院授予苏联 B. A. 奥勃鲁契夫奖金。他于 1925 年第二次获该奖金。

·法国保罗·维达尔·白兰士开始在法国索尔蓬大学任地理学教授。之后创设三年一贯大学地理课程体系。

·美国 A.T. 马汉因海权论特别是《海权对历史的影响》进入西奥多·罗斯福任职的美国海军部。海权论直接服务于美国政府。

·德国在青岛建立气象台。三年后定名为气象观天所。

·瑞典斯文·赫定开始（至 1901 年）在中国西藏进行考察。测绘地图 1000 余幅。之后完成《中亚与西藏》《中亚考察的科学成就》等。

·美国《国家地理》的总编辑吉伯特·格罗夫纳对杂志进行了一系列的大胆改革，就此确立了《国家地理》"人性化的地理学"理念。

·中国的京师同文馆规定开设各国地理课程。

·中国康有为《日本书目志》出版。开始使用汉语"科学"术语翻译英文 science 一词。之前，中国使用"格致"翻译。

公元 1899 年

·第 6 届国际地理大会在德国柏林召开。

·第 6 届国际地理大会的分组之一是历史地理、方法学、地理教育、目录学。地理学方法（论）得到重视。

·俄罗斯 П. П. 谢苗诺夫·天山斯基（他是 П. П. 谢苗诺夫－天山斯基之子）开始出版 19 卷俄罗斯区域地理著作，特别注意到"人地关系"。

·俄国 B. B. 道库恰耶夫发表"论自然地带学说"。也译为"关于自然地带的学说"。在此前后系统阐述"自然地域分异"理论特别是"地带性自然地域分异"理论，并提出和阐述了自然地带理论。他在后来的有关著作中，重视和阐述人类活动是地理环境变化的主要原因。在他同时代一些地理学家已从不同角度、不同要素等方面提出和阐述"自然地理要素的地理地带规律"和"部分自然地理要素相互联系的地理地带规律"。

·俄国 B. B. 道库恰耶夫在其"关于自然地带学说"（也译为"关于

自然地带的学说")中提出"地带性就是世界法则"的著名论断。

·俄国 B. B. 道库恰耶夫编绘世界北半球土壤地图。

·芬兰《芬兰国家地图集》出版。这是世界第一部现代地图集意义的国家地图集,包括芬兰语、瑞典语和法语版。该地图集包括序图、气候、植被、人口、教育、农业、工业及其他、历史等图组。至今已有近百个国家出版国家地图集。

·法国保罗·维达尔·白兰士首次提出和阐述作为人地关系论的一种理论的"地理环境可能论",很多文献简略地表述为"可能论"。他当时没有使用"地理环境可能论"或"可能论"术语。他根据弗雷德里希·拉采尔《人类地理学》第二卷认为:自然(地理环境)对于人类居住规定了界限,并提供了可能,但是人们对这些给予条件的反应或适应,则按照他自己的传统的生活方式而不同;同样的地理环境对于不同的生活方式的人们具有不同的意义,生活方式是决定某一特定的人类集团将选择由自然提供的那种可能性的基本因素。

·法国保罗·维达尔·白兰士提出和阐述的"人地关系"中的"地"不仅具有自然地理环境而且具有人文地理环境含义。之后很长一段时间"人地关系"中的"地"被定义为自然地理环境。20世纪90年代"地"重新被正确地理解为包括自然地理环境和人文地理环境的地理环境。

·法国保罗·维达尔·白兰士提出和使用"生活方式类型"概念。这是他的地理学思想和理论以及研究方法的核心概念和基础。

·法国保罗·维达尔·白兰士提出和阐述地域整体性思想或概念,认为地表的各个部分相互联系,但没有使用地域整体性术语。具有地理环境的地域整体性思想萌芽。

·俄国 Л. C. 贝尔格开始(至1902年)对咸海地区进行考察和研究。

·中国完成《光绪会典》。其中《会典舆图》105卷,为一部大型综合地图集,包括总图《皇舆全图》和分省图。在这一过程中,形成邹代钧测绘理论和邹代钧为首的地图学派。

·中国开始在官书局石印《会典舆图》。同期中国一些省区完成省区地图集。

·美国开始编制全国土壤地图。

·中国邹永煊在武昌创办武昌亚新地学社。是中国最早出现的专营地图出版的出版社。1908 年刊印邹代钧编绘的《五洲总图》。

·英国牛津大学建立地理系。哈尔福特·麦金德任系主任。

·英国 L. 达德利·斯坦普等《世界地理》出版。

·美国 H. R. 米尔《国际地理学》出版。

·美国威廉·莫里斯·戴维斯提出和阐释以"构造、过程和阶段"为核心的"解释性描述"研究范式，提出和阐述包括青年期、壮年期、老年期等若干地貌发育阶段理论。

·中国梁启超发表《饮冰室自由书》。其中包括专门介绍孟德斯鸠地理环境决定论。

·中国李鸿章以钦差大臣身份率比利时工程师到济南考察黄河。

·瑞典斯文·赫定开始对亚洲中部即中国西部地区的第五次地理考察。

·美国 H. C. 考尔斯发表"密歇根湖的沙丘植被"。提出和阐述植被演替思想和理论。

·中国杨守敬受湖广总督张之洞邀请开始出任两湖书院教司，主讲地理课程。

·中国南洋公学创办译书院。之后翻译《地理课本》等。

·中国张相文进入上海南洋公学师范部深造，专攻史地。

·德国戴维·希尔伯特《几何基础》出版。系统阐述"公理方法"。深远影响地理学和地理学家。

·海牙会议召开。与 1907 年海牙会议促进海牙体系形成。深远影响世界地理格局。

19 世纪期间

·自然科学三大发现即细胞学说、能量守恒与转换定律、进化论诞生。自然科学的一些主要领域相继由经验层次进入理论层次。这些认识从不同方面揭示了自然界的历史发展和普遍联系、自然界物质运动形式的多样性及其相互联系相互转化，理性地展示了自然界的客观辩证法，为辩证唯物主义世界观提供了自然科学依据。这深远影响地理学及地理学家的发展。

·马克思主义哲学在19世纪40年代诞生。马克思主义哲学是认识自然界、人类社会和人的思维发展的规律的科学理论体系，也称辩证唯物主义和历史唯物主义。深刻深远影响着地理学和地理学家的发展。

·作为马克思主义重要组成部分的马克思主义政治经济学诞生。深刻深远影响经济地理学和经济地理学家的发展。

·美国地理协会在19世纪80年代几乎每年都组织几十个相当规模的考察队到中美、南美和非洲的一些国家或地区进行考察研究，为美国国家提供各种资料和标本。

·中国某些教会学校开设"舆地"课程，19世纪末叶开设"地理"课程。

·俄罗斯地理学重视区域基础研究和区域应用研究以及广纳有关学科于地理学之中的三个特征基本形成。

·美国在19世纪中叶开始西部地区开拓殖民。

·美国在19世纪中叶开始大规模地学考察。

·世界第一个冰川研究站于19世纪三四十年代建立。

·19世纪末叶俄国列夫·梅奇尼科夫在《文明和伟大的历史河流》中，提出和阐述地理环境对文明影响的人地关系理论。他的理论曾被误解为是地理环境决定论。

·19世纪90年代德国H.霍夫曼开始组织物候观测网络，开展物候观测。

·19世纪中叶俄国П.П.谢苗诺夫-天山斯基在他所译的卡尔·李特尔《亚洲地理》俄文版的序言中阐述地理学的广义概念和狭义概念。

·中国清末翻译出版自然地理著作38部、人文地理著作43部。

·中国清末引进、翻译和使用"地文学""地势学""气象学""人生地理学""经济地理学""政治地理学"等学科术语。

·中国源于明朝末年"西学东源"思潮盛行，促进了西方地理知识的引入。

第 7 章
地理学年表:公元 20 世纪(上)

第一节　地理学年表:公元 1900—1909 年

公元 1900 年

·俄罗斯出版《俄国气候图集》。

·德国 W. P. 柯本发表"按世界植被的一种气候分类",具有气候要素和植被要素之间整体性思想。开始发表气候分类方案。至 1936 年定稿。

·俄国西比尔特采夫阐述地带性土壤和非地带性土壤的概念。

·中国邹代钧使用"横断山脉"概念。

·美国 A. T. 马汉《亚洲问题》出版。提出和阐述欧亚中心论。他提出欧亚大陆是获得世界实力的关键,预言美、英、德、日形成联盟共同对付俄国和中国。

·中国邹代钧著《京师大学堂中国地理讲义》。

·英国马克·阿弗勒尔·斯坦因(原为匈牙利人,1940 年加入英国国籍)开始(至 1901 年)对亚洲中部地区即我国西北地区进行第一次地理考察。后完成世界声誉著作《古和阗》。

公元 1901 年

·俄国亚历山大·伊凡诺维奇·沃耶科夫发表"人类对环境的影响"。关注和阐述过度放牧引起草地破坏进而引起气候变化,通过灌溉改良干旱半干旱地区土地生产力等的人地关系思想和地理环境要素整体性思想。在此前后他发表几十篇关于自然和社会及人地关系方面的论文，很多译为德文和法文。

·俄罗斯亚历山大·伊凡诺维奇·沃耶科夫提出和警示过度快速城市化。

·德国弗雷德里希·拉采尔《地球与生命：比较地理学》第一卷出版。次年出版第二卷。明确提出和阐述地理学需要自然科学基础。

·德国阿尔布雷希特·彭克和爱德华·布吕克纳合著《冰川时期的阿尔卑斯山》（3卷）开始出版。至1909年完成。形态阐述阿尔卑斯山冰期等基本科学问题。

·德国弗雷德里希·拉采尔明确提出和阐述"生存空间"概念及术语。

·瑞典鲁道夫·克伦《科学的政治学》出版。首次提出和使用"地缘政治学"概念及术语。

·俄国 N. M. 西比尔采夫发展了 B. B. 道库恰耶夫提出的土壤地带性概念。他是 B. B. 道库恰耶夫的学生。

·中国张相文《初等地理教科书》和《中等本国地理教科书》出版。为中国最早的地理教科书。

·中国玉涛阐述地理学是专门研究地球表面特别是人地关系的科学。

·德国 L. 狄尔斯完成《中国中部地区植物志》。

·美国马克·杰斐逊（师从威廉·莫里斯·戴维斯）开始在师范学校从事地理教学，直至1939年以76岁高龄退休。他坚持认为地理学和地理教育的重点不是"地球和人"而是"地球上的人"，高度重视区域地理的教学。

·德国埃德蒙德·古斯塔夫·阿尔布雷希特·胡塞尔完成《现象学的观念》。现象学是20世纪六七十年代地理学的基础和核心。

·英国地理协会《地理学》创刊。

·奥地利 E. 休斯《地球的面貌》出版。曾被译成法文销售18000册。

·奥地利 E. 休斯提出和使用生物圈概念。在此期间有学者提出和使用生物圈术语。

·中国出版日本智和重昂《地理学讲义》中译本。

·中国出版日本顿野广太郎《世界地理志》中译本。

·瑞典皇家科学院设立诺贝尔奖。之后获诺贝尔经济学奖的成果深远影响经济地理学和经济地理学家。

公元 1902 年

·俄国 Д. Н. 阿努钦阐述地理学的研究对象是地球表面。他在此前后阐述蕴含自然地理过程、自然地理变化的营力即动因机制、自然地理环境要素整体性、自然地理综合等的自然地理思想，建立自然地理学学科体系。

·中国益智书会科技术语委员会编纂完成《术语词汇》。为中英文科学技术名词标准统一的重要工作及成果。为中国最早的综合性科学技术术语辞典。英汉对照，收录词条 12000 余个、50 余类。其中，地理学、地质学、矿物学、天文学等各为一类。1904 年出版，1910 年再版。

·英国哈尔福特·麦金德《不列颠与不列颠海洋》出版。为一部从全球着眼某一个区域的区域地理著作。

·法国伊曼努尔·德·马东在其博士论文中提出和阐述区域研究范式。

·中国梁启超在《新民丛报》发表"地理与文明之关系"。其中包括介绍黑格尔的地理环境决定论。

·法国 J. 吉列伦开始（至 1910 年）研编《法兰西语言地图集》。从分布格局层面表达语言地理空间秩序。

·中国京师大学堂师范馆设置历史地理类。师范馆为北京师范大学前身。为中国高等地理教育开端。1928 年独立成系。

·英国科学院（BA）成立。

·瑞典成立地名委员会。

·美国成立商务部普查局。有关数据支持地理研究。

·中国商务印书馆成立编译所。之后出版包括地理学和区域地理等在内的地理著作。

　　·中国颁布《钦定蒙学堂章程》。规定开设舆地（地理）课程。

　　·中国颁布《钦定小学堂章程》。规定开设舆地（地理）课程。

　　·中国颁布《钦定中学堂章程》。规定开设舆地（地理）课程。

　　·中国颁布《钦定高等学堂章程》。规定开设地理课程。

　　·中国颁布《钦定京师大学堂章程》。规定"大学分科""仕学馆""师范馆"开设"史学""舆地"课程。"舆地"课程内容包括地理和地质等学科内容。

　　·中国成立文明书局。开始编辑出版地理类书籍。

　　·英国哈尔福特·麦金德开始（至1922年）任国会议员。其间担任过帝国海运委员会和帝国经济委员会主席。

　　·法国昂利·彭加勒《科学与假说》出版。深远影响地理学和地理学家。

　　·英国哈尔福特·麦金德（至1922年）因地理学贡献广泛影响而历任英国国会议员。

　　·中国梁启超发表《近世文明初祖两大家之学说》。介绍培根和笛卡尔的学说。为科学哲学引进中国的开端。深远影响中国地理学和地理学家。

公元1903年

　　·美国威廉·莫里斯·戴维斯发表"地理学纲要"。其中阐述了人地关系和地理环境决定论。

　　·美国威廉·莫里斯·戴维斯开始提出被后来称为戴维斯地貌发育理论。他的地貌发育理论形成的客观地理基础是欧洲和美洲的湿润气候的自然地理环境。是经典地貌发育理论。

　　·法国埃利兹·雷克吕《人类和地球》开始出版，共6卷，也译为《人类与土地》。

　　·法国埃利兹·雷克吕系统阐述"地理环境"概念（包括术语和定义）的人。他认为地理环境是环绕人类周围的社会发展条件，地理环境是自然地理环境和人文地理环境的总和,人文地理环境在人类社会发展过程中形成并不断发生变化。

·法国埃利兹·雷克吕在《人类和地球》中,在阐述俄罗斯地理环境特别是自然地理环境的基础上,从人地关系角度预见俄罗斯将有光辉的未来。

·德国阿福雷德·赫特纳发表"关于地理学的基本概念和基本原则"。

·德国斐迪南·冯·李希霍芬发表"19 世纪地理学的发展的动力和方向"。其中之一提出和阐述地理学发展的动力因素及其作用机制。

·中国翻译出版日本野口保一郎著的《经济地理学大纲》。中文首次出现"经济地理学"名词。

·日本浮田和民《史学通论》之第五章历史与地理阐述了人地关系的思想。

·中国谢洪绂阐述什么是地理学。

·日本山崎直村和佐藤传藏《日本的区域地理》(共 10 卷)开始出版。

·美国艾伦·丘吉尔·森普尔《美国历史及其地理环境》(又译为《美国历史及其条件》)出版。宣称可以从地理学角度诠释所有的历史。

·美国 A. P. 布里根《美国历史的地理影响》出版。

·奥地利 J. W. 维格尔《地名学》出版。为现代地名学诞生的主要标志之一。

·美国罗琳·D. 索尔兹伯里(至 1919 年)任芝加哥大学地理学主任。他反对人地关系之间单一因果论思想,具有人地关系多样性思想。

·美国芝加哥大学建立地理系。

·英国剑桥大学建立地理系。

·中国颁布《钦定高等小学堂章程》规定开设舆地课程。

·中国颁布《奏定中学堂章程》规定开设地理课程。包括地理总论、亚洲总论、中国地理、外国地理、地文学、地图编绘等。

·中国范迪吉(留学日本)等主持翻译《普通百科全书》,由上海会文学社出版。

公元 1904 年

·第 8 届国际地理大会在美国华盛顿召开。

·第 8 届国际地理大会的论文分类之一是地理学史。地理学史及其研究得到重视。

·美国哈佛大学地理系建立。在此前后威廉·莫里斯·戴维斯等认识到美国地学研究要在科学事实基础上发展和提升理论。

·美国地理学家协会（AAG）在美国费城成立。为职业地理学家组织。威廉·莫里斯·戴维斯担任主席。1948 年与 1943 年成立的美国职业地理学家协会（ASPG）合并为新的美国地理学家协会（AAG）。出版物有《美国地理学家协会年鉴》《职业地理学家月刊》。至 2019 年已陆续设立"荣誉地理学家（HG）"等奖项 30 余项。

·中国政府颁布《奏定学堂章程》，规定在全国中小学开设地理课。

·中国政府颁布《奏定学堂章程》之《大学堂意识》给出中国高校地理学系的第一个方案。

·中国政府颁布《奏定大学堂章程》规定有关科别开设地理课程。其中，在中国史学门开设"中国历代地理沿革略""中外今地理"课程，在外国史学门开设"万国地理"课程。

·中国杨守敬、熊会贞完成《水经注疏》初稿。1935 年熊会贞完成定稿。1989 年中国江苏古籍出版社出版。

·英国哈尔福特·麦金德在英国皇家地理学会上发表"历史的地理枢纽"。该文提出"枢纽地区"（后来替换为"心脏地带"）概念。他在世界政治地图不断变化的情况下，在 1919 年和 1943 年修改完善他的理论。

·英国哈尔福特·麦金德提出地缘政治学的"大陆腹地说"。

·美国刘易斯和克拉克考察队开始考察密苏里河及其支流等包括地理位置、区域特征等在内的综合考察。

·美国埃尔斯沃斯·亨廷顿到中国开始进行考察。

·美国威廉·莫里斯·戴维斯到中国开始进行考察。

·法国保罗·维达尔·白兰士阐述地理学价值。认为地理学（者）的最重要工作和贡献是识别和划分出自然区域或自然地区。体现自然地理区划思想。

·中国舆地学会邹代钧完成《中外舆地全图》，共68幅。

·中国商务印书馆开始编制出版教学地图。包括高等小学使用的《中国简要新地图》《世界简要新地图》和中学使用的《中华形势一览图》《世界形势一览图》等数十种。

·德国L. 狄尔斯发表"东亚高山植物区系"。

·德国L. 狄尔斯首次提出和阐述中国的植物区系的成分。

·中国开设京师陆军测绘学堂。

公元1905年

·美国威廉·莫里斯·戴维斯在美国地理学家协会上发表"地理学内容的归纳研究"的主席演说。阐述地理学是研究无机控制和有机反应之间关系的学科。

·法国保罗·维达尔·白兰士提出撰写《人生地理学原理》的计划并开始撰写。该著作于1922年出版。

·法国若阿纳《法国地理学词典》出版。

·法国埃利兹·雷克吕发表"法国地理学导论"。

·法国阿尔伯特·德芒戎重视和强调构造因素在地貌中的作用。至1930年构造因素的作用重新被重视。

·英国安德鲁·J. 赫伯森完成"世界自然区域划分方案"。将地球表层空间系统主要根据热量条件划分为5带1区6个一级自然地理区划单位即极带、寒温带、暖温带、热带、赤道带、热带或副热带高山区。在诸多一级自然地理区划单位下主要根据水分条件划分为15个二级自然地理区划单位。

·英国安德鲁·J. 赫伯森提出和阐释综合了地貌要素、气候要素和植被要素及其关联的主要自然区域、主要自然区域系统等概念和理论，具有自然地理环境要素整体性、分异性、共轭性思想。

·德国阿福雷德·赫特纳阐述地理因果关系及其分析框架。

·德国阿福雷德·赫特纳指出地理学关注的现象间的联系包括同一地方内部的和不同地方之间的联系。具有地理环境地域整体性思想。

·法国保罗·维达尔·白兰士明确提出和阐述"注重各种现象之间的相互联系乃地理学的科学性之所在"。

·中国杨守敬《水经注图》刊行。为中国专门历史地图中最重要的一种。

·英国马克·阿弗勒尔·斯坦因（原为匈牙利人，1940年加入英国国籍）开始（至1908年）对亚洲中部地区即我国西北地区进行第二次地理考察。

·西班牙百科全书《插图本欧美大百科全书》开始陆续出版。之后不断修编扩充，迄今已出版一百余卷。该书通称《伊斯帕莎》。包括地理和地图等。

·中国屠寄《中国地理教科书》出版。上卷为总论和自然地理，下卷为人文地理。

·中国商务印书馆编制出版8开本《大清帝国全图》地图集。之后重印。

·中国张謇在南通建立南通博物苑。包括测候所。

公元1906年

·德国阿尔布雷希特·彭克开始出任柏林大学地理学教授，接替斐迪南·冯·李希霍芬，并发表就职演说。

·德国阿尔布雷希特·彭克提出和阐述"观察是地理学的基础"。其中，野外观察是他开展研究和培养训练地理学家的主要方法。在此前后他接受弗雷德里希·拉采尔的生存空间思想。

·德国奥托·施吕特尔明确将作为普通术语的景观引入地理学，并作为地理学基本概念之一。

·德国奥托·施吕特尔提出和阐述作为人地关系论的一种理论和文

化地理学理论的"文化景观论"。

·德国奥托·施吕特尔发表"对聚落地理学的意见"。首次提出和使用"聚落地理"术语，进一步阐述"聚落地理"概念的内涵。

·俄国亚历山大·伊凡诺维奇·沃耶科夫发表"地球上人口分布与自然条件和人类活动的依存关系"。阐述的核心问题包括重视人类对环境影响及其研究和决定居民分布的主要因素不是自然地理环境而是人类本身等在内的以人地相互作用为核心的人地关系论。他的人地关系思想不同于现有文献中所阐述的那些人地关系理论。德文摘要发表。

·德国奥托·施吕特尔发表"人文地理学的目的"。提出文化景观形态学和作为地理学的概念的景观概念。

·法国 R. 布朗夏尔完成《弗兰德：关于法国、比利时和荷兰的弗兰德平原地理研究》。

·中国顾琅、鲁迅编撰中国近代第一部矿产资源地理著作《中国矿产志》。

·加拿大出版国家地图集《加拿大地图集》，之后多次再版。

·中国谢洪赉《瀛寰全志》出版。1924年《瀛寰全志（重订版）》出版。

·中国周世棠、孙海环编印8开本《二十世纪中外大地图》，包括一些专题地图。

·中国蒋志由编纂完成《中国人种考》。

·俄国沙皇授予俄国 П. П. 谢苗诺夫—天山斯基及其家族在名字后面加上"天山斯基"作为后缀的殊荣。

·中国政府通令各省开办测绘学堂。

·中国清政府学部设立编译图书局。

·日本成立南满铁路株式会社。之后对中国东北地区的资源和地理开展调查。

公元1907年

·美国埃尔斯沃斯·亨廷顿《亚洲的脉搏》出版。提出和阐述以气候波动与农牧冲突之间关系为核心的人地关系思想，以及包括自然地理要素和人文地理要素在内的地理环境整体性思想。后陆续出版《文明与气候》（1915年）、《脉搏的过程》（1926年）等。他的思想曾被曲解为地理环境决定论。

·德国C.劳恩凯尔提出植物生活型系统。之后有多种观点。《中国植被》（1980年）提出和阐释植物生活型系统。

·德国K.哈塞尔特《城市地理观察》出版。

·德国阿弗雷德·赫特纳《区域地理学基础》（共2卷）第一卷出版。1924年出版第二卷。

·俄罗斯Г.И.唐菲里耶夫《欧俄自然地理区》出版。

·德国奥托·施吕特尔发表"人文地理学中的人地关系"。

·上海浸会大学堂开始筹建。其课程规划中有地理课程。1910年增设自然地理课程。

公元1908年

·第9届国际地理大会在瑞士日内瓦召开。

·第9届国际地理大会提出和阐述地理学。认为地理学旨在对地球表面多样化的物质生活等事项进行描述——这些元素的整合及相互作用形成了全球面貌，地理学应该明确无机界和有机界之间的关系到地球表层的人地关系。蕴含人地关系地域系统思想的萌芽。

·第9届国际地理大会提出地理是教育的组成部分的公开声明。多位地理学家签名。

·俄国亚历山大·伊万诺维奇·沃耶科夫发表"从地理学和气候学的观点看外里海地区的灌溉"。该论文蕴含丰富而系统的自然地理环境要素整体性思想。

·外国人L.夏之时在其《中国坤舆详志》中运用自然区划法。

·法国吕西安·加卢瓦继承保罗·维达尔·白兰士传统，发表（法国）"自然区和地区的名称"。

·德国阿尔布雷希特·彭克完成《国际世界地图》。也称百万分之一世界地图。

·德国阿尔弗雷德·赫特纳发表《地表的地理区划》。

·中国臧励龢编纂《新体中国地理》由上海商务印书馆出版。提出和阐述地理学研究对象即"地理学者,研究地球表面自然之现象,与关于人生之种种现象之科学也"。也包括人地关系思想。

·中国张相文首次明确提出并阐述"秦岭—淮河"为中国南北地理界线。

·中国张相文《新撰地文学》出版。也称《地文学》。为中国第一部近代自然地理学著作。阐述内容还包括生物地理要素。包括生物地理要素这一思想和体例比西方同期自然地理学著作先进。

·中国语境下,"地文"是指"地理"。

·阿尔布雷希特·彭克邀请美国威廉·莫里斯·戴维斯到柏林大学讲学。讲学的主题是威廉·莫里斯·戴维斯1903年提出和逐渐创立的地形解释性描述。

·德国阿尔弗雷德·韦伯开始在海德堡大学任教授,讲授区位论等课程。1933年受法西斯压迫辞去教授。战后重回海德堡大学,专门研究文化社会学。

·中国华南女子文理学院成立,开始地理课程。

·美国国会批准向中国退还部分"庚子赔款"。之后,中国留美学潮出现,包括地学留学生。深远影响中国地理学发展。

公元1909年

·法国伊曼努尔·德·马东《自然地理学专论》出版。也称《自然地理学原理(第一版)》。后多次再版。该著作四部分的标题为气候、水文地理、大地形态、生物地理。有英、德、意、中、日等多种译本。1939年中译本《自然地理学》出版。

·法国伊曼努尔·德·马东已形成从原因到结果和从结果到原因的因果反馈概念。他没有提出和使用因果反馈术语。

·德国阿尔弗雷德·韦伯《工业区位论——区位的纯理论》德文版

出版。1922年英译本出版。系统阐述工业区位。他提出和阐述区位因子即一般区位因子与特殊区位因子，地域的区位因子与聚集、分散因子，自然的、技术的区位因子与社会的、文化的区位因子。苏联 H. H. 巴朗斯基将该著作翻译成俄文，认为韦伯的该理论对于经济地理学有着非常重大的意义。

·法国伊曼努尔·德·马东评述德国亚历山大·冯·洪堡关于人地关系的思想和观点。

·美国马克·杰斐逊开始在很多论文中对地理学概念作出了重要贡献。如提出和阐述城市核心区、首位城市、人类地理分布学等。

·法国伊曼努尔·德·马东清晰、系统地表述威廉·莫里斯·戴维斯的侵蚀循环理论。

·中国地学会在天津成立。地理学是中国地学会的主要学科。张相文、白雅雨、陶懋立、韩怀礼、张伯苓等27人发起。张相文为会长。次年创办《地学杂志》。在英文介绍时，中国地学会的译名为中国地理学会。

·中国地学会发表"中国地学会启"。提出和阐述地理学及其教育对国家的重要性。

·中国白眉初从北洋师范学堂毕业。1917年开始任北京师范大学史地系地理学教授，1922年开始任史地系主任。

·中国台湾建立北回归线标志，1968年重建。中国广东1984年、1985年、1986年先后建立多座北回归线标志。

·中国东北满洲里等地建9处测候所。由沙俄建立。

·中国张相文开始任北洋女子高等学校校长，兼在北洋师范学校讲授地理。

·美国艾赛亚·鲍曼获耶鲁大学博士学位。1905年本科毕业于哈佛大学。

·中国张星烺在《地学杂志》发表"地轴移动说"。介绍国外地学理论。

·美国罗伯特·彼利成功到达北极点。

- 中国商务印书馆编制出版 8 开本《世界新舆图》地图集。
- 中国商务印书馆出版各级师范课本及参考书，包括地理类。
- 中国学部奏请成立编订名词馆。

第二节　地理学年表:公元 1910—1919 年

公元 1910 年

- 俄国 П. И. 布罗乌诺夫《自然地理学教程》出版。他是 B. B. 道库恰耶夫学术的直接继承者。他阐述了自然地理学就是道库恰耶夫晚年所构想的那门综合各种自然地理要素之间相互联系的学科，地理学研究围绕人类的自然界，自然地理学是自然科学的基本学科之一。

- 俄国 П. И. 布罗乌诺夫提出和阐述地球表壳及其是自然地理学研究对象的思想。地球表壳由几个同心圆壳即固壳或岩石圈、液壳或水圈、气壳或大气圈、生物壳或生物圈之间相互渗透相互作用。

- 法国让·白吕纳《人地学原理》（又译为《人文地理学》《人生地理学》）第一版（法文）出版。该书主要包括何为人地学、人地学事物分类法、人地学的基本事实、小区域研究案例、地理学精神等。为法国地理学派展露于世界地理学界的开始。后多次再版。1920 年英文版出版。1929 年日文版出版。1935 年李旭旦和任美锷将英文版译成中文出版，胡焕庸作译序。1933 年谌亚达将 1915 年出版的第二版译编成中文出版。

- 法国让·白吕纳把人文地理学现象分为三纲六目：地面上建设事业的非生产性占用即房屋和道路、动植物的利用事实即耕种和畜牧、经济上的破坏事实即动植物的滥伐乱杀和矿物的采掘。

- 法国让·白吕纳开始在其有关著作中系统阐述人文地理学基本原则。中国胡焕庸在 1935 年将其归纳为解释原则、一体原则、演化原则、适应原则。

- 法国让·白吕纳开始在其有关著作中系统阐述人文地理学基本方法。中国胡焕庸在 1935 年将其归纳为分布与绘图法、全景与摄影法、汇集与举样法。

- 法国让·白吕纳开始在其有关著作中提出和阐述地理环境可能论即人地关系论中的可能论。
- 俄国 V. P. 谢苗诺夫 – 天山斯基提出按经济功能进行城市分类的思想。
- 德国阿尔布雷希特·彭克开始研究气候分类和世界气候分类。20世纪 30 年代开始研究区域和地球的人口承载能力问题。
- 德国亚历山大·苏潘开始任布雷劳斯大学地理学教授。1870 年获得文学或史学博士学位。
- 中国卢彤编制《中国历代战争形势全图》地图集由同伦学社印行。后多次再版。之后完成《中华民国分省形势全图》《最新大中华帝国道县形势全图》《欧洲战争形势全图》等。为清末民初著名地理学家。
- 中国商务印书馆编制出版 8 开本《中国新舆图》地图集。
- 中国竺可桢考取第二批留美"庚款生"赴美留学。1913 年获得伊利诺伊大学农学学士学位后，考入哈佛大学研究院地学系，师从迪西·瓦尔特学习气象学气候学。迪西·瓦尔特是戴维斯的学生。竺可桢在学习期间深受戴维斯及其弟子亨丁顿的人地关系思想影响，回国后发表多篇关于人地关系方面论文。1918 年在哈佛获得博士学位后回国。
- 美国地理学会《地理评论》创刊。为世界著名地理刊物之一。
- 中国地学会《地学杂志》创刊。至 1937 年停刊。总共刊行 181 期，刊载约 1700 篇论文。曾系统登载《大英百科全书》第十一版的地理学条目等。
- 中国《地学杂志》创刊号刊首论文"论地质之构造与地表之变动"，提出研究地理需首先研究与其关系最密切的地质的观点。

公元 1911 年

- 美国艾伦·丘吉尔·森普尔《地理环境的影响》在美国出版。全书包括历史上地理要素的作用、地理环境影响的类型、社会及国家与土地之间关系、人口移动、地理位置、政治疆域、地理边界、海洋民族、人与水的关系、岛屿居民、山地环境及其影响、气候的影响等。阐述地理环境对人类活动的影响及其机制。被认为是人地关系论中的地理环境决定论的代表作和代表人物。其实,该著具有鲜明的地理环境可能论和地理环境或然论思想特征。1936年中国商务印书馆出版陈建民中译本。

· 美国威廉·莫里斯·戴维斯等组织"利物浦—罗马朝圣"国际田野考察。

· 法国保罗·维达尔·白兰士《法国地理总论》出版。为《法国历史》的导论卷。表达"自然创造了地区,而人再加以改造"的观点。在此前后,他提出"人在地域之中",之后人们将地域概念扩展为空间概念。

· 法国卡·瓦洛《土地和国家》出版。对空间概念加以明确和定义。

· 中国杨守敬、熊会贞修订、增补、重校本《历代舆地图》历史地图集34册358卷出版。中国台湾地区1975年出版《历代舆地图》影印版。

· 中国孙中山《实业计划》部分发表。为国土空间产业规划,体现人地关系思想。后收入《建国方略》。

· 埃里西·爱迪克斯出版一部关于"康德自然地理思想"的著作。

· 日本野口《地理学纲要：人文研究》出版。

· 日本吉田主编《日本地理词典》开始出版。

· 美国艾赛亚·鲍曼《森林地文学》出版。他以地理学家身份参加耶鲁大学秘鲁考察队。

· 美国埃尔斯沃斯·亨廷顿开始(至1912年)测量了450棵加州巨杉年轮,建立加州气候变化曲线。

· 波兰尤琴纽什·罗梅尔(被尊为波兰地理学开山大师)受聘波兰李我福大学。在波兰第一个开设大学地理课程。他反对河流作为国界的观点。

· 中国竺可桢的硕士论文以"1900—1911年中国之雨量"为题发表在《每月天气评论》。

· 美国《美国地理学家联合会会刊》创刊。

· 中国地学会委派王桐龄为驻日外交员。外交员负责收集所在国资料，并与所在国地学界交换资料。

·大陆冰盖研究开始。

·中国丁文江从英国格拉斯哥大学留学回国。

·挪威 R. 阿蒙森到达南极。

·中国辞典公司出版《普通百科新大辞典》。包括地理知识。

·中国"实业救国"开始逐渐成为一种潮流。深远影响中国近代地理学发展。

公元 1912 年

·德国阿尔弗雷德·赫特纳发表"地理观"。强调和阐述地理学的包括自然和人文统一起来的区域观点和区域综合。这一观点有别于卡尔·李特尔把人放在地理学研究的中心位置的观点，有别于弗雷德里希·拉采尔把地理学看成分布的科学的空间观点。

·美国威廉·莫里斯·戴维斯组织"美国地理学会横穿大陆"国际田野考察。

·美国威廉·莫里斯·戴维斯《地形的解释性描述》德文版在莱比锡出版。系统阐述了戴维斯地貌发育理论。这是他 1908 年受德国阿尔布雷希特·彭克邀请到柏林大学讲学的德文文稿。

·英国马里恩·纽比金提出和阐述体现人地关系的区域分类思想。

·法国 E. 勒贝尔和德国贾古希提出"理想大陆"模式。

·中国陈月熙发表"中国地理学家派"。

·中国《中华历史地理大词典》出版。

·法国让·白吕纳（至 1930 年）在巴黎大学担任研究教授。此前曾于 1896—1912 年在瑞士弗里堡大学教授地理学。

·意大利科拉多·基尼提出基尼系数并给出最初算法。之后基尼系数算法不断发展，逐渐成为地理分析工具。

·英国珀西·莫得·罗士培开始系统研究中国。

·德国阿尔弗雷德·魏格纳提出大陆漂移说。深远影响地理学的发展。

- 中国翁文灏获比利时鲁汶大学理学博士学位。次年回国并发表论文。
- 中国的北京高等师范学校、武昌高等师范学校、南京高等师范学校等开始（至1919年）成立史地部或文史地部。
- 中国中央观象台在北京设立，开始气象观测。
- 中国出版（至1940年）地理学译著。主要是英国、日本、法国、德国、美国和苏联的著作。
- 中国北洋政府开始关注和资助有关学术社团，包括地理学有关社团。
- 中国地学会开始接受中国北洋政府教育部提供的每月200元补助。
- 美国威廉·莫里斯·戴维斯离开哈佛大学地理系。其学术传统由W. W. 阿特伍德等传承。阿特伍德十分重视野外考察和中小学地理教育。
- 中国地学会委派魏耀庭为驻法外交员。外交员负责收集所在国资料，并与所在国地学界交换资料。
- 中国商务印书馆组织编纂新式教科书。包括地理类。

公元1913年

- 第10届国际地理大会在意大利罗马召开。大会决定成立"世界地理组织"即后来的"国际地理联合会"。第一次世界大战之后的1922年成立。
- 第10届国际地理大会分组之一是历史地理和地理学史。地理学史及其研究得到重视。
- 俄国完成俄国自然地理大区区划。
- 俄国 Л. С. 贝尔格提出和阐述地理景观学说和自然综合体概念。
- 俄国 Л. С. 贝尔格完成俄国亚洲部分的自然地理区划。
- 法国保罗·维达尔·白兰士在《地理年鉴》发表"地理学的独特特性"。
- 法国保罗·维达尔·白兰士阐述地理学方法论：研究在地区内联系在一起的事物，他们相互作用，决定地球表层空间的一个特定地段的特征。体现了地理环境整体性思想和区域地理研究范式思想。

·法国保罗·维达尔·白兰士阐述地理学的特殊使命即"发现那些统辖世界的自然法则与生物学法则在其适用于地表不同地区之时是如何结合并发生变化的"。

·美国埃尔斯沃斯·亨廷顿开始邀请200人帮助绘制一张世界文明地图。这些人包括历史学家、外交官、殖民地官员、旅行者、传教士、编辑、教育家、商人等职业的不同种族、被不同思想教育的人员。完成了包括很高、高、中、低、很低五个文明等级的世界文明地图。

·德国奥尔巴克发表城市规模及其排序方面文章。

·德国卡尔·豪斯霍弗以一篇关于太平洋政治地理论文获慕尼黑大学博士学位。他曾在1908—1911年任德国驻日本大使馆武官，研究并逐渐成为太平洋与远东问题专家。

·德国诺尔伯特·克雷布斯《奥地利阿尔卑斯山地理》出版。该著作重视地貌及其地质基础，重视地理要素之间的相互关系，具有地理环境要素整体性思想。

·中国《各省区域沿革一览表》出版。

·瑞典黑格尔·纳尔逊《地理景观》出版。深受德国区域研究影响。

·中国中央地质调查所成立。1950年撤销。该所对中国地学的诸多方面开展研究。

·中国丁文江（至1914年）在云南从事野外工作。撰写云南锡矿资源、少数民族分布及其自然环境等方面报告。生前研究和阐述人类对自然资源利用问题。

·英国马克·阿弗勒尔·斯坦因（原为匈牙利人，1940年加入英国国籍）开始（至1916年）对亚洲中部地区即我国西北地区进行第三次地理考察。

·美国J. 拉塞尔·史密斯《工商业地理学》出版。

·德国阿尔布雷希特·彭克完成了按1890年设想的1∶100万六幅欧洲地图。之后不久，美国政府独立绘制自己的1∶100万地图。

·中国北京高等师范学堂建立史地系。

- 中国教育部颁布《大学规程》。地理学门设置在文科之下。地理学门开设地理研究法、中国地理、世界各国地理、历史地理学、海洋学、博物学、殖民学及殖民史、人类及人种学、统计学、测地绘图法、地文学概论、地质学、史学概论等课程。
- 中国教育部颁布《高等师范学校规程》。设置历史地理部。在数学物理部开设气象学等课程，在博物部开设矿物学和地质学等课程。
- 中国袁世凯图谋解散国会，危机到中国地学会生存。中国地学会评议员、时任中国教育部普通教育司司长袁希涛为了中学地理教育而帮助中国地学会解决经费问题，促成教育部和农商部每月各资助100元。
- 中国竺可桢进入哈佛大学研究院地学系攻读硕士和博士学位。期间跟阿特伍德学习自然地理学，跟罗伯特·华德学习气候学。罗伯特·华德著作《气候与人类的关系》为气象学专业教材，对竺可桢影响很大。
- 连接太平洋和大西洋的巴拿马运河开通。

公元1914年

- 美国宾夕法尼亚大学罗尔巴赫发出一份调查表，征求当时世界各国著名地理学家对地理学性质的见解。在"什么是地理学"这一问题的29份答案中，反映出惊人的一致性。全都认为地理学是研究地球与人类生活的关系的科学。
- 俄国B. B. 道库恰耶夫关于自然地理学方面著作德文版在德国出版。
- 俄国Р. И. 阿波林提出和阐述"表成层"概念和术语。表成层一方面主要依赖于气候而成为表层地带，另一方面主要依赖于地质过程而成为表层地区。
- 美国地理学家协会成立区域问题委员会。主要进行自然区域划分方法论研究等。
- 美国艾伯特·佩里·布里格姆（时任美国地理学家协会主席），阐述和强调"科学细致地描述自然环境是地理学家的任务"。他反对人地关系之间单一因果论思想，而具有人地关系多样性思想。

·俄国 K. D. 格林卡《土壤类型的形成、分类和地理分布》出版。他强调土壤地理、土壤形成、成土过程。他是 B. B. 道库恰耶夫的学生。

·中国杨守敬因其在地理学方面的成就出任中华民国政府顾问、参政院参事。

·中国张相文受农商部委托调查西北农田水利。途中考察华北和西北地理环境。发表"河套与治河之关系"。

·中国孔廷璋《中华地理全志》出版。

·中国《全国行政区划表》出版。

·中国《民国行政区划要览》出版。

·中国傅运森《人文地理》出版。

·德国阿尔弗雷德·韦伯《工业区位论——区位的一般理论和资本主义理论》出版。在其《工业区位论——区位的纯理论》（1909 年出版）基础上对德国自 19 世纪中叶以来的工业布局进行系统分析，为应用基础理论著作。

·英国罗伯特·普拉特（至 1915 年）率队在中国湖南开展野外考察。注意地质基础与居民和土地利用模式的相互关系。这促使他从地质学转向地理学。

·美国古登堡发现后来被称为"古登堡面"的地幔和地核界面。

·中国沪江大学成立（由上海浸会大学改称）。在宗教科开设社会地理和东亚地理课程。

·中国留美学生在美国康奈尔大学成立"科学社"。1915 年改组为"中国科学社"。

·第一次世界大战开始。深远影响世界政治经济军事格局和美国地理学发展，地理学的地球科学传统和范式逐渐转变为社会科学传统和范式。

公元 1915 年

·俄国 Л. С. 贝尔格发表"地理学的对象和任务"。阐述"地理学从分布观点出发研究的并不是个别的、单独的对象，而始终是相互关联的各种对象和现象的总体"和"地理学的特别重要任务是按自然特征把整个地表或其各部分划分为区域"。

· 美国埃尔斯沃斯·亨廷顿《气候与文明》出版。阐述气候条件与文明类型之间的关系。之前1907年曾出版《亚洲的脉动》。认为气候对社会发展、国家强弱、种族优劣、经济盛衰等的具有决定性作用。被认为是以气候要素为主、阐述自然地理环境决定论的代表作。

· 俄国科学院成立俄罗斯自然生产力研究委员会。主要通过组织有关大学开展考察研究。

· 英国P. 格迪斯提出"城市群"概念。

· 美国C. R. 德赖尔提出和运用"自然经济区"这一"综合区域"概念，进行美国自然经济区划工作。他认为通过自然条件和经济功能的综合是识别和划分自然区域的最好方法。

· 英国P. 莱克《自然地理学》出版。

· 美国卡尔·奥特温·索尔从美国芝加哥大学毕业，获理学博士学位。后获多所大学荣誉博士学位。

· 中国科学社成立。其前身为1914年中国留美学生在美国康奈尔大学成立"科学社"。仿英国皇家学会运作机制和功能。之后，地理学家、气象学家竺可桢曾为主要领导者之一。

· 中国科学社《科学》杂志首期在中国上海出版。是"以传播世界最新科学知识为帜志"和"求真致用两方面同时并重"的刊物，分设科学通论、各科知识、科学史与科学家、科教事业发展、科学新闻与知识小品等栏目。之后，发表地理学和区域地理论文。

· 美国威廉·莫里斯·戴维发表关于地理学写作原则方面的长篇论文。

· 德国阿尔弗雷德·魏格纳《海陆的起源》出版。首次系统而明确阐述他所提出和构建的大陆漂移说。深远影响地理学和地理学家。1964年中译本出版。

· 英国霍尔姆斯提出地幔对流概念及其对大陆运动影响的见解。

· 美国成立国家地理教育委员会。

- 中国柳诒徵开始任教于南京高等师范学校。多年任史地部主任和历史系主任。

公元 1916 年

- 美国国家科学院国家研究理事会（NRC）成立。也称美国国家研究理事会。主要任务是联系广泛的科学和技术团体，服务于科学院目标"增进知识"以及为联邦政府提供咨询。支持和开展地理研究，编纂出版《理解正在变化的星球——地理科学的战略方向》《重新发现地理学》等地理科学发展战略报告。
- 美国地理学会地文区划委员会完成美国地文区划及其区划图。
- 美国 F. E. 克莱门茨开始创立植被演替学说和演替顶级理论。
- 英国约翰·昂斯特德提出"将自然要素和人文要素同等对待"的区域地理分类方法和系统。这个系统是"自下而上"合并的系统。
- 瑞典鲁道夫·克伦《作为有机体的国家》出版。又译《生存形态的国家》。阐述国家有机体学说，阐述地缘政治学。地缘政治学是最为极端的地理环境决定论的典型。1917 年被翻译成德文。
- 瑞典鲁道夫·克伦系统阐述地缘政治学概念及其术语。多年之后引起重视。
- 中国陶履恭、杨文洵《中外地理大全》（上、下卷）出版。
- 俄国 Л. С. 贝尔格动物地理学巨著《俄国的淡水鱼类》出版。该著作提出、阐述和解决了一系列动物地理学问题。
- 日本出版冯·杜能《孤立国》日文版。
- 美国艾赛亚·鲍曼提出和使用"区域图表"作为区域地理研究方法。
- 美国地理学会《地理评论》创刊。
- 中国卢丹完成《最新大中华帝国道县形势全图》地图集，为手绘本。1917 年于中国北京同伦学社出版。此后，地图及其编印开始进入民间。
- 俄国 Д. Н. 阿努钦提出研究国家生产力的思想。十月革命后他参加国家计划局和其他苏维埃机关工作。

·中国竺可桢发表"地理与文化的关系"。为中国近代地理学时期较早的文化地理学论文之一。他在哈佛大学留学期间,通过导师迪西·瓦尔特而深受戴维斯及其弟子亨丁顿人地关系思想影响。

·中国竺可桢发表"中国之雨量及风暴说"。

·美国乔治·萨顿在哈佛大学开设科学史课程。竺可桢旁听并接受新人文主义思想和科学史研究意识。

·中国国立沈阳高等师范学校成立。1918年成立国文史地部。

·英国 F. K. 瓦尔德开始发表研究中国的喜马拉雅山、青藏高原、滇西等地区的植物地理。

·英国 F. K. 瓦尔德提出中国—喜马拉雅植物区系的概念。

公元1917年

·瑞典鲁道夫·克伦《作为有机体的国家》被翻译成德文。"地缘政治学"术语和思想进入德国的思想界和政治界。他的地缘政治学深刻影响德国、意大利和日本等国政治及其扩张。这是地理学思想对人类社会及其进程的直接、重大的影响之一。

·美国 V. C. 芬奇和 O. E. 贝克的《世界农业地理》出版。

·俄国 P. И. 阿波林发表"试论表层学说"。提出和阐述要综合考察和研究各种地表过程和地表现象的思想。

·德国阿尔布雷希特·彭克出任(至1918年)柏林大学校长。

·中国地学会发起编纂《大中华地理志》。

·中国张相文开始任北京大学国史馆编纂,并在历史系开设中国地理沿革史课程。后著有《中国地理沿革史》33章。

·中国第一部军事地理专门著作《兵要地理》刊行。

·英国 H. J. 弗勒完成全球范围内的(人文地理)区域类型方案。包括饥饿区、困难区、虚弱区、流浪区、增殖区、工业化区、成就区。

·第一幅垂直航空摄影照片(巴黎的一部分)发表在《地理评论》上。

・中国《最新全国行政区划表》出版。

・美国维诺尔·芬奇和奥利弗·E. 贝克尔《世界农业地图集》出版。

・美国总统指示建立为巴黎和会做准备的顾问团。其中包括地理学家开展的大量详细的地理工作。

・美国地理学会接纳中国竺可桢为会员。

・苏联进行十月革命。深远影响世界政治经济军事格局和美国地理学发展，地理学的地球科学传统和范式逐渐转变为社会科学传统和范式。

・英国利物浦大学成立地理系。中国多位地理学家曾在此求学。

・中国多所大学的历史专业开始开设地理类课程。史地结合是中国历史专业的传统之一。

公元 1918 年

・苏联 B. И. 列宁指示苏联科学院要开展苏联自然资源考察，成立专门开展苏联经济发展计划（包括工业合理布局）工作的一系列专家委员会。为苏联地理发展提供条件。深远影响中国新中国成立初期的总体工作安排。

・苏联成立俄国科学院"自然生产力研究委员会"。组成部门之一的地理部下设从工业地理角度研究苏联工业化条件的专门机构。该委员会后来发展为苏联科学院自然生产力研究委员会。

・苏联 B. И. 列宁《科学技术工作计划草案》向苏联科学院提出一系列科学问题。其中包括若干地理学问题。这成为苏联地理学得到进一步发展的强大动力。

・苏联 B. И. 列宁提出和阐述工业布局思想，要"合理地分布俄国工业，使工业接近原料产地，尽量减少原料加工、半成品加工一直到出产成品的各个阶段的劳动损耗"。向经济地理学等提出国家任务，经济地理学也因此得到发展。

・法国保罗·维达尔·白兰士《法国东部地志》出版。包括了他三十年的地理学思想。

- 法国保罗·维达尔·白兰士提出和阐述区域地理学需要更多的动态方法。
- 苏联 C. C. 涅乌斯特鲁耶夫完成《奥良堡省自然分区》。为综合自然地理及自然区划著作。其中，高度重视由于人类活动所形成的文化景观和为发展经济而研究自然景观的重要性等人地关系思想。
- 德国 W. P. 柯本发表了"按温度、降水及其年变化的气候分类"。完成其后来被称为柯本气候分类的气候分类。以后又不断修正分类指标。1936 年完成最终方案。
- 美国 A. D. 霍普金斯提出生物气候定律。
- 南斯拉夫约万·斯维伊奇发表关于巴尔干半岛区域论文，勾画出南斯拉夫的边界。该论文的理论和方法以及研究范式遵循法国白兰士传统。
- 美国艾赛亚·鲍曼在第一次世界大战后的巴黎和会（1918—1919 年）中担任美国代表团的领土问题首席顾问。
- 美国马克·杰斐逊担任美国参加巴黎和会代表团首席地图专家。
- 美国地理学家为巴黎和会提供的高质量详细地图成为巴黎和会上的重要地图语言。
- 美国 W. 托马斯等四卷本《欧洲与美国的波兰农民》出版。提出和系统研究入境移民文化维持力与入境地文化张力主题。是芝加哥学派的重要著作。
- 德国亚历山大·苏潘《论政治地理学》出版。他提出政治地理要弱化自然地理的影响。
- 第一次世界大战结束。瑞典鲁道夫·克伦的"国家有机体学说"被德国一些政治学家、地理学家和民族学家所接受，代表人物是卡尔·豪斯霍弗。这一思想开始影响意大利和日本。
- 第一次世界大战改变了世界政治地图和世界经济地图。深远影响世界地理研究。
- 法国铎尔孟在北京大学历史系开设"人地学"课程。
- 苏联列宁格勒大学地理研究所成立。

- 中国国立沈阳高等师范学校成立国文史地部。开始地理科学研究和地理科学教育。
- 中国竺可桢以"远东台风的新分类"获得哈佛大学博士学位。后回国，在武昌高等师范学校教授地理学和气象学。
- 中国刊出《征集全国近世歌谣简章》。深远影响中国民俗地理以及民俗地理学。

公元 1919 年
- 德国西格弗里德·帕萨尔格《景观学基础》（共 4 卷）开始陆续出版。提出和阐述世界区域"景观带"主要由气候要素决定的思想和理论。
- 美国埃尔斯沃斯·亨廷顿《人文地理学原理》出版。该著作按人类活动来描述世界。之后，其中的自然地理环境决定论观点受到 H. H. 巴罗斯的猛烈批评。
- 美国弗尔德里夫·詹姆斯《地理学与世界强权》出版。
- 美国赖德尔发表《地理学的起源：地理学感知和概念的发展》。
- 瑞典 T. H. P. 伯杰龙提出气旋锢囚阶段学说。
- 中国孙中山发表《实业计划》。是中国有史以来第一部宏伟的国土开发整治和工业化建设战略，其思想反映了人文地理和地缘经济基本观点。中译文后收入《建国方略》。
- 中国孙中山完成《建国方略》。主要包括"孙文学说""实业计划""民权初步"等部分。
- 中国地学会和中华书局组织编纂《大中华地理志》。拟计划包括县、省和全国的地理志。后陆续完成京师、京兆和直隶、江苏、浙江、江西、福建、安徽、湖北、山西、山东等省地理志。
- 中国科学社成立科学名词审查委员会。之后开展科学技术名词审查审定工作。
- 中国批准中国科学社成立的科学名词审查委员会。
- 英国哈尔福特·麦金德发表"民主的理想与现实"。他根据政治地图的实际变化情况，提出"心脏地带"概念并替代"枢纽地区"概念，提出和阐述"陆心说"。

·英国查尔斯·福西特编制地理功能区地图。

·瑞典斯特恩·德·耶尔发表瑞典人口地理研究成果。包括 12 张地图和数百页文字说明。

·中国成立科学名词编订馆。专门从事科学名词的审订和规范工作。包括地理学和区域地理方面的工作。

·美国地理学家协会在第一次世界大战后为美国的发展作出一定贡献。

·美国地理学会组织危地马拉和洪都拉斯之间的边界野外调查。

·中国南京高等师范学校成立文史地部。之后因南京高等师范学校并入东南大学、中央大学，而并入地学系。

·中国胡焕庸开始就读南京高等师范学校文史地部，师从地理学家竺可桢。

·中国张其昀开始就读南京高等师范学校文史地部，师从哲学史家刘经庶、历史学家柳诒徵和地理学家竺可桢等。

·中国王庸考入两江师范学校史地部。1925 年考入清华大学国学研究所。

·瑞典皇家地理学会《地理学纪事》创刊。

·英国成立地名常设委员会。

·国际大地测量与地球物理学联合会（IUGG）成立。包括多个国际协会。2013 年开始设立 IUGG 会士，以表彰在该领域做出突出贡献的科学家。中国叶笃正、陈俊勇、陈运泰和夏军等在不同时期担任过执行局委员。

·中国燕京大学历史系开始设立历史地理，特别是沿革地理、世界地理等方面课程。这些课程均体现人地关系思想观念。

·中国翁文灏完成《中国矿产志略》。

第三节　地理学年表：公元 1920—1929 年

公元 1920 年

·苏联 E. E. 费奥多罗夫开始（至 1925 年）创立综合气候学。

·英国珀西·莫得·罗士培提出自然区的概念。

·有关文献中出现非地带性分异因素、非地带性自然地域分异、经度地带性等思想和概念。后逐渐形成概念及其术语。

·苏联成立"苏维埃国家电气化委员会"。列宁组织和领导全国的电气化计划的研究与编制。次年完成《全俄电气化计划》。该计划和苏联第一个五年计划，成为苏联地理学发展的强大动力。

·苏联 B. И. 列宁支持具有鲜明认识世界和改造世界目的巴朗斯基经济地理学。

·苏联 H. H. 巴朗斯基开始提出和阐述人地关系在区域上的统一性、自然地理学与经济地理学的结合等。

·法国亨利·贝尔开始主编百卷本的《人类的演进》。主张"大地与人类成为必要的研究目标"。其中的一卷为法国吕西安·费布夫尔的《地理学视野下的史学引论》。

·法国让·白吕纳《法国人生地理》（共2卷）开始陆续出版。为《法国历史》中的一部分。第一卷为通论地理和区域地理，第二卷为政治地理和社会经济地理。

·法国让·白吕纳开始在有关论著中明确提出和阐述地理环境要素整体性和地域整体性思想、人文地理学的演化原则和相关原则、地理环境适应的人地关系论。

·美国地理学家埃尔斯沃斯·亨廷顿和 S. W. 库欣《人文地理学原理》出版。高度重视自然地理环境特别是气候要素对人类活动的深远深刻影响。

·美国人口普查局提出和使用人口普查区。

·中国梁启超完成《清代学术概论》。论及地理学学术，包括地理学家和地理学著作。

·中国竺可桢转入南京高等师范学校，讲授地学。

·中国竺可桢编纂《地理学通论》。在此先后，他提出、阐述和贯彻地理学三原则即因果原则、综合原则和范围原则。曾开始文理科各系一年级共同必修课程"地学通论"。"地学通论"课程高度重视每一个自然地理要素对人类活动的影响及其相互关系,具有鲜明的人地关系思想特别是地理环境相关论思想。

·中国王星拱《科学方法论》出版。为科学哲学著作。深远影响中国近代地理学和地理学家。

·英国阿·马歇尔《经济学原理》出版。提出和阐述经济区位问题。

·苏联《世界改造分国地图》出版。

·中国白眉初发表"地理之科学观"。

·中国蒙文通发表"中国古代北方气候考略"。为中国近代气候变迁研究的最早论文。

·中国白眉初《最新物质建设精解》(上、下卷)出版。为建设地理学著作。

·中国《地学杂志》11卷5期发表"人地关系论"。为中文中较早出现和使用"人地关系论"概念及其术语。

·澳大利亚格里菲斯·泰勒开始担任澳大利亚悉尼大学地理系主任。

·瑞典杰勒德·德·耶尔将在瑞典从事的考察理论与方法带到美国,以检验在瑞典资料基础上所建立的时间尺度的国际通用性。

·美国W. W. 阿特伍德开始任美国克拉克大学校长。任校长期间创建克拉克大学地理研究院。该院成为美国地理学研究中心。

·匈牙利保尔·泰莱基第一次出任匈牙利首相。曾编制"匈牙利民族地图"。他是巴黎和会上匈牙利的新国界线确定根据的提出者。

·中国叶良辅开展中国的地貌成因、发展规律、地文期等研究。

·中国南京高等师范学校史地研究会成立。之后因学校变更而更名为南高东大史地研究会、东南大学史地研究会等。

·日本进行第一次全国人口普查。

·国际联盟建立,深远影响世界地理格局及其研究。

·中国徐世昌《欧战后的中国》英文版博士论文出版。他曾任中国北洋政府大总统。

·美国自然历史博物馆开始组织中亚远征队。开始对中国进行长期科学考察。

・国际组织"国际联盟"成立。简称国联。1940年解散。该组织的目的是维持和平与安全、促进国际合作。该组织为联合国前身，深远影响世界政治地理格局及研究。

公元1921年

・中国东南大学（中央大学和南京大学前身）开始设地学系。包括地理气象专业和地质矿物专业。标志中国近代地理学的开端。在此期间竺可桢编纂《地学通论》。

・美国艾赛亚·鲍曼《新世界：政治地理学若干问题》出版。该书从地理学角度论述了第一次世界大战后的国际关系、战争责任与赔款、土地分配、少数民族和国界等问题。1928年增补版出版。

・美国亚历山大·史蒂文斯《应用地理学导论》出版。

・苏联国家领导开始系统性地高度重视地理和地图在国家发展中的重要作用。地理学成为苏联国家发展研究的重要支持学科之一。

・苏联国家计划委员会成立进行苏联经济区划的专门委员会即"经济区划委员会"。该委员会制定了苏联经济区划的基本理论并提出了苏联经济区划提纲。

・苏联国家计划委员会"经济区划委员会"阐述将国土划分为"功能单元"的思想，提出"经济区域"概念，将全国划分为21个经济区域。地理学提供科学支持也因此而发展。

・美国国务院地理办公室开始主要由职业地理学家负责。美国国务院运用地理学思想和方法解决若干问题。

・美国艾赛亚·鲍曼1921年分析和阐述中欧人口区域差异。瑞典S.德·耶尔1922年阐述和研究瑞典人口地理分布问题。同期的A.赫特纳和P.白兰士也非常重视人口地理分布问题。

・法国法布里发现、提出和阐述后来被称为的大气臭氧层。

・英国F. K. 瓦尔德发现并指出湄公河—萨尔温江（中国境内称澜沧江—怒江）分水岭是地理阻隔界线。

・美国M. 奥鲁索提出城市职能分类概念。乔治·哈里斯于1943年、

H. J. 纳尔逊于 1955 年均提出城市职能分类。

·中国竺可桢发表"我国地学家之责任"。阐述地理学基本价值和地理学家的责任。

·法国让·白吕纳等著《历史地理学》出版。

·法国伊曼努尔·德·马东《法国的地理区》出版。提出和阐述注意那些能够解释相邻地区之间的主要差异的自然地理基础。

·中国白眉初《民国地志（总论）》（上、下卷）出版。

·中国《中华全国名胜古迹大观》（共 6 册）出版。1924 年中国《〈中华名胜古迹〉大观续》（共 6 册）出版。

·中国王国维《观堂集林》出版，共 20 卷。其中《史林》部分包括多篇中国古代历史地理研究成果。

·美国总统富兰克林·D. 罗斯福当选美国地理学会理事。

·苏联成立国家计划委员会。后设置区划工作委员会，地理学是其主要支撑学科之一。

·苏联 В. И. 列宁指示所有中小学都要开设地理课程。曾阐述地理学的应用科学性质。

·法国多所大学成立地理系。教师多是保罗·维达尔·白兰士的学生。

·中国南京高等师范学校史地研究会《史地学报》创刊。是南京高等师范学校史地学派的代表性出版物。竺可桢、张其昀、胡焕庸等发表地理学术论文。

·中国沪江大学邀请美国乔治·葛德石来校执教地质学。乔治·葛德石表示要在沪江大学建立地质与地理学系。

·中国王云五进入中国商务印书馆工作。之后成立百科全书编委会。

·中国徐世昌（曾任中国北洋政府大总统）《欧战后的中国》中文版由上海中华书局出版。该著作的主要协助者黄郛曾留学日本并进入日本陆军测量局地形科，之后完成《欧战之教训与中国之将来》《战后之世界》等政治地理著作。

·英国驻美大使 J. 勃莱士在美国演讲国际关系。当时听讲者多为各大学之教授。演讲中，阐述美国学者缺乏地理知识。

·美国纽约地理学会编辑 W. L. G. 赵格君，考察欧洲各国大学地理学系之状况。形成考察报告。

·奥地利路德维希·维特根斯坦《逻辑哲学》出版。深远影响地理学哲学和地理学家，是结构主义地理学的哲学基础。

·美国弗兰克·H. 奈特博士论文《风险·不确定性和利润》详细阐述完全竞争。之后被称为地理分析工具。

公元 1922 年

·国际地理联合会（IGU）在比利时布鲁塞尔成立。1913 年第十次世界地理大会曾提出成立"世界地理组织"即"国际地理联合会"。其宗旨是促进地理学问题的研究；创议和协调需要国际合作的研究，并为它们提供科学讨论和出版的条件；推动地理学家参与有关国际组织的工作；促进地理资料和有关文件在成员国之间的交流；发起组织国际地理大会、区域性会议和与联合会有关的专业学术会议；参与各种形式的国际合作，促进地理学的研究与应用；推动地理学中所使用的方法、术语和符号的国际标准化与统一。主要刊物有在法国出版的《国际地理学文献目录》和在德国出版的《全球地理学》。现设有十余个专业委员会和研究组。

·苏联国家计划委员会完成《苏联经济区划》巨大工作。地理学提供学科支持，也因此得到发展。

·法国维达尔·白兰士遗著《人文地理学原理》出版。该书稿于 1905 年计划并陆续撰写，其学生整理补充后出版。全书包括引言、人在地球上的分布、文化模式（人地关系、文明演化、聚落等）、流通（交通方式、道路、陆路、海运等）等。1926 年英译本出版。

·法国保罗·维达尔·德·拉·白兰士《人文地理学原理》提出和阐述了"地域统一性"原理即地球表层是一个整体，其各个部分即地域之间相互联系，反映地理环境地域整体性思想；明确提出和系统阐述作为人地关系论的一种理论的"（地理环境）可能论"。

·法国吕西安·费布夫尔《历史的地理学导言》出版。1925 年英译本出版。系统阐述"地理环境'可能论'"和批判"地理环境'决定论'"。

· 美国 H. H. 巴罗斯提出和阐述"自然地理学人文化"和"地理学就是人类生态学"的观点，引起地理学界的高度重视。

· 英国珀西·莫得·罗士培开始中国综合自然区划研究。将中国自然地理环境划分为 15 个区。

· 法国 A. 多扎特《语言地理学》出版。

· 法国吕西安·费布夫尔《地理学视野下的史学引论》出版。为亨利·贝尔主编百卷本《人类的演进》中的一卷。阐述了包括在历史的发展过程中起决定作用的是人类自身而非地理环境，在人类与地理环境相互作用中要高度重视地理环境的重要作用，人类是地理环境的主宰者和改变者等在内的人地关系思想，提醒地理学家不要陷入地理环境决定论，告诫历史学家谨防有人把地理环境决定论引用到历史学中。英译本 1925 年出版。中译本 2012 年出版。

· 苏联国家计划委员会区划工作委员会提出和系统阐述"经济区域"概念。

· 中国竺可桢阐述地理学研究对象和研究核心："地理学乃研究地面上各种事物之分配及其对于人类影响之一种科学。"

· 中国竺可桢发表"地理对于人生之影响"。竺可桢在哈佛大学留学期间，深受戴维斯及其弟子亨廷顿人地关系思想的影响。

· 瑞典海克尔·安特夫斯发表用多种方法研究气候记录和冰川消退时间序列以及不同地区是否同步等方面的成果。

· 瑞典杰勒德·德·耶尔发表"关于地理学的定义、方法和分类"。

· 日本十村《地形学》出版。将威廉·莫里斯·戴维斯的思想引入日本。

· 德国 W. 克勒脱纳在阿弗雷德·赫特纳指导下获得博士学位，属于德国近代地理学第三代。1929—1931 年出任中国中山大学地理系主任。

· 瑞典经济学家古斯塔夫·卡塞尔《1914 年以后的货币与外汇》出版，系统阐述购买力平价理论。购买力平价（PPP）成为研究不同国家或地区之间发展水平的重要工具之一。

·美国 W. M. 维斯在克拉克大学演讲《地理研究院之计划》。其中指出地貌学、气候学、植物地理、动物地理、人文地理、经济地理、历史地理、地理学史、区域地理等为地理学学科和地理学专业的主要组成部分。

·美国克拉克大学校长 W. W. 阿特伍氏（地理学家，兼任哈佛大学地理学教授）计划在克拉克大学建立地理研究院。

·中国竺可桢请求东南大学校长，向欧美派遣地理学留学生，以充实中国的地理教学与研究。

·苏联莫斯科大学开始设立气候学课程。之后气候学课程成为博士考试的基础课程。

·中国北平高等师范学校设史地系。为北京师范大学前身。

·中国海军成立海道测量局。开始进行近海测量和海洋调查。

·中国商务印书馆成立史地部。

·中国曾牖《商业地理》出版。明确提出商业地理学是经济地理学的分支学科。

公元 1923 年

·美国 H. H. 巴罗斯发表"人类生态学"。他认为地理学就是人类生态学。

·美国 H. H. 巴罗斯提出和阐述作为人地关系论的一种理论的生态调节论。有学者认为生态调节论为地理环境适应论的代表之一。

·美国普雷斯顿·詹姆斯获克拉克大学地理学博士学位。受业于森普尔，深受地理环境决定论影响。

·苏联 A. 克鲁伯阐述"人地关系论"。他阐述道：像地球上所有生命一样，人类同样也受到自然力的制约，自然力以其不可抗拒的必然性，决定了居住条件和人类的生活方式。

·俄国地理学会开始（至 1926 年）进行大规模的蒙古和中国西藏考察。

- 俄国地理学会和苏联科学院组织西西伯利亚考察队。
- 中国开始展开"科学与人生观"的大论战。也称科学与玄学的大论战。科学派主力之一为丁文江。深远影响中国地理学和地理学家。
- 中国蔡元培提出和使用"民俗学"科学概念。为民俗地理学重要文献。
- 中国刊出《风俗调查表》。深远影响中国民俗地理以及民俗地理学。
- 中国白眉初《地理哲学》出版。1936年再版。竺可桢曾作评述。系统阐述若干元地理学问题,特别阐述地理学的人地关系视角。
- 德国克·克雷奇莫尔《地理学史大纲》出版。
- 中国丁文江发表"关于中国人文地理"。
- 中文首次出现"人文地理"术语。
- 中国张其昀在《史地学报》发表"历史地理学"。介绍法国人文地理学思想。
- 中国张其昀提出并阐述地理学的实地研究、解释、批评和致用等科学精神。
- 法国《国际地理文献》创刊。
- 瑞典斯特恩·德·耶尔《大斯德哥尔摩地区:地理学的解释》出版。
- 中国商务印书馆出版英国J. A. 汤姆森著《科学大纲》(共4卷中译本)。为高级科普著作,包括丰富的地理知识。
- 日本关东大地震引起国家对地球科学的关注,包括对地理学的关注。
- 美国乔治·葛德石开始(至1929年)任教于中国沪江大学。后任地质与地理学系主任。对中国很多地方进行野外考察。很多著作关注和阐述人们对自然资源的利用和压力问题。
- 中国张相文为中国地学会在北京购置到新会址。
- 中国地学会向全国各界发出通电,要求收回旅大,警示必备日本强占。

公元 1924 年

· 第 11 届国际地理大会在埃及开罗召开。

· 德国瓦尔特·彭克遗著《地貌分析》出版。也译为《形态学分析》。提出和阐述山坡平行后退理论、山麓阶梯等概念及其术语。是经典地貌学理论。

· 中国袁复礼率先在高等学校讲授地貌学。

· 德国卡尔·豪斯霍弗创办《地缘政治学杂志》创刊。开始利用和歪曲国家有机体学说和生存空间论等地理学概念、思想和理论。成为德国纳粹侵略扩张的思想和理论基础。

· 中国白眉初《中华民国省区全志》（共 5 卷）开始出版。

· 中国张相文完成中国自然区划方案。该方案将中国划分为 6 部 18 区。

· 美国卡尔·奥特温·索尔主张进行人类活动地区的野外调查，从观察的事实中得出人地关系及其人地关系理论的地理科学哲学思想。

· 美国德莱尔提出和阐述有工作假设的野外考察。

· 中国梁启超完成《中国近三百年学术史》。为他在清华大学的讲义。论及地理学史，主要包括地理学著作和地理学家。

· 美国科学史学会成立。

· 中国的中国科学社、中国天文学会、远东生物学会、考古学会、中国地学会、中国地质学会、中国气象学会共 7 个学术团体在 6 月 9 日、10 日两度开会讨论庚款用途及管理方式。深远影响中国留学生到国外学习地理学。著名期刊《自然》也发表了这方面文章。

· 中国"中国文化基金会"成立。曾资助与地理有关的调查研究。

· 英国哈尔福特·麦金德提出和阐述"大西洋共同体"概念。成为后来成立并深远影响世界的"北大西洋公约组织"的思想理论基础，深远影响世界地理格局和世界地理研究以及世界地理学家思维。

公元 1925 年

·法国伊曼努尔·德·马东《自然地理学原理（第三版）》出版，共 3 卷。《自然地理学原理（第一版）》于 1909 年出版。

·苏联 A. A. 格里高利耶夫提出和阐述决定自然地理综合体的两类因素即日照—行星因素和地理因素。包含自然地域分异的地带性地域分异因素和自然地域分异的非地带性因素这两种基本自然地域分异因素的思想。

·美国卡尔·奥特温·索尔《景观的形态》（也译为《景观形态学》）出版。之后，他和有关同人工作特别是研究范式构建，形成了地理学伯克利学派。主张地理学应该研究人类文化与景观之间的关系。

·美国卡尔·奥特温·索尔发表"文化景观形态学"。系统阐述文化景观论。提出和阐述文化景观是人文地理学的研究核心观点，提出、阐述和使用文化区、文化源地等概念及其术语。

·苏联 H. H. 巴朗斯基完成《苏联区域经济地理教程》。该著作中的区域划分是苏联国家计划局认同的由苏联经济地理学家所完成的区域划分。

·美国《经济地理》开始连载（至 1943 年）"大洲农业地理"研究成果。

·美国卡尔·奥特温·索尔给出文化景观概念的经典定义。文化景观是某一文化群体利用自然景观的产物，即文化是驱动力，自然区是媒介，而文化景观则是结果，同时文化景观具有变迁或变化属性。

·美国卡尔·奥特温·索尔系统阐述和使用"地域差异"概念。

·美国德文特·惠特尔西提出"人类占据说"，阐述"相继占据"。也称"文化史层说"。1929 年系统阐述该理论。

·英国 J. R. 史密斯《工业和商业地理学》出版。

·法国 L. 费伯《历史学的地理学引论》出版。

·苏联威廉斯根据气候因素进行土壤分类。反映自然地理要素整体性思想。

·苏联 Л. С. 贝尔格根据气候型及其分布格局与地理景观及其分布格局进行气候区划。反映自然地理要素整体性思想。

·德国阿尔布雷希特·彭克从国家、语言、民族、文化等方面阐述德国和德意志概念及其区别等政治地理学和区域政治地理问题。深刻影响他的学生特别是埃米尔·麦男的政治地理观念。

·德国阿尔布雷希特·彭克提出和使用国家领域、语言领域、民族领域、文化领域等概念及其术语。发展了德国弗雷德里希·拉采尔的生存空间概念和理论。

·中国翁文灏发表《中国山脉考》。之后发表《中国地理学中的几个错误的原则》。阐述中国的地势和山脉的成因。

·中国竺可桢发表"中国历史上气候之变迁"。为中国较早的历史自然地理学论文。

·美国 E. W. 伯吉斯提出城市地域结构的同心带学或同心圆模型、城市地域的侵入和演替概念。他的这一思想反映在大多数北美城市的城镇规划方案中。这是芝加哥学派的代表之一。

·瑞典约翰·弗勒丁发表"西连湖周围的兽棚区"。阐述高地牧场系统随着自然地理条件分异和人类活动而变化。具有自然地理和人文地理综合思想、地理环境变化思想。

·苏联瓦维洛夫《栽培植物的起源中心》出版。提出作物起源中心学说。

·中国张其昀《人生地理》（上、中、下三卷）出版。

·中国王华隆《人文地理学》出版。1929 年出版第四版。

·法国让·白吕纳（至 1927 年）在加拿大蒙特利尔大学开设地理学课程。

·德国卡尔·豪斯霍弗《历史与地理相互关系的研究》出版。后由日本翻译出版日文版。

·中国翁文灏发表介绍大陆漂移说的论文"惠氏大陆漂移说"。

·中国竺可桢到上海任商务印书馆编译所史地部部长。

·苏联莫斯科大学设立地理系。俄国 Д. Н. 阿努钦等创建莫斯科大学地理学派。这个学派造就了 Л. С. 贝尔格等著名地理学家。

- 苏联列宁格勒地理研究所改为列宁格勒国立大学地理系。
- 日本地理学会成立。
- 埃及开罗大学设立埃及第一个地理系。
- 美国克拉克大学创刊《经济地理》。该刊主要发表经济地理学领域涉及经济、社会、发展和环境等问题，致力于深化地理驱动因素和经济过程的理解。
- 美国地理学会研制的地图用于智利和秘鲁边界纠纷的政治地理问题。
- 美国艾赛亚·鲍曼开始计划研究拓荒带问题。1931 年得到批准和资助。之后出版《拓荒边区》等著作。
- 苏联科学院成立。其前身为 1724 年成立的俄罗斯科学院。多位地理学家当选苏联科学院院士。
- 苏联决定开始工业国建设。深远影响苏联地理学特别是经济地理学发展和经济地理学家成长。之后逐渐形成了经济地理学的统计学派和区域学派。
- 中国王同春完成《复兴后套计划渠图》。为以水利工程为主的地理工程设计纲要。
- 太平洋学会（IPR）在美国檀香山成立。该学会注重学术型和研究性工作。
- 日本成立地理学家协会。后发行《日本地理学评论》。
- 中国王庸考入北京清华学校国学研究所研究生，师从梁启超等。之后，曾任北平图书馆舆图部主任，后著《中国地理学史》。

公元 1926 年

- 苏联 В. И. 维尔纳茨基发表"生物圈"演讲。系统阐述生物圈的概念和思想，开创现代生物圈学说。之后，提出"智慧圈"概念及思想。
- 美国学者提出后来被称为"深部生物圈"概念的思想萌芽。
- 美国埃尔斯沃斯·亨廷顿《脉搏的过程》出版。

·中国毛泽东（后来是中共中央主席、国家主席等）在广州农民运动讲习所讲授"地理"课程。

·中国竺可桢提出和阐述中国地质历史时期的气候脉动说。

·中国竺可桢在《史学与地学》发表"何谓地理学"。阐述地理学研究对象、研究核心、基本价值和研究范式等地理学基本问题。

·法国伊曼努尔·德·马东提出干燥指数，并使用干燥指数识别出干燥区。反映将热量和水分综合考虑的地理综合思想。

·中国张其昀提出"按自然—人文综合分区"的地理综合区划思想和方法，并对中国进行综合地理区划。

·中国张其昀阐述人生地理学（即人文地理学）"研究范式"："人生地理学乃从空间、时间两方面，解释地理环境与人类生活之相互的关系与变迁的关系者也。"

·中国张其昀完成中国地理区划。将中国地理环境特别是自然地理环境划分为23个（地理）区。1935年修改为60个（地理）区。

·苏联 H. H. 巴朗斯基《苏联经济地理——国家计委划定的各州区概述》出版。提出区域的地理综合思想和地理综合研究方法。巴朗斯基经济地理学思想和方法深远影响中国。

·苏联 H. H. 巴朗斯基为首的经济地理学的区域学派的思想开始形成。该学派主要研究生产力的区域研究、经济区的综合研究、与自然环境有联系的生产综合体的研究、各地区的生产综合体和生产关系的研究、生产综合体与社会主要生产力关系的研究、区域联系的研究、区域和积极改造关系的研究、区域发展历史的研究、对地区与小区之间关系的研究等。

·苏联 B. И. 维尔纳茨基《生物圈》出版。系统阐述"生物圈"概念的科学内涵和科学思想，强调人类在地球化学变化中的作用，为地球系统科学先驱和生物地球化学创始人。

·英国 A. G. 坦斯利创立植被演替的多元演替顶极理论。

·中国翁文灏发表"中国东部的地壳活动"。之后陆续发表多篇同类论文，首次提出和阐述燕山运动。

·中国张其昀在《史学与地学》发表"人生地理学之态度与方法"。系统阐释人文地理学的若干基本理论问题。

·瑞典黑格尔·纳尔逊《北美和瑞典人》出版。成功运用地理考察和访谈等方法开展研究。

·法国维达尔·白兰士、伊曼努尔·德·马东等在《经济地理》上发表"人文地理学原理"。

·瑞典杰勒德·德·耶尔发表"北欧挪威人种的核心区域"。高度重视"地理综合"的"区域综合"研究。

·瑞典澳洛夫·强纳森发表"世界的农业区域"。是北美地理学第一次注意到德国冯·杜能模型。

·中国顾颉刚《古史辨》开始出版。

·美国艾赛亚·鲍曼提出和阐述德国和美国之间多年来地理学学术争论的原因——概念的理解的差别和文化观念的差别。

·中国竺可桢发表"论江浙两省人口之密度"。

·中国胡焕庸开始（至 1928 年）留学巴黎大学和法兰西学院等，师从 J. 白吕纳、伊曼努尔·德·马东和阿尔伯特·德芒戎。其间赴英国和德国考察。

·中国黄国璋开始在美国学习地理学。师从埃尔斯沃斯·亨廷顿学习人文地理，选修了埃尔斯沃斯·亨廷顿的"气候学""地理学问题"课程。1928 年获得硕士学位后回国。

·中国凌纯声赴法国巴黎大学民族学学院学习，师从 M. 莫斯等。之后从事民族地理学和边疆地理学研究，发表"苗族的地理分布""云南民族地理"等民族地理学论文。

·苏联《苏联大百科全书》第一版开始陆续出版。至 1947 年出版 66 卷。包括丰富的地理学和区域地理知识。

·俄罗斯地理学会更名为国家地理学会。

·中国史地学会《史学与地学》创刊。竺可桢发表"何谓地理学"，张其昀发表"人生地理学之态度与方法"。之后成为地理学成果发表主要期刊之一。

·第二次太平洋学术会议在日本东京召开。日本提交的《科学的日本》的第一章为"日本地理"。

·德国马丁·海德格尔《存在与时间》发表。首次提出和使用存在主义术语并阐述存在主义原理。为存在主义重要著作。深远影响地理学特别是人文地理学和人文地理学家。

公元 1927 年

·俄国 B. B. 道库恰耶夫关于地理学方面的著作和思想开始从德文翻译为英文。

·法国维达尔·白兰士和吕西安·加鲁瓦主编的"《世界地理丛书》（也称《地理大全》）开始陆续出版。全书共 15 册 23 卷。各卷的编纂大纲具有严格区域地理性质，对每个地区都同时从自然地理和人文地理进行研究和阐述。自然地理部分主要从地貌要素和气候要素进行阐述，人文地理部分主要从农业和农村聚落及其相关的生活方式进行研究和阐述。

·德国阿弗雷德·赫特纳《地理学：它的历史、性质和方法》出版。系统阐述"地理时间"和"地理空间"，指出"区域是自然和人类现象相互结合的具体体现"，提出和阐述"地理学是一门关于区域分异的科学即研究地表现象分布的地区差异"。1930 年苏联出版俄译本。1983 年中国出版中译本。

·法国阿尔伯特·德芒戎著《农村聚落》出版。是世界农业地区各种中心聚落分布研究的先驱。

·法国阿尔伯特·德芒戎著《大不列颠群岛》出版。提出和阐述区域地理学需要更多动态方法。

·苏联 B. И. 维尔纳茨基在法国进行关于生物圈的演讲。

·苏联 Л. C. 贝尔格《气候学原理》第一版出版。1938 年第二版出版。系统阐述气候及其影响因素等基本理论问题。

·苏联 H. H. 巴朗斯基《苏联经济地理》出版。

·美国德·弗里斯阐述经济和土地类型之间关系，反映自然地理要素与经济地理要素的地理环境整体性思想。

・美国从德文转译 B. B. 道库恰耶夫地带性土壤方面的英文著作出版。

・澳大利亚格里菲斯·泰勒《环境和人种：发展、移民、人种定居状态研究》出版。为民族地理学基础著作。中文曾译《人种地理学》。

・中国商务印书馆出版译著《世界史纲》。其中，包括地理环境演化史。中国梁启超、竺可桢等为校订者。

・中国中央大学成立地学系。下设地质学组和气象学组。1930 年地学系分成地质学系和地理学系。

・中国和瑞典合作组织西北科学考察团。斯文·赫定和中国北京大学教务长、哲学系教授徐炳昶共同率领一支空前规模的现代化科学考察队对中国西部地理等进行了考察，1935 年结束。之后瑞典方面将成果汇集成包括十一大类的 55 卷《中瑞西北科学考察团报告集》。

・苏联制订第聂伯河流域开发计划，其基础是 H. H. 科洛索夫斯基起草的乌拉尔—库兹聂茨工业联合计划。

・苏联 M. Б. 沃尔夫《俄国工业地理分布》出版。

・中国张其昀译，竺可桢校《战后新世界》出版。

・德国马丁·海德格尔《存在与时间》出版。是存在主义的重要著作。存在主义成为 20 世纪 70 年代存在主义的地理学的基础和核心。

・德国沃纳·海森堡提出物理学中的测不准原理。这一思想深远影响地理学和地理学家。

・中国张其昀开始任教于中央大学，提出和践行"教学式研究与研究式教学有机结合"。

・美国查尔斯·柯布和美国保罗·道格拉斯明确提出柯布—道格拉斯函数。之后不断发展，成为地理分析工具。

・美国《国家地理杂志》刊出世界上第一张彩色照片。

・中国成立"中国自然科学社"（原名为"华西自然科学社"。1928 年改为此名）。设有包括地理学在内的地学组等学科组。

・中国成立"中国学术团体协会"。并开始与来华考察的外国考察团共同组成联合科学考察团合作考察。这是中国学者群体保护中国科学资源行动。

公元 1928 年

·第 12 届国际地理大会在英国剑桥召开。大会决议："区域地理的目的在于描述国家的现实地区，并探讨形成这些地区的原因。"

·中国毛泽东发表"中国的红色政权为什么能够存在"。之后发表"井冈山的斗争""中国革命战争的战略问题"等。在系统分析中国的历史背景和地理环境基础上，全面分析了政治、经济、人口、交通、自然资源、自然条件等组合的地域结构及其对中国道路的影响，发现了对中国政治经济发展的区域不平衡规律，提出和系统阐述"农村包围城市"的政治地理和军事地理思想。

·瑞典 T. H. P. 伯杰龙开始创立气团学说。

·美国普拉特提出各级中心地点概念。

·英国霍尔姆斯提出地幔对流学说。1915 年提出后来被命名的地幔对流概念。

·中国翁文灏发表"中国地理学中之几个原则错误"。

·中国冯景兰在粤北仁化县发现"丹霞地貌"。当时定名为"丹霞层"。

·加拿大地理学家、经济学家和历史学家以及社会学家开展"边缘带"研究。之后出版《加拿大边缘带的殖民》丛书（八卷）。

·德国 B. 伦施提出地理人种概念。后提出区域性人种和小种族概念。为民族地理学基础工作。

·德国卡尔·豪斯霍弗《地缘政治学的构成》出版。1939 年日本翻译出版日文版。

·瑞典 R. M. 黑格《纽约及其周边地区》多卷本出版。

·中国张其昀《中国民族志》出版。为民族地理学著作，后多次重印。

·中国白眉初《中国人文地理》出版。

·埃及出版埃及国家地图集。

·中国武同举《淮系年表》（共 4 册）出版。该著作还阐述了淮河流域的自然地理和人文地理。

· 中国张印堂开始（至1933年）在《地学杂志》上发表"中国古代文化发展及其地理背景"。

· 中国大学院成立了译名统一委员会。中国王云五为主任。之后所开展工作包括地理学和区域地理译名工作。

· 德国地理学会成立。

· 中国地学会派员参加德国柏林地学会百年纪念大会。

· 中国清华大学成立地理学系。1932年易名为地学系，下设地理组、地质组和气象组。1952年并入北京大学。

· 苏联科学院联合考察委员会成立。其前身为1926年成立的苏联科学院"联盟和各共和国专门研究委员会"。

· 苏联编制施行第一个五年计划。其中，专门设置地域章节。地理学提供科学支持。中国开始翻译出版《苏联五年计划》。

· 中国中央研究院在南京成立。之后成立若干研究所，包括地理学研究。20年后推举出第一批院士。

· 澳大利亚格里菲斯·泰勒开始在美国芝加哥大学任教。

· 中国顾颉刚在中山大学开设"古代地理研究"课程。主要以文献为基础阐述和讲授古代疆域观念和疆域变迁等方面内容。这是中国"禹贡学会"创立的思想理论基础。

· 美国地理学会研制地图用于玻利维亚和巴拉圭边界纠纷。

· 中国黄国璋参加美国农业部关于世界农业地图编绘的中国部分的数据检验等工作。

· 中国黄国璋毕业于美国芝加哥大学，获地理学硕士学位。曾就读于耶鲁大学。师从美国E.亨廷顿。在美国留学期间参加美国地理学会。

· 中国黄国璋在《地理杂志》发表"美国加州葡萄干产区之位置与地理环境之关系"。为中国最早系统介绍农业地理的论文。

· 中国黄国璋受聘任中央大学地理系副教授、教授，讲授"人生地理""北美地理"等课程。1930年受翁文灏邀请任清华大学地学系主任，1931年返回中央大学任教。

- 国际语言学者会议开始考虑设置语言地理调查机构。
- 国际科学史学会成立，包括地理学史研究。
- 中国青岛观象台成立海洋科。

公元 1929 年

- 德国 L. 狄更斯《植物地理学》出版。第一次对地球表层植物区系进行划分。之后，H. G. A. 恩勒（1936 年）、R. 古德（1974 年）、А. Л. 塔赫塔江（1978 年）、中国吴征镒（1979 年）、中国张宏达（1980 年）等均进行过植物区系划分。
- 德国 B. 伦什提出"地理人种"和"地域人种"概念。1961 年美国 S. M. 加恩给出科学定义并使用推广。
- 苏联 K. K. 马尔科夫提出完整的地貌图编制思想与方法。
- 美国赖利提出两个城市之间的人口移动与他们的居民乘积成正比，而与他们之间的距离平方成反比的数学模型。
- 德国阿福雷德·赫特纳绘制 1450 年的世界文化区地图。
- 国际气象组织根据云的形状、组成和原因等建立云的分类系统。包括三大云族十大云属。
- 中国张其昀著《中国经济地理》出版。其中的地理区划是综合考虑自然要素和人文要素的综合地理区划。
- 中国胡焕庸发表《地理学与大学教育》，系统阐述高等地理教育和教学。
- 中国胡焕庸阐述自然地理学和人文地理学之间的关系。
- 美国德文特·惠特尔西在《美国地理学家协会年鉴》发表"相继占用"。提出"相继占用"概念和作为人地关系论的一种理论的、与地理环境决定论对立的"连续居住论"。"连续居住论"具有文化决定论思想特征。
- 中国翁文灏在《清华大学校刊》发表"中国地理区域及其人生意义"。阐述中国人口过多、耕地不足的人地关系问题。为早期从实证角度系统阐述中国的人地关系问题的文献之一。

- 中国王勤堉《西藏问题》出版。在此前后谢彬《西藏问题》（1926 年）、华企云《西藏问题》（1930 年）、秦墨哂《西藏问题》（1930 年）、陈健夫《西藏问题》（1935 年）等均出版西藏问题著作。这些著作阐明西藏是中国不可分割的一部分。
- 日本向第二次太平洋学术会议提交《科学的日本》的执笔人东京帝国大学教授山崎直方逝世。日本昭和天皇高调凭吊。
- 中国北平研究院在北平成立。
- 中国燕京大学在自然科学院中设立地理地质学系。其中，地理课程主要由中国张印堂和外国达伟德讲授。其中一门课程为"地理对于历史之关系"。同时在有关课程中涉及人地关系。
- 中国中山大学为贯彻孙中山《建国方略》在理学院设地理系。之前有史地系。之后多所大学的理学院设置地理系。
- 苏联莫斯科大学为了国家任务特别是第一个五年计划，在地理系建立经济地理专业和经济地理教研室。促进了苏联经济地理学的快速发展。这是地理学的莫斯科大学学派的重要组成部分。
- 奥地利维也纳大学的维也纳小组《科学的世界观：维也纳小组》发表。是维也纳小组的重要文献。标志逻辑实证主义诞生。1931 年逻辑实证主义术语出现。逻辑实证主义影响地理学和地理学家。
- 苏联 C. B. 卡列斯尼克从列宁格勒大学毕业。1965 年当选为苏联科学院院士。
- 中国张印堂从英国利物浦大学地理系毕业。师从 P. M. 罗士培获地理学硕士学位。
- 中国吴尚时开始留学法国里昂大学，师从阿里克斯和白朗霞等。
- 中国刘恩兰开始留学美国克拉克大学地理系攻读硕士，1931 年获硕士学位。1939 年留学英国牛津大学攻读自然地理学，于 1940 年获博士学位。
- 中国孙宕越开始（至 1934 年）赴法国里昂大学留学，获地质学硕士学位和地理学博士学位。博士论文《罗尼河谷黄土之研究》由法国罗尼河地区研究所出版，1934 年列入法国里昂大学地理丛书。回国后在中山大学开授"土壤地理学"课程。

·法国《经济与社会史年鉴》创刊。改名为《经济社会文化年鉴》。是年鉴学派即特别关注环境与社会问题的学派的期刊。

·中国中山大学聘请德国 W. 克勒脱纳为地理系主任。

·苏联成立水文气象局。

·日本东京文理科大学成立。后设置地理系。

·中国和缅甸边界争端。

20 世纪 20 年代

·德国格拉夫《地理哲学》出版。20 世纪 30 年代中国商务印书馆出版中译本。

·地理学包括自然地理学和人文地理学。受分析思潮影响和具体问题研究精细化影响，一系列不同级别的研究主题或研究领域开始（至 20 世纪 50 年代）逐渐发展为不同级别的分支学科。这是历史的进步，成为后来的地理综合即分析基础上的综合的坚实基础。

·地理学的一系列学说、科学概念、科学理论开始（至 20 世纪 50 年代）形成。

·一批著名地理学家开始（至 20 世纪 30 年代）被聘请来中国，讲授自然地理学、地貌学、区域地理学等。

·中国钱崇澍、刘慎锷、李继侗等开始（至 20 世纪 40 年代）对中国植物区系和植被类型等进行开创性系统性研究。

·中国竺可桢开展对中国历史气候变化的研究。

·形成中国黄土成因的假说 20 余种。其中，代表性的有风成说、水成说、冰成说。

第四节　地理学年表：公元 1930—1939 年

公元 1930 年

·英国珀西·莫得·罗士培提出和阐述作为人地关系论的一种理论

的地理环境适应论。也称地理环境协调论或协调论。适应包括主动适应和被动适应。同时代的美国 H. H. 巴罗斯 1923 年提出和阐述的地理环境调节论为地理环境适应论的另一种形态。

·英国珀西·莫得·罗士培认为人文地理学包括两个方向即人地适应关系和区域联系。

·德国 P. S. 什米特在《地理杂志》发表"空间和场所——地理学的基本概念"。提出和阐述区位是地理学的基本概念，提出和阐述"最小要求法则"。

·德国西格弗里德·帕萨尔格《比较景观学》（共 5 卷）出版。其中，系统阐述空间、人类、文化、历史的观念及其在景观特别是文化景观形成和变化中的重要作用。

·法国让·白吕纳《人文地理学史》（也称《人生地理学史》）出版。该书包括人文地理学目标、人文地理学发展与拉采尔学说、法国对人文地理学的贡献、美国与其他国家人文地理学、人文地理学的出版与评论、人文地理学与政治地理学等。1935 年张其昀译、竺可桢校中文本出版。

·南斯拉夫米卢廷·米兰科维奇开始提出阐述第四纪冰期成因假说即后来被称为的米兰科维奇假说。该假说在他 1958 年去世前一直受到冷遇。

·英国 F. K. 瓦尔德发现并提出中国—喜马拉雅区植物地理概念。

·中国翻译出版苏联于 1928 年编制施行的《苏联五年计划》。

·中国中山大学组织"云南地理调查团"。德国 W. 克勒脱纳和中国林超等考察云南和横断山，在大理点苍山考察后提出、确定并命名为"大理冰期"。

·加拿大科尔曼在《自然》发表"地球的年龄"。提出地球年龄为 46 亿年。

·中国黄国璋《社会的地理基础》出版。系统阐述人地关系和人地关系理论：人类对于自然，不仅要消极地适应，而且要积极地改变，以适应人类的需要。

- 中国中央大学地理系开设建设地理学。该门课程以总理孙中山所著《建国方略·实业计》为总纲和核心内容。

- 中国王星拱《科学概论》出版。为科学哲学著作。深远影响中国近代地理学和地理学家。

- 苏联共产党第16次代表大会上斯大林作总结报告。成为苏联地理学发展的最主要动力之一。

- 苏联科学院成立生产力研究委员会。在原来的自然生产力委员会、民族自治共和国与民族自治省研究委员会、考察研究委员会基础上成立。地理学是主要支撑学科之一。该委员会先后组织了数十个大型综合考察队开展综合考察，为苏联积累大量丰富地理科学资料，深远影响苏联的地理研究和地理科学发展。

- 中国源于气候概念的"干旱区"出现。1956年出现源于综合区域概念的"干旱区"。

- 中国地学会派员参加英国皇家地理学会（原名英国伦敦地理学会）百年纪念大会。

- 中国竺可桢发表"中国气候区域论"。高度重视和反映非地带性自然地域分异因素在中国气候分异中的作用，具有中国三大自然区的雏形，将中国划分为8个以气候要素为主的自然地理区。该区划方案系统性较强，简便易懂，常为地学家所依据，传播到国外。是中国现代综合自然地理区划萌芽。

- 美国乔治·葛德石提出中国地理分区即将中国分为15个区域，并详细阐述区域划分的依据和区域特征。之后，反映在其《中国的地理特征》中。

- 美国开始出版《国际社会科学百科全书》共17卷。包括地理学。

- 中国中华民国政府内政部提出各省筹设通志馆要求。之后，诸省区成立通志馆，编纂本省通志。

- 中国臧励龢《中国古今地名大辞典》出版。

- 中国张星烺《中西交通史料汇编》出版。后多次再版。

- 中国《申报》馆总经理史量才采用丁文江关于编纂一部中国地图

集的建议，由丁文江、翁文灏和曾世英负责编纂《中华民国新地图》。

· 加拿大皇家地理学会成立。出版物为《加拿大地理杂志》。

· 中国《亚细亚月刊》创刊。为边疆研究刊物。为中国"亚细亚学会"会刊。

· 中美联合科学考察团组建。20 世纪 20 年代初期美国自然历史博物馆组织"中亚远征队"，在 R. C. 安德斯带领下每年春来秋返对中国有关地区进行科学考察。1930 年远征队再次来华时，改由中美学者共同组团。

· 中国"中国文化基金会"通过了一项土壤调查计划，之后开始进行中国土壤调查。这次土壤调查形成了丰富的土壤基础资料。

· 中国"中国西部科学院"成立。为民办科学院。开展包括地学在内的科学调查研究。

· 苏联成立莫斯科水文气象学院。

· 中国地学会开始挂靠中国北平研究院，并接受经费支持。

· 中国中央气象研究所开始发布气象预报。

· 中国中央大学地学系分成地质学系和地理学系。中国胡焕庸为地理系主任。

· 中国李旭旦被保送到中央大学地理系学习。

· 中国中山大学将地理系由文学院改属理学院。

· 中国中央地质调查所内成立土壤研究室。

· 中国广东成立土壤调查所。

公元 1931 年

· 德国 C. 特罗尔阐明安第斯山植被、高度和气候的关系。具有自然地理环境要素整体性思想。

· 美国艾伦·丘吉尔·森普尔《地中海地区地理及其与历史的关系》出版。

· 苏联 K. D. 格林卡《土壤科学专论》出版。他强调土壤地理、土壤形成、成土过程。他是 B. B. 道库恰耶夫的学生。之后被译成德文等，广泛传播 B. B. 道库恰耶夫土壤形成因素学说。

- 英国克利福德·达比完成博士论文"芬兰区在英国历史中的地位",获剑桥大学地理学博士学位。之后提出被和不断完善"剖面法"即"采用横剖面和纵剖面的方法复原过去的地理条件"的理论和方法。
- 第13届国际地理大会在巴黎召开。
- 中国"中华地学会"在上海成立。次年创办刊物《地学季刊》开始发行。
- 英国L. 达德利·斯坦普开始领导英国第一次土地利用调查,1935年完成,特别是完成制图工作。这些地图于1939—1945年完成这些地图的印刷。
- 英国约2.2万中小学生参加由英国L. 达德利·斯坦普领导的英国第一次土地利用调查。
- 英国阿德诺·汤因比《历史研究》(共12卷)开始陆续出版。高度重视和系统阐述人类(群)与地理环境的关系。
- 英国阿德诺·汤因比提出和构建"挑战—应战"理论及其模式。这里的"挑战—应战"是指地理环境的挑战及不同社会文明的适应过程及模式。
- 德国W. P. 柯本在自然区划中提出生物气候分类方法。
- 美国桑斯威特根据降水和蒸发指数进行气候分类。
- 德国W. G. 霍夫曼在其《工业化的阶段和类型》中提出和阐述后来被称为"霍夫曼定理"的工业化理论。之后成为地理特别是经济地理分析工具。
- 中国商务印书馆出版《中国古今地名大辞典》。
- 中国傅角今《世界地志》出版。为中国蔡元培主编"新时代史地丛书"中的一册。
- 苏联 Л. С. 贝尔格《苏联景观地理地带》出版。也译《苏联自然地理(景观)地带》。1936年再版。系统发展了自然地带学说或理论,提出和构建自然景观学说。
- 苏联 Л. С. 贝尔格指出和阐述"区划是区域地理的中心问题。这个问题……是真正的地理工作的开始和结束"。

- 德国 W. 卞沙出任中国中山大学地理系主任。
- 中国王益崖《地理学》出版。
- 中国盛叙功《农业地理》出版。为中国最早系统介绍农业地理学及其在地理学科中位置的农业地理学著作。
- 国际科学理事会（ICSU）在布鲁塞尔成立。也称国际科学联合会。由国际研究理事会发展而来，1998年更新为现在名称。国际地理联合会积极参加活动。2018年国际科学理事会（ICSU）与国际社会科学理事会（ISSC）合并组建新的国际科学理事会（ISC）。
- 中国刘恩兰完成硕士论文《气候：中国的一个独裁者》。论述了气候在中国历史上的影响、在中国文化中的表现、中国的气候分区、气候对农业以及人类生活的影响。具有地理环境对人类活动影响思想。
- 中国"亚细亚学会"成立。为边疆研究学术团体。蒋介石、戴季陶、陈立夫、于右任等曾为该学会的名誉理事、会长、理事、监察委员和评议员。
- 中国张心一发现和提出中国长城是冬小麦和春小麦的种植分界线。
- 科学史研究的"外史论"方向开始出现。
- 第二届国际科学史大会在伦敦召开。苏联布哈林正式提出和阐述"计划科学"概念和思想。"计划科学"在苏联实施，促进和影响了苏联的地理学的发展。中国的地理学乃至科学受其影响深远。
- 中国华南女子文理学院成立史地系。由原来的地理系改成。
- 远东军事平衡体系逐渐遭受破坏。影响中国地缘关系，中国开始全面考虑广义上的国防建设问题，于1932年中国国民政府成立国防设计委员会。
- 德国 W. 勒脱纳著、林超译《民国十九年云南地理考察报告》发表。其中，第一篇为总论，第二篇为地质及地形。
- 中国开始在拉萨设立气象站。
- 中法联合科学考察团成立。法方19人，中方9人。
- 英联邦成立。深远影响世界地理格局。

公元 1932 年

·苏联全国报刊登载由斯大林和莫洛托夫签署的一道关于消灭伏尔加河地区旱灾的命令。为大改造论的开始和斯大林改造计划的序曲。自然地理学在其中发挥了一定的作用。

·美国卡尔·奥特温·索尔开始就任美国伯克利大学地理系主任。他在就职演说中，阐述地理科学研究对象，提出"地理学是研究地球表面按地区联系的各种事物（包括自然事物和人文事物）及其在各地区间的差异的科学"。

·美国卡尔·奥特温·索尔及其同人开始逐渐形成地理学的伯克利学派。

·苏联 A. A. 格里高利耶夫《地理学新论》出版。1935 年中国出版了沈因明翻译中的文本。

·苏联 A. A. 格里高利耶夫提出和使用"地理壳"概念及其术语。

·中国"中华地学会"会刊《地学季刊》开始发行。"发刊词"阐述地理学的研究对象、研究核心、研究方法、基本价值等基本认识："地学之宗旨，在于研究人地相互关系……能详释其因果关系，寻求其系统，以明今后应如何改造之途径。"

·中国张其昀创办"中国人地学会"。会刊为《人地学论丛》。

·中国《地理杂志》更名为《方志月刊》。由张其昀主编，发行 3 卷 20 期。

·中国张其昀主编中国人地学会丛书《人地学论丛》开始陆续出版。

·法国吕西安·费布夫尔《莱茵河：历史·神话·现实》出版。高度重视历史学与地理学、历史与地理的结合。2010 年中国商务印书馆出版中译本。

·中国张其昀首次明确提出和阐述秦岭—淮河为我国重要农业地理界线，并将农业地理界线与气候界线吻合起来。

·中国竺可桢发表"抗战建国与地理"。

·中国胡焕庸编著《国防地理》。

- 美国 K. C. 麦克默里首次采用航空摄影相片绘制小区域植被与土地利用图。

- 苏联 Л. С. 贝尔格提出黄土形成的土壤残积说。

- 中国华企云《中国边疆》出版。为中国边疆地理系统著作。

- 中国张心一《中国农业概况估计》出版。该著作出现了中国最早的成套的农业地图。通过收集中国各县农业统计，编制成各种农产品分布地图。

- 中国张其昀发现和提出，中国的秦岭—淮河线是中国栽培作物的重要分界线。

- 中国教育部成立国立编译馆。包括地理学和区域地理等方面的编译工作。

- 中国清华大学地理学系（1928年建立）易名为地学系，下设地理组、地质组和气象组。1952年并入北京大学。

- 中国中华民国政府成立国防设计委员会。隶属于国民政府军事委员会参谋部。中国翁文灏任国防设计委员会秘书长，张其昀等参加有关工作。1935年改组为国民政府资源委员会，隶属于国民政府军事委员会。开展中国国情系统研究，致力于国防建设、工矿业发展、经济建设方案等，形成较为系统的成果。

- 中国翁文灏在《独立评论》发表"中国之人口分布与土地利用"。在1929年"中国地理区域及人生意义"基础上从实证角度进一步系统阐述中国的人地关系问题。

- 中国中华民国政府关注并借鉴苏联五年计划，形成"计划"方针。

- 美国地理学会研制地图用于哥伦比亚和秘鲁边界纠纷。

- 苏联 H. H. 巴朗斯基关于韦伯工业区位论对经济地理学有重要理论意义、对苏联工业布局有重要实际意义的观点开始受到批判。苏联经济地理学界再无人敢提及区位论。

- 苏联完成第一个五年计划。从农业国变成工业国。

- 中国开始全国范围毕业会考制度。地理均列入初中和高中的考试科目。

公元 1933 年

·英国地理学家协会成立。

·德国阿福雷德·赫特纳《比较区域地理学》（共 4 卷）开始（至 1935 年）出版。

·德国沃尔特·克里斯泰勒《南部德国的中心地》出版。明确提出和系统阐述关于城市的中心地学说或中心地理论。他是阿尔弗雷德·韦伯的学生。

·德国阿福雷德·赫特纳发表"区域地理学模式"。

·苏联 Б. Б. 波雷诺夫认为随着风化壳的改变，土壤形成过程发生相应变化，提出土壤的历史发生学分类思想。

·德国 J. F. 翁斯台提出区域地理单位系统。

·苏联政府文件明确提出和开始施行地域专门组织。向地理学提出国家任务。地理学开始在完成国家任务过程中发展。

·关于城市规划《雅典宪章》通过。

·瑞士保罗·戈茨等在《自然》发表"大气中臭氧层的垂直分布"。

·德国齐默曼·埃里西《世界资源和工业概要》出版。后修订再版。

·德国莱奥·威贝尔《农业地理问题》出版。其中之一，阐述了主要继承赫特纳、施吕特尔和彭克的思想观念的，主要包括经济结构和生存形式的威贝尔系统。

·中国洪绂（洪思齐）获法国里昂大学地理学博士学位。曾师从伊曼努尔·德·马东。他的博士论文《茶叶地理》被列为里昂大学地理学院丛书，在法国出版。

·中国《中华民国新地图（集）》《中国分省地图（集）》出版。两地图集因由《申报》组织编纂，也称《申报地图》。英国皇家地理学会《地理杂志》和美国纽约地理学会《地理评论》多次刊登书评，给予高度评价。

·中国《中华民国新地图（集）》表示中国三大地势阶梯。中国三大地势阶梯观念和概念确立。沿用至今。

- 中国《中华民国新地图》地图集，首次采用等高线分层设色法，第一次形象地表达中国地势西高东低的特征，从而形成中国地貌划分为三级阶梯的科学概念。推翻了千余年来堪舆家们提出和形成以及使用的"龙脉说"。

- 中国竺可桢等编译《新地学》由钟山书店出版。收入15篇西方重要地理学文献，系统介绍西方近代地理学的发展概况。

- 中国胡焕庸《英国地志》出版。

- 美国F. F. 埃里奥特开始研究农业类型。

- 中国翁文灏在《方志月报》发表"中国人口分布与土地利用"。其中，从人地关系角度对中国人口与土地资源的空间秩序进行阐述。

- 中国《中国经济年鉴》中的一章是"中国地理"。由翁文灏撰写。该章对中国的地理条件和资源条件进行了科学评价。

- 中国竺可桢《我们的地球》出版。为小学生文库之一。

- 美国开始施行田纳西规划。也称"田纳西流域规划""田纳西工程"。为重要的地理工程。田纳西流域工程管理局，利用美国政府提供的投资，招收大批失业工人，兴建水坝、水电站，发展航运，结果建成了大型的水电站和完整的航运系统，促进了这一地区工业和农业的发展。罗斯福政府以工代赈的计划，不仅缓解了失业问题，而且通过这一办法所建设的公共工程，如公路、机场、电力、水库等，都带来近期和长期的效益。

- 法国强行占领中国南海部分岛屿。中国"禹贡学会"会员许道龄发表"法占南海九岛问题"，从历史、地理的角度系统阐述南海九岛是中国领土，希望政府收回南海九岛。

- 中国谭其骧在辅仁大学开设"中国历史时期的地理"课程。史念海是其学生之一。

- 美国设立科学咨询局。其任务为国家经济发展提供咨询。之后，该局聘请美国地理学会理事长艾赛亚·鲍曼为该局委员，聘请C. 沙欧草拟美国土地利用报告（于1934年出版），美国地理学会编辑W. L. G. 赵格也曾参加该局工作。

・德国开始施行第一个四年计划。

・美国奥多尔·利奥波德发表"资源保护伦理"。开始创立大地伦理学。他 1947 年《沙乡年鉴》完整阐述以"大地共同体"为核心概念的大地伦理学。深远影响地理学和地理学家。

・危地马拉和洪都拉斯国境线协议完成。其主要根据是美国地理学会 1919 年完成的关于这一地区的地理研究报告。

・美国地理学会研制地图用于哥伦比亚和委内瑞拉边界纠纷。

・中国金陵女子文理学院设地系。刘恩兰任系主任。后并入南京大学地理系。

・中国勤勤大学开始设立博地系。开展地理学教学工作。

・英国地理学研究所成立。

・国际语言学会会议《语言地理文集》出版。

公元 1934 年

・中国地理学会（GSC）在南京成立。由竺可桢、翁文灏、张其昀、胡焕庸、谢家荣等人发起。会长翁文灏，理事竺可桢、张其昀、胡焕庸、黄国璋、王益厓、张印堂、张兴烺、黄绍良。

・第 14 届国际地理大会在波兰华沙召开。首次有中国学者（当时在德国留学的吕炯）参加。

・中国中央红军开始长征。毛泽东等运用地理知识，规划、设计和不断修订路线。深远影响中国历史进程和地理格局。

・美国约 2/3 陆地发生沙尘暴。16 万农民倾家荡产，逃离西部大平原。深刻影响美国在人地关系方面的科学决策。

・美国"罗斯福大草原林业工程"开始进行。也称美国"防护林工程""罗斯福防护林工程"。是最大的以植树造林为主的综合地理工程，是人地关系地域系统协调共生的巨型工程。美国总统罗斯福主持该工程的决策、规划和实施。

・美国艾赛亚·鲍曼《地理学与社会科学的关系》（也译为《与社会科学有关的地理学》）出版。阐述地理学的若干基本问题，提出现代地理学坚决离开地理环境决定论。

• 苏联 C. B. 伯恩施坦 - 科冈《交通运输地理学概论》出版。

• 德国西格弗里德·帕萨尔格完成地理学观点的《地理学人种志》。为民族地理学重要著作。

• 美国乔治·葛德石《中国的地理基础：土地及其民族概论》（英文版）在纽约出版。突出和表现人地关系主线。后成为美国很多大学的主要教材。中文版多个版本陆续出版。

• 美国乔治·葛德石完成中国地理区划。将中国地理环境特别是自然地理环境划分为三大区15区。

• 中国李长傅完成中国自然地理区划。将中国自然地理环境划分为26个（自然地理）区。

• 中国凌纯声《中国今日之边疆问题》出版。为边疆地理和政治地理著作。

• 美国科学咨询局聘请 C. 沙欧草拟的美国土地利用报告出版。

• 中国金陵大学刘继宝和束世征《中华民族拓殖南洋史》出版。后多次重印。也是民族地理或人口地理著作。

• 中国张印堂发表"中国人口问题之严重"。从实证角度提出和阐述中国要施行移民垦荒和实行计划生育。

• 中国洪思齐在《地理学报》发表"划分中国地理区域的初步研究"。

• 中国翁文灏发表"中国土壤相关的人生问题"。

• 中国中央大学组织"云南边疆地理考察团"对云南进行考察。考察团成员有黄国璋和澳籍费师孟两位教授、滇籍外交专家张凤歧、助手王德基和严德一。主要考察了西双版纳热带资源、滇缅边界、滇越边界、澜沧江河谷等。其成果为滇缅通道开通等提供了重要地理科学基础，支持抗战。

• 苏联全国人民委员会和联共中央委员会颁布在中小学中开设地理课程的法令即"关于苏联初等学校和中学开展地理教学的决议"。这一决议对大学地理教育和地理科研起了推动作用，大批师范院校成立了地理系，科学院自然地理研究所改组为地理研究所，经济地理学中的区域学派成为官方学派。这是苏联地理学发展的主要动力。

·苏联中央行政委员会高等技术教育委员会规定了在学院和大学中所教授的地理学的基本核心内容。

·苏联成立自然地理研究所。由地貌研究所发展而来。

·苏联《真理报》发表社论"了解你的地理"。

·中国林超留学英国利物浦大学，师从珀西·莫得·罗士培。1938年获地理学博士学位。之前，林超曾在中国中山大学师从德籍地理学教授 W. 克勒脱纳和 W. 卞莎。

·中国近代物候观测网在中国竺可桢组织主持下开始建立。开始中国物候的系统观测，积累物候观测资料。

·苏联 Б. Б. 波雷诺夫《风化壳》出版。提出和阐述景观地球化学概念。之后，形成包括残积单元景观、平亢地单元景观、水上单元景观、水下单元景观的系统理论。

·中国傅角今《地理学通论》出版。

·中国刘君穆《战后世界政治地理》出版。

·中国胡焕庸《俄国地志》《德国地志》《法国地志》出版。

·美国格伦·特里瓦萨《日本地理调查》出版。

·巴西圣保罗大学聘请法国皮埃尔·德方丹担任地理学教授。第二次世界大战后，法国伊曼努尔·德·马东访问巴西，传播法国地理学，开展研究和教学。

·中国地理学会《地理学报》创刊。

·中国禹贡学会成立。1936年召开成立大会。会刊《禹贡》在英译中名为《中国历史地理》。

·中国张印堂因《西北经济地理》学术影响，被美国地理学会聘请为"特别会员"。

·中国黄秉维发现中国山东海岸发育证据，质疑李希霍芬的观点。

·中国黄秉维开始（至1935年）在北平地质调查所师从翁文灏做研究生。

・美国国家资源局由原来的国家设计局改为现称。之后，芝加哥大学地理系主任 H. H. 巴罗斯受聘担任委员。

・英国卡尔·波普尔《科学发现的逻辑》出版。1959 年被译成英文。

・英国卡尔·波普尔提出和阐述科学的证伪原则和科学定律产生程序等原理。深远影响地理学和地理学家。

・中国燕京大学决定撤销地理地质学系。

・苏联开始在各个师范学院设立地理系。

公元 1935 年

・英国 A. G. 坦斯利提出"生态系统"概念。明确地把有机体与其生存环境视为一个不可分割的自然整体，并引入热力学的能量循环思想对生态系统进行研究。

・中国张其昀开始在《地理学报》发表"近二十年来中国的地理学之进步"系列论文。该论文和 1948 年任美锷在《科学》上发表的"最近三十年来中国地理学之进步"等，暗含和提出竺可桢在中国近现代地理学中的宗师地位。

・中国竺可桢在中国近现代地理学中的宗师地位开始逐渐形成。

・瑞典 T. 帕兰德完成《区位论研究》。提出和阐述后来被称为的"帕兰德区位理论"。该理论把不完全竞争概念引入区位论研究，以价格为变量研究经济发展的空间秩序。

・英国 W. G. 伊斯特《欧洲历史地理》出版。

・德国埃米尔·麦男《德国与德意志》出版。他是阿尔布雷希特·彭克的学生，深受后者的政治地理学和区域政治地理观念的影响。该书深刻影响当时的德国意识形态。

・中国胡焕庸发表"中国人口之分布"。提出中国"人口地理"的"瑷珲—腾冲线"。之后被国际上称为"胡焕庸线"。美国地理学会英译全文和全图，发表在《地理学评论》上。英国和德国等国家一些著名杂志介绍或转载该文。之后，中国张印堂和涂长望等对该文中所论及的中国人口问题症结提出不同看法，展开学术争论。

- 中国胡焕庸在《人地学原理》译本的序言中，系统阐述解释原则、一体原则、演化原则、适应原则等人文地理学基本原则，系统阐述分布与绘图法、全景与摄影法、汇集与举例法等人文地理学基本研究和表述方法。
- 中国曾世英、翁文灏发表"中国自然之地势"，进一步阐述中国三大地势阶梯的科学概念。在1933年《中华民国新地图》中明确表述了中国三大地势阶梯。
- 中国竺可桢系统阐述"中国的季风的海陆分布形成说"。
- 中国朱士嘉《中国地方志综录》出版。引起美国国会图书馆的注意，该馆东方部主任于1939年邀请朱士嘉赴美。朱士嘉为《中国大百科全书》第一版《地理学》卷之《方志学》分支主编。
- 《自然》发表"大陆的形成、漂移及节律"长篇论文。
- 《自然》发表"地磁场的成因"。
- 中国中央研究院首届评议会成立。张其昀当选评议会委员。
- 中国任美锷、李旭旦翻译的《人地学原理》由钟山书店出版。根据英文版译出。
- 中国李长傅《转型期的地理学》出版。
- 中国李长傅发表"地理学本质论"。
- 中国张其昀在《地理学报》发表"中华民族之地理分布"。阐述了中华民族分布与地势的关系，将全国分为平原、丘陵、高原、高山四类民族地理区。
- 中国陈叔实《世界史之地理因素》出版。
- 中国葛绥成《中国地理新志》出版。
- 中国黄秉维完成《中国植物地理大纲》。
- 捷克斯洛伐克出版《捷克斯洛伐克国家地图集》。
- 中国政府的"水陆地图审查委员会"审定《中国南海岛屿图》，确定中国南海最南的疆域界线为北纬4°，明确完整地标识东沙、西沙、中沙、南沙群岛的位置及名称。1948年正式出版的地图中，确定中国国界最南端为曾母暗沙。

- 中国涂长望发表"与张印堂先生商榷中国人口问题之严重"。从中国天灾人祸与中国经济政治关系等，提出反对控制人口的观点。
- 美国《新哥伦比亚百科全书》出版。后不断再版。最初名称为《哥伦比亚百科全书》，1975年改为现名。
- 新西兰费歇尔在其《安全与进步的冲突》中提出和阐述三次产业即第一、第二、第三产业的概念。
- 澳大利亚格里菲斯·泰勒开始在加拿大多伦多大学任教。多伦多大学地理系成立。
- 中国国民政府成立资源委员会。由1932年成立的国防设计委员会改组而来。其工作关系和影响中国人地关系与区域发展。主要刊物《资源委员会季刊》，其《西北专号》发表西北人文地理调查报告。
- 巴西政府在人口调查局设立国家地理理事会。1970年改为巴西地理研究处。聘用很多专业地理工作者。
- 英国政治经济学会开始组织英国工业区位调查。1939年出版《工业区位报告》。
- 中国胡焕庸讲授、李旭旦整理完成《气候学》书稿。为中国第一部气候学著作。1938年商务印书馆香港分部出版。
- 中国中央研究院海洋调查团开展中国海洋调查。

公元1936年

- 德国W. P. 柯本、R. 盖格尔《气候学手册》（共5卷）出版。
- 德国W. P. 柯本发表系统的"柯本气候分类"。之后不断完善。该气候分类系统，以气温和降水为指标将全球气候区划成5个气候型，再按降水的季节分配、夏热情况或干旱程度分别分成若干副型，共11种基本气候类型。
- 苏联Б. П. 阿里索夫提出"阿里索夫气候分类系统"即以气团地理型为基础的气候分类法。这种分类法首先根据气团地理型的主要特征，在每一半球上划分出赤道带、热带、温带和北（南）极带四个基本气候带，每一气候带盛行一种气团。其次，考虑主要气候锋的季节位移，在基本气候带间划分出三个过渡带，即副赤道带、副热带和副北（南）极带，其盛行气团因季节而改变。最后，在气候带内根据下垫面性质和大气环流条件的差异，分为大陆型、海洋型、西岸型和东岸型四个主要气候型。在气候型内按地形对气候的影响，可分为低地气候与高山气候两个副型。

· 英国克利福德·达比《1800年以前的英格兰历史地理》出版。阐述了历史地理学的性质、特点和方法等历史地理学基本问题。他在序言中明确指出历史地理学利用的资料是历史的，但它的观点却是地理的。同时，该著作是运用"剖面法"即"采用横剖面和纵剖面的方法复原过去的地理条件"的经典。

· 苏联A. B. 普罗佐夫斯基提出和使用"理想大陆"模式。在这个模式中有三个中心即极地中心、海洋中心和大陆中心，围绕每一个中心形成彼此独立的地域分异格局。

· 中国胡焕庸发表"中国之农业区域"。是中国第一个近现代地理意义的农业区划方案。根据中国的农业气候资源和地貌等自然地理条件与农作物集中分布程度将全国划分为9个农业区域。

· 中国胡焕庸发表"国内交通与等时线图"。

· 中国胡焕庸发表"中国商业地理大纲"。附专题地图12幅。

· 德国辛格提出城市规模及其排序方程。

· 中国盛叙功《中国人生地理》出版。

· 德国马尔库斯《地理因果论》出版。

· 中国禹贡学会成立。

· 中国王德基留学德国。师从H. 费思孟。

· 中国西北农学院利用航空相片进行森林调查。

· 中国李旭旦听从李四光意见而进入英国剑桥大学攻读硕士学位研究生。1939年获硕士学位后回国。

· 中国沙学浚获德国柏林大学地理学博士学位。

· 中国任美锷留学英国格拉斯哥大学。1939年获博士学位后回国。

· 美国R. 贝蒂《山岳地理》出版，系统分析了地貌与人文关系；反映自然地理要素与人文地理要素的地理环境整体性思想。中译本 1958 年出版。

·中国凌纯声发表"云南民族的地理分布"。

·中国孙宕越在广州市政府无线电台广播"地理与作战"。

·中国傅泽洪、郑元庆《金水行鉴》（共 22 册）出版。1937 年中国（清）黎世序《续金水行鉴》（共 10 册）出版。1939 年完成《再续金水行鉴》。

·美国 L. 怀特《地理学——人类生态学导论》出版。

·中国洪业发表"考利玛窦的世界地图"。

·美国 J. 梭颇发表"中国之土壤"。

·中国胡焕庸发表"改进大学地理教育刍议"。其中，阐述大学地理教育的价值——"以大学地理系为专门研究之中心；训练专门人才，以从事地理考察与研究；培养中等学校之地理师资；予一般大学生，以普通应用之地理基本知识"。

·加拿大多伦多大学地理系成立。

·印度阿利加尔大学成立印度第一个地理系。

·中国浙江大学设史地系。分史、地二组。

·英、美科学家协会成立。影响地理学合作研究。

·法国斯多依科发现地球自转速率的季节性变化。

·苏联肖斯塔科维奇从湖泊堆积物微层研究古气候。

公元 1937 年

·苏联科学院成立地理研究所。由原苏联科学院自然地理研究所发展而来。1957 年苏联地理研究所在列宁格勒建立分所。

·苏联 Л. С. 贝尔格《苏联自然地理》（又译为《苏联自然界》）出版。系统阐述苏联自然地域分异格局，发展了自然地带学说。

·中国毛泽东在《矛盾论》中指出和阐述"社会和自然的矛盾，用发展生产力的方法去解决"的马克思主义人地关系理论。

·中国"中华地学会"停止活动。所办《地学季刊》停办。《地学季刊》曾发表多篇关于马克思辩证唯物主义地理学论的译文。如：楚图南的"人文地理学的发达及其流派""中国历史地理学的发展"，李长傅的"科学的地理学的新转向""自然与社会的关系""转型时期的地理学浅释"，盛叙功的"科学的经济地理学""经济地理学上的文化阶段及经济阶段""经济地理学的经济阶段与经济形态"等。

·英国珀西·莫得·罗士培等提出"类型自然区划"和"地域自然区划"两类自然区划概念，是关于自然地理综合研究"类型研究"和"区划研究"的最早的系统阐述。这两类自然区划概念在中国20世纪80年代后的综合自然地理区划研究及成果中有所反映。

·英国S. W. 伍里德里奇等《地理学的自然基础》出版。

·澳大利亚格里菲斯·泰勒发表"加拿大地理的结构基础"。

·苏联《世界大地图集》第一卷出版。1939年出版第二卷。

·中国的中央大学（在重庆）、西南联合大学（在昆明）、浙江大学（在遵义）等校的地理专业研究生在全面抗战期间开展土地利用实地调查，撰写毕业论文。

·中国清华大学施行地理专业本科毕业论文制度。

·中国浙江大学地理学开设国防地理班。

·中国浙江大学《史地杂志》创刊。

·中国和缅甸之间的滇缅公路开始修筑。1938年全线竣工。深远影响中国发展特别是抗战胜利和世界地理格局。

·中国和苏联之间的中苏公路开始修筑。1943年全线竣工。深远影响中国发展特别是抗战胜利和世界地理格局。

·法国R. 布朗夏尔《法国阿尔卑斯山区》（共12卷）开始陆续出版。为综合性地理著作。

·德国R. 黑塞《生态动物地理学》第一版出版。

·中国张印堂《地理研究法》出版。

·中国金陵大学农学院美籍J. L. 卜凯等编著的《中国土地利用》及其所附《中国土地利用地图集》出版。

·苏联A. A. 格里高利耶夫发表"论某些基本的自然地理规律"。

- 中国沈如生发表"中国都市之分布"。附中国城市分布图,为中国第一张城市分布地图。
- 英国多位地理学家专门研究与讨论世界有关地区的自然区域划分。
- 澳大利亚格里菲斯·泰勒《环境、人种和移民:人类分布的基础——加拿大和澳大利亚特定地区人种的分布额定居》出版。
- 中国李四光完成《冰期之庐山》。因抗日战争爆发而至1947年出版。
- 苏联A. A. 包尔卓夫发表"地理学在苏联的地位"。
- 瑞典开始出版《中瑞西北科学考察团报告集》。包括十一大类55卷。
- 中国中央研究院拟在庐山建立地理研究所之事因抗日战争开始而搁置。之前,中央研究院聘请李四光为地理研究所所长。
- 中国竺可桢、卢于道和李振翮《科学的民族复兴》出版。
- 中国曹廷藩公费开始赴英国伦敦大学、牛津大学地理学院留学。其间参加法国西北部地区考察,访问参观英国几乎所有重要大学地理系。
- 美国路德维格·冯·贝塔朗菲提出和阐述一般系统论萌芽思想。
- 国际科学史大会的"科学及其社会关系委员会"(CSSR)在英国成立。1938年中国成立分会,张其昀为委员之一。
- 中国的中央大学因抗战迁至重庆。理学院地理系和研究所地理学部随之迁往。
- 中国中央研究院拟筹建地理研究所。中央研究院院长蔡元培、总干事朱家骅签发聘书,聘请李四光为中央研究院地理研究所筹备处主任。最初考虑在庐山建立中央研究院地理研究所。1940年在重庆建立中国地理研究所。
- 中国北平师范大学(今北京师范大学)地理系《地理教学》创刊。1939年在西北联合大学复刊。1947年在北平师范大学再次复刊。任美锷、李旭旦、周廷儒、周立三、徐近之、王德基、张印堂、洪思齐等在该刊发表过文章。
- 中国竺可桢等编辑《科学的民族复兴》出版。

· 中国侯仁之开始师从中国洪业（煨莲），研究历史地理。

公元 1938 年

· 第 15 届国际地理大会在荷兰阿姆斯特丹召开。

· 苏联共产党中央委员会《苏联共产党（布）历史简明教程》出版。И. В. 斯大林撰写其中"辩证唯物主义和历史唯物主义"部分。

· 苏联 И. В. 斯大林《辩证唯物主义和历史唯物主义》出版。系统阐述地理环境及其与人类活动之间的关系。

· 苏联 И. В. 斯大林系统阐述地理环境的概念。认为地理环境就是"围绕社会的自然界"。深远影响地理学关于地理环境的概念。

· 苏联 И. В. 斯大林系统阐述地理环境对人类社会发展的作用："地理环境当然是社会发展的经常必要的条件之一，而且它无疑是能影响社会的发展，加速或延缓社会进程。但他的影响并不是决定性的影响，因为社会的变更和发展要比地理环境的变更和发展快得不可计量。"此理论是具有代表性的马克思主义人地关系理论之一。

· 中国毛泽东发表"论持久战"。他对当时中日两国的政治地理态势及其对战争的影响、中日双方的基本矛盾进行分析，发现并论述了中日战争发展的客观规律，得出中日战争是持久战和中国最终胜利的科学结论。这是政治地理、经济地理和军事地理实际运用的典范。

· 苏联《苏联的植被》（多卷本）开始陆续出版。

· 英国 G. H. T. 金布尔《中世纪的地理学》出版。

· 德国 C. 特罗尔提出和使用"景观生态学"术语。

· 德国阿尔弗雷德·吕尔遗著《经济地理学导论》出版。提出和阐述经济学是经济地理学的学科基础、演绎推理是经济地理学的方法论、经济地理学要摒弃地理环境决定论等观念和思想。

· 德国 W. P. 柯本提出和使用"理想大陆"模式。

· 苏联成立苏联地理学会。由 1845 年成立的俄国地理学会发展而来。设立苏联地理学会、李特契、普尔日瓦里斯基奖，П. П. 谢苗诺夫－天山斯基金质奖章和杰日涅夫奖金。主办《全苏地理学会通讯》等。设有若干分会、支会。

· 中国西南联合大学在昆明成立。西南联合大学理学院地质地理气象学系和师范学院史地系成为地理研究的重要单位。张印堂、洪绂、林超、鲍觉民等陆续任教于西南联合大学。

· 中国西北联合大学在西安成立。西北联合大学理学院地理系成为地理研究的重要单位。黄国璋、傅角今、薛贻源、王均衡、卢惠如等陆续任教于西北联合大学。

· 中国林超研究和阐述聚落分类。为聚落地理领域方面的重要文献。

· 中国涂长望研究中国气团并提出和阐述新的气团分类。

· 美国霍普金斯提出和阐述"物候定律"。中国竺可桢《物候学》发展了物候定律。

· 中国王庸《中国地理学史》出版。该著主要以中国古代地图史料为主。为商务印书馆"中国文化史丛书"中的第2卷。之后再版。

· 中国顾颉刚和史念海《中国疆域沿革史》出版。2017年再版。

· 来自美国明尼苏达州的爱德华·普勒瓦到加拿大西安大略大学教授地理学课程。

· 美国地理学会《现行地理出版物》创刊。

· 美国艾赛亚·鲍曼按美国总统指示研究犹太人移民和定居问题。美国之后出版《人口和移民取数地区集》。

· 美国艾赛亚·鲍曼开始每周有三天在美国国务院工作，经常被总统等约请商谈。同期很多地理学家直接服务于美国政府。

· 苏联科学院设立奥勃鲁契夫奖金。以纪念 B. A. 奥勃鲁契夫。

· 中国徐近之赴英国爱丁堡大学攻读地貌学。1940年获得博士学位。至1946年，徐近之到耶鲁大学访问 E. 亨廷顿，到哈佛大学访问德文特·惠特尔西，到威斯康星大学访问 G. 特里瓦萨；受聘美国地质调查所军事地质组、美国五角大楼东亚部。

· 中国吴尚时在法国《法国区域地理评论》发表"法国里昂金山黄土研究"。

· 中国商务印书馆出版《地理哲学》中译本（德国奥·格拉夫著，

曹沉思译）。

·苏联国家地理学会更名为苏联地理学会。

公元 1939 年

·美国 R. 哈特向《地理学的性质》出版。1946 年出版第二版。提出并论述了地理学的研究对象是地域分异，区域的独特性是地理学的研究核心。1996 年根据第二版出版中译本。

·苏联科学院生产力研究委员会开始编纂《苏联自然的历史形成过程》（共 4 卷）。之前 Л. С. 贝尔格曾著《苏联自然地理》。

·英国开始编辑出版 L. 达德利·斯坦普 1931 年开始领导的英国第一次土地利用调查工作的系列地图"大不列颠大比例尺土地利用图" 146 幅，以及部分地区"土地利用调查报告" 9 卷。这些地图和报告为英国的发展特别是农业发展提供了基础科学支持。

·美国 H. 霍伊特 1939 年提出城市地域结构的扇形学说或扇形模型。又称楔形学说或楔形模型。

·美国马克·杰斐逊提出并阐述首位城市、城市首位度和城市首位律。之后城市首位度概念不断发展，成为地理特别是城市地理和区域地理的研究工具。

·法国伊曼努尔·德·马东《自然地理学原理》出版。其中阐述地理学的空间性、因果性和比较性原则。

·美国 R. 哈特向提出和阐述地缘政治学是"地理学在政治上的应用，他的价值和意义由它所服务的政治目的来决定"。

·《自然》发表"日地关系"。

·中国商务印书馆出版《民族发展的地理因素》中译本（美国 O. D. V. 恩格伦著，林光澄译）。为王云五主编"地理学丛书"中的一卷。1971 年在中国台湾地区再版。

·中国严钦尚发表"西康居住地理"。

·德国奥古斯特·施勒的《经济空间秩序》出版。1954 年英译本、2010 年中译本（译自英译本）出版。

- 中国李四光《中国地质学》英文版出版。是他 1935—1936 年在英国讲学《中国地质学》的讲稿。1953 年中译本出版。
- 英国政治经济学会《工业区位报告》出版。该书用历史归纳法分析了当时英国工业区位形成的有关因素。这些因素不仅包括经济因素，而且包括政治、社会、心理、行为等因素。是行为区位论的最早的系统著作。
- 中国李四光系统提出和阐述了东亚特别是中国的三大地势阶梯。
- 中国李四光提出和阐述以地貌为主的中国（自然）区划。他将中国划分为西藏高原、准噶尔和塔里木盆地、蒙古草原、山东半岛、华北平原、山西高原、陕西盆地、甘肃走廊、长江下游谷地、东南沿海区、长江中游盆地、四川盆地、贵州高原、广西台地、西南高地和西康群山等 19 个（自然）地理区。
- 中国黄秉维开始编撰《自然地理原理》。1941 年完成，共 3 卷。为中国第一部具有现代意义的普通自然地理学著作。全书分为 3 册 7 编 27 章，包括第一编导论、第二编气候、第三编水理、第四编地形、第五编土壤地理、第六编植物地理、第七编陆上自然现象之组合。包括五大自然地理要素及其自然地理综合体，即五个部门自然地理学和综合自然地理学。其中，第一编导论中的第一章地理学之回顾与前瞻，包括中国地理学史略、欧西地理学之渊源、地理学之经典时代、19 世纪之后之地理学、地理学之最近趋势。
- 中国教育部颁布大学和高师《科目表》。规定大学历史系开设必修课程"中国地理"等，选修课程"世界地理""制图学"等。
- 中国教育部颁布大学和高师《科目表》。规定师范院校史地系或部的地理专业开设"自然地理""人生地理""中国地理""世界地理""中国历史地理"等必修课程，开设"国防地理""经济地理""政治地理""地理考察""天文地理""测量学""地图读法""地貌（形）学""气候学""气象学"等选修课程。
- 中国中英庚款董事会组织中国的"川康科学考察团"。黄国璋任副团长。完成有关地理著作。
- 中国李旭旦从英国剑桥大学获得硕士学位后回国，开始在中央大学地理系任教授。

· 中国刘恩兰留学英国牛津大学攻读自然地理学博士学位，后师从珀西·莫得·罗士培，1940年获得博士学位。其博士论文为《中国的降水波动：性质、原因和影响》。

· 日本增渊坚吉阐述中国华北黄土形成的水成学说。

· 中国葛绥成《乡土地理研究法》出版。

· 中国孙宕越和徐俊鸣《军事地理学》由国民政府中央军事委员会出版。

· 德国卡尔·豪斯霍弗《地缘政治学原理》出版。后日本翻译出版日文版。

· 美国开始开展对南方热带雨林的森林生态系统长期定位研究。

· 英国J. 雷福特·沃森到加拿大麦克马斯特大学讲授地理学课程。1942年麦克马斯特大学成立地理系。

· 中国张印堂开始对拟修筑滇缅铁路沿线调查考察。后完成《滇缅铁路沿线经济地理调查报告》（上、下册）。

· 中国顾颉刚发表"中华民族是一个"。

· 中国黄国璋在《地理教学》发表"为什么地理是革命建国教育的中心学科"，系统阐述地理学的价值。

· 苏联苏共第十八次代表大会对苏联经济地理学家瓦秀金和费根等理论影响下的"大钢铁厂热""长途运输热"进行猛烈批评。

· 英国J. D. 贝尔纳《科学的社会功能》出版。之后多次重印。深远影响地理学和地理学家。1982年中国出版中译本。

· 开始出现"贝—波"争论。即以贝尔纳《科学的社会功能》为代表的"计划科学"与以波兰尼"反计划科学"的"科学的权利与责任"为代表的"自由科学"之间的争论开始爆发。前者强调和重视科学服务社会需求，后者强调和重视科学自由探索。著名期刊《自然》《科学》和爱因斯坦等参加争论。深远影响中国和许多国家地理学发展政策，中国地理科学发展的"任务带学科"就是反映。

· 中国自然科学社组织西康科学考察团。分设地理气象、农林畜牧、药物、工程四组。
- 中国浙江大学成立文科研究所史地学部。招收研究生。
- 中国西北大学设地质地理系。1947年分为地质系和地理系。
- 中国西北师范大学设史地系。1950年单独设系。

20世纪30年代
- 美国伯克利大学一位地理学教授提出"气候年"概念。他认为真正影响植被分布的是气候因素各年的具体情况，而不是多年的平均。1997年中国黄秉维提出中国的自然区划研究应该考虑和使用气候年概念。
- 苏联高调批判西方生产布局理论与方法，将杜能和韦伯等关于区位论等著作翻译成俄文出版。
- 中国黄秉维编纂《中国地理（长篇）》。进行各个自然地理要素的中国的自然区划。
- 中国童书业完成《中国疆域地理讲义》。2008年由天津古籍出版社出版。主要包括历代疆域沿革、历代地方行政区划、四裔民族等部分。
- 中国吴尚时在20世纪30年代末完成译著《江河之水文》。为中国近代水文地理学肇始。
- 英国A.赫乐曼《中国历史地图集》出版。
- 化学地理学开始创建。
- 中国李四光开始（至20世纪40年代）对中国东部地区第四纪进行研究。
- 中国周廷儒开始（至20世纪40年代）对历史时期环境的自然变化及人类活动所导致的环境变化进行研究。
- 苏联冻土学包括普通冻土学和工程冻土学。
- 中国严德一、沈汝生等在此期间及20世纪40年代先后对中国西南国际交通路线进行实地考察。为中国抗战作出贡献。
- 中国翁文灏、李承三在1938年之前研究中苏边疆地理。
- 中国黄国璋、林超在1938年之后研究中缅边疆地理。为中国抗战作出贡献。

第五节　地理学年表：公元 1940—1949 年

公元 1940 年

·综合自然地理学的最初形态和名称"关于景观的学说"确立。"最初的"自然地理学分化出一系列部门自然地理学学科后的"那部分"自然地理学就是后来所称的"综合自然地理学"。当时还没有"综合自然地理学"术语。

·德国阿福雷德·赫特纳和黑格尔·克卢特主编的世界区域地理丛书《地理科学书册》（共 11 卷）全部出版完毕。

·苏联开始综合自然地理区划研究和编制工作。至 1947 年出版 4 卷本的《苏联自然地理区划》（也称《苏联自然历史区划》）。

·美国地理学家协会召开讨论会。讨论的主题之一是比较德国瓦尔特·彭克的地貌理论和威廉·莫里斯·戴维斯的地貌理论。

·中国地理研究所在四川重庆北碚成立。为中英庚款董事会（会长朱家骅，后改名为中英文教基金董事会）创办，隶属于中英庚款董事会。黄国璋为首任所长。李承三任自然地理组组长，黄国璋和林超先后任人文地理组组长。之后隶属于民国政府教育部。开展区域综合研究，包括区域自然条件和自然资源综合考察等。是中国科学院地理科学与资源研究所、中国科学院南京地理与湖泊研究所、中国科学院测量与地球物理研究所三所的前身。创办《地理》《地理集刊》。

·中国《地理》发刊词阐述"近代地理学推求人地相关之理，不但是一门理论的科学，同时也是一门实用的学问"。

·中国地理研究所李承三、林超开始（至 1941 年）领导嘉陵江流域地理考察。后完成《嘉陵江流域地理考察报告》，编绘中国第一幅河流地貌图。

·中国地理研究所王德基开始（至 1941 年）领导汉中盆地考察。后完成《汉中盆地地理考察报告》，并刊于《地理专刊》1946 年第 3 号。

·德国 A. 廖什《经济的空间秩序》出版。英译名为《经济区位论》。1959年苏联全文翻译出版。

·苏联巴朗斯基等《苏联经济地理》俄文版在莫斯科出版。1949年美国出版英文版。

·苏联 C. B. 卡列斯尼克发表"地理学的任务和野外地理考察"。

·德国 C. 特罗尔创立高山比较地理学。

·英国地理学家按政府要求，在第二次世界大战期间编纂大量高水平高质量的区域地理著作。

·英国科林·克拉克《经济进步的条件》出版。提出和使用购买力平价概念及其定义、单位和标准，进行国家间贫富水平比较并发现差距巨大。深远影响地理学和地理学家特别是计算经济地理学。

·意大利出版意大利国家地图集。

·中国李春芬留学加拿大多伦多大学研究生院，师从格里菲斯·泰勒。1943年获该校第一个地理学博士学位。

·中国鲍觉民获经济地理学博士学位。他留学英国伦敦大学政治经济学院。导师为英国 L. 达德利·斯坦普。

·中国孙承烈发表"北碚聚落志"。

·中国缩省规划《设计报告书》完成。中国胡焕庸等作为该报告书主要成员。

·中国叶良辅、任美锷、涂长望等《地理学研究法（第一辑）》出版。

·中国黄秉维编制中国气候区域挂图出版。

·中国黄秉维发表"中国之植物区域"。这是首次出现的全国植被区域划分即中国植被区划的系统方案。

·美国约翰·贝茨·克拉克提出和阐述可行竞争并运用于经济分析。之后成为地理分析工具。

·中国地理研究所林超等编纂《乡土地理调查手册》。1941年刊于《地理》。

·中华民国教育部成立史地教育委员会。

·中国东北大学理学院成立地理学系。其前身为史地学系。

・美国战略服务局聘请数十位地理学家工作。服务于第二次世界大战。

・日本一些地理学家和地理工作者开始被招到总参谋部、陆军军官学校、陆军预备学校、日本殖民地和占领区的研究小组中工作。

公元1941年

・中国周立三发表"地理学之对象及其任务"。

・中国竺可桢在中国地理研究所发表"抗战建国与地理"的演讲。

・中国胡焕庸"缩小省区方案研究"获国民政府教育部主持评定的国家最高学术奖二等奖。

・中国涂长望"中国气候之研究"获国民政府教育部主持评定的国家最高学术奖二等奖。

・中国张印堂"滇缅铁路沿线经济地理"获国民政府教育部主持评定的国家最高学术奖三等奖。

・中国林超、郑象铣、王德基、薛贻源在《地理》发表"乡土地理调查手册"。其中，阐明"地理现象，并非独立而不相关，而皆有密切关系""重人文轻自然、重自然轻经济甚至取消人文"都背离综合地理学思想的地理环境整体性思想以及人地相互作用的人地关系思想。

・中国林超在《地理》发表"第二次世界大战的地理基础及其展望"。

・中国刘培桐发表"中国气候与土壤之关系"。具有自然地理环境要素整体性、共轭性、综合性思想。

・中国竺可桢发表"科学之方法与精神"。

・中国杨纫章在《地理学报》发表"重庆西郊小区域地理研究"。该文从自然地理要素和人文地理要素综合阐述小区域地理。该文援引了法国白吕纳"研究自然地理首重小区域研究"和英国恩斯德"研究区域地理主要的特性，最好的方法是研究小区域，观察其自然和人文因素之间的关系，以及各区域之间的相互影响，这些小区域应当能够充分表现出各种人与自然之间的关系，作为地理科学的研究对象"。

- 中国张印堂"滇缅铁路沿线经济地理"获中华民国教育部社会科学类三等奖。
- 中国李旭旦考察甘肃省白龙江中游地区。在"白龙江中游人生地理观察"一文中提出合理利用自然和协调人地关系。
- 中国李旭旦发现和提出甘肃省白龙江是我国南北重要分界线秦岭—淮河线的西延。
- 中国李旭旦发现和提出白龙江是中国东部农业区和西部牧业区的分界线。这一地理科学结论被后来制定的《全国农业发展纲要》所采用。
- 中国中央大学设立地理学研究部。胡焕庸为主任。
- 中国《地理》杂志创刊。
- 中国出版的（至1980年）地理译著主要来源于苏联、美国、日本、英国、法国和德国。
- 开始出现和使用自然保护区缓冲区概念。
- 中国自然科学社组织西北科学考察团开展地理、森林和畜牧等考察。任美锷、李旭旦等负责。分设地理、森林、畜牧三组。之后，考察报告与中国地理学会联合刊出。
- 中国四川大学设立地学系，包括地理学。
- 中国大学设置的地理研究机构有中央大学理科研究所地理部、浙江大学文科研究所史地部、东北大学文科史地研究所等。
- 国立中央大学理科研究所地理学部成立。以培养地理专门研究之人才及地理高等教育师资为目的。
- 中国《边政公论》创刊，成为地理论文发表期刊之一。
- "科学自由协会"3月1日在牛津成立。协会形成了一份声明，提出五条信仰，强调与"计划科学"相反的观点。著名期刊《科学》《自然》曾介绍"科学自由协会"及其主张。深远影响地理学和地理学家。
- 德国进攻苏联。在此之前德国卡尔·豪斯霍弗等完成世界政治地图或生存空间地图将世界划分为不同的世界泛区，包括以美国为主导的泛美区、以日本为主导的泛亚区、以德国为主导的泛欧区、以苏联为主导的泛俄区。

公元 1942 年

· 美国吉尔伯特·怀特明确提出和阐述以人类调适为中心的人地关系理论"地理环境调适论"。

· 苏联 В. И. 维尔纳茨基发表"关于智慧圈的几句话"。明确提出和阐述"智慧圈"概念和理论。对智慧圈概念和思想的萌芽、产生、形成和发展有贡献的还有法国神父和法国哲学家。之后，他进一步阐述将地球的演化历史划分为三个阶段，即生命产生前的"地球圈"阶段、生命产生后的"生物圈"阶段和人类产生后的"智慧圈"阶段。

· 苏联 В. Н. 苏卡乔夫提出和论述"生物地理群落"概念及理论。1944 年、1964 年明确其定义。逐渐建立生物地理群落学。

· 苏联 В. Н. 苏卡乔夫认为"生物地理群落"是最小的自然地理单位。在此前后 Л. С. 贝尔格认为是二级景观，Б. Б. 波雷诺夫认为是单元景观，И. В. 拉林认为是小景观。

· 英国 R. L. 林德曼创立生态系统物质循环和能量流动的"十分之一定律"。之后被称为林德曼定律。

· 美国 N. J. 斯皮克曼《美国在世界政治中的战略》出版。在整体分析美国的地理环境及其周边地区的基础上，提出和阐述美国只能与英国联合的结论。这一科学结论深远影响美国联合英国的国策。

· 关于城市发展及其布局结构的有机疏散理论由沙里宁在《城市：它的生长、衰退和未来》中提出和阐述。

· 中国中华民国政府教育部直接聘任第一批教授 30 位。胡焕庸是唯一一位地理学部聘教授。

· 中国张印堂"滇缅铁路沿线经济地理"获民国政府教育部主持的最高学术奖——民国三十一年度社会科学类三等奖。

· 中国朱家骅在《地理》发表"中国地理研究之重要"。

· 中国李旭旦《近代人生地理学之发达及其在我国之展望》出版。

· 中国吴传钧《中国粮食地理》出版。将中国划分为 10 个粮食区。

· 中国任美锷在《大公报》发表"地理研究与经济建设"。提出

"建设地理"概念，使用"区域设计计划""地理工程师"术语。

· 中国任美锷介绍和阐述美国和英国等地学家参加他们国家经济建设计划的情况。

· 中国周立三、侯学焘、陈泗桥编绘《四川经济地图集》。

· 苏联 Б. Б. 波雷诺夫提出"地球化学景观"概念和理论。

· 美国普拉特探讨"尺度转换"问题。这一时期还有其他人探讨。

· 奥地利约瑟夫·熊彼特提出和阐述产品和生产方法不断变化是竞争资本主义的本质。他早年出版《经济发展理论》德文版和英文版，详细阐述创新。之后成为地理分析工具。

· 中国刘恩兰考察川西闽江上游羌藏聚居区，开始形成对该地区的人地关系的认识。

· 中国林超发表"现代地理学问题检讨"。系统阐述地理学的研究对象与内容、自然地理与人生地理、通论地理和区域地理、地理之研究与应用问题、景观论的评判、关于人生地理学的派别问题等地理学基本理论问题。

· 美国《当代商业纵览》从 5 月开始发布国民生产总值的核算数据。直接影响地理学和地理学家。

· 中国中央研究院历史语言所、中央博物院筹备处、中国地理研究所发起组建"西北史地考察团"。该团以甘肃、青海、宁夏、新疆等地为中心，着重调查陇西及河西走廊一带的历史遗迹、自然地理、自然资源等方面的情况。1943 年考察团规模扩大，北京大学文科研究所正式加入，考察内容增加地质、矿产、动植物等，更名为"西北科学考察团"。

· 中国"国父实业计划研究会"组织内蒙古新疆考察团。包括地理、气象等方面工作。

· 中国中华民国政府教育部《师范学院章程》规定史地系是基本系别之一。

公元 1943 年

· 美国职业地理学家协会（ASPG）成立。1948 年与 1904 年成立的美国地理学家协会（AAG）合并为新的美国地理学家协会（AAG）。

· 美国约 300 名地理学家（工作者）在美国政府诸多部门工作，为第二次世界大战服务。

· 苏联 В. И. 维尔纳茨基被授予"斯大林奖金"。

· 加拿大战时信息部邀请地理学工作者进行工作。

· 美国乔治·哈里斯提出美国城市分类系统。

· 中国张其昀受美国国务院文化司邀请（至 1945 年）到美国哈佛大学等大学访学与研究。

· 美国罗森斯坦·罗丹在其"东欧和东南欧国家工业化问题"中系统阐述"工业化"，提出经济发展需要工业化的观点。之后成为地理特别是经济地理分析工具。

· 英国哈尔福特·麦金德发表"周围的世界与赢得和平"。在世界政治地图变化基础上，修改完善其理论。

· 中国翁文灏编纂《中国经济建设论丛》。

· 中国张印堂在《地理集刊》发表"目前我国地理教育的危机"。

· 德国 W. 福克斯在中国辅仁大学出版中国分省地区图集。该图集的基础主要是中国清朝三大实测地图（集）。

· 中国由中央研究院历史语言所、中央博物院筹备处、中国地理研究所、北京大学文科研究所等构成的"西北科学考察团"，各学科相对独立地开展工作，取得一定成绩。该科学考察团由"西北史地考察团"发展更名而来。

· 中国李春芬留学获得加拿大多伦多大学地理学博士学位。之后到美国哈佛大学地质地理系，在 D. 惠特莱西的指导下从事博士后研究。

· 中国自然科学社举办科学展览会。地理学为其展览内容之一。

· 中国中央研究院组织新疆地理考察工作。

公元 1944 年

· 美国 N. J. 斯皮克曼遗著《和平地理学》出版。提出与当时风行的心脏地带理论不同的边缘地区说即陆缘说。地缘政治学的"陆缘说"即控制边缘地区就可以控制欧亚大陆、就可以控制世界，阐述地缘政治学就是研究如何以地理因素为基础制定国家安全战略。他的理论对美国战略起到一定的重要作用。

·中国中央设计局成立区域设计组。其工作重点之一是行政区划调整。黄国璋为首任组长。黄秉维、高泳源和薛贻源等地理学家曾参加工作。

·中国政府正式开始"缩省"（即缩小省的区域范围并调整界线的简称）。20世纪初学界开始讨论"缩省"。

·中国吴传钧发表"缩改省区之理论与实际"。

·英国珀西·莫得·罗士培关于中国地理的巨著《中国手册》（共3卷）开始陆续完成。第一卷为自然地理、历史和民族，第二卷为近代史和政区，第三卷为经济、港口和交通。

·美国乔治·葛德石《亚洲之地与人》英文版在美国出版。不久就成为美国100多所大学的地理教科书。1946年中国商务印书馆出版中文本。

·美国乔治·葛德石《亚洲之地与人》提出和使用"地理策略"概念并阐述有关地区的地理策略。"地理策略"由10项要素构成。有文献表述为"地缘策略"。

·中国罗开富获美国克拉克大学地理学博士学位。

·中国史念海《中国的运河》出版。

·中国陈正祥《印度地理》出版。

·中国胡焕庸《德国地理》出版。

·中国黄秉维发表"地理学之历史演变"。

·中国任美锷发表"工业区位的理论与中国工业区域"。将中国划分为六大工业区，为中国工业地理区划。

·日本山本政喜《民族经济地理》出版。

·瑞典G.缪尔达尔开始提出和阐述"回波效应""扩散效应"的区域发展理论。之后成为地理特别是经济地理分析工具。

·中国任美锷阐述"政治的力量固然可以改变若干经济条件，但却不能违背环境"的人地关系思想。

·苏联莫斯科大学成立气候学教研室。

·中国李春芬开始（至1945年8月）应聘在美国内政部地名局工作，任专业四级区域地理学家（相当于州立大学教授）。

·美国艾赛亚·鲍曼作为美国代表团领土问题顾问，出席以讨论战后组建联合国问题为主的敦巴顿橡树园会议和1945年的旧金山会议。

·苏联成立专门出版地理文献的国立地理出版社。

公元1945年

·美国华盛顿大学威廉·L.加里森组织召开关于计量地理学会议。有的学者将其确定为计量革命的开始。20世纪30年代开始，已有运用数学方法定量研究。

·美国乔治·哈里斯和爱德华·厄尔曼《城市的本质》出版。

·美国乔治·哈里斯和爱德华·厄尔曼提出多核城市概念、城市地域结构多核心说或多核论。

·美国科学研究局V.布什组织完成的、向总统罗斯福提交的关于科学研究及其发展的研究报告《科学——没有止境的前沿》正式发表。这份报告的重点是，特别强调基础研究——通常就是我们今天认为"没用的"那些学问，强调政府应该大力加强对基础研究的资助。该报告是1950年成立的美国国家科学基金会（NSF）的重要基础之一。深远影响地理学发展及地理研究。

·世界银行（World Bank）成立。支持社会经济发展研究。之后连续出版《世界发展报告》，建立和完善各类世界发展指标体系。深远影响地理学和地理学家。

·美国乔治·葛德石《中国的地理基础：土地及其民族概论》的《总论》卷中译本（薛贻源译）出版。书名为《中国的地理基础》。

·美国R.E.霍顿提出和阐述水系定律——河流数目定律、河流长度定律、河流面积定律。

·中国吴传钧开始留学英国利物浦大学。师从珀西·莫得·罗士培、克利福德·达比。1948年获得地理学博士学位。

·中国傅角今（时任方域司司长）带队考察勘测中国南海、中缅边界。提出南海诸岛、葱岭（帕米尔高原）和琉球群岛等本属中国及其依据。

·中国胡焕庸《缩小省区方案》出版。

·中国胡焕庸《苏联地理》出版。

·中国胡焕庸《法国地理》出版。

·中国胡焕庸《英国地理》出版。

·中国陈正祥《西比利亚地理》出版。

·中国程璐《中国地理概论》出版。

·英国R. J. 约翰斯顿《地理学和地理学家》出版。之后多次再版。1991年据第四版出版中译本。

·加拿大麦吉尔大学建立由来自英国的乔治·金布尔领导的地理系。

·美国格伦·特里瓦萨《日本：自然、文化和区域地理》出版。

·在美军陆军总部、盟军司令部的地理学家指导下，日本开展土地、水资源和地貌等方面工作。

·美国埃尔斯沃斯·亨廷顿《文明的主要动力》出版。阐述气候、居民的特性和文化是人类发展的三个主要原因。

·第二次世界大战结束。许多国家从殖民体系独立出来，出现许多新独立的国家，改变以前宗主国和附属国的关系，一些国家开始建立地区性合作组织。世界的政治地理格局变化也促进了政治地理学的发展。

·第二次世界大战结束。区域人地关系和区际关系双重冲突逐渐加剧，构成现代地理学开始和发展的社会背景。

·第二次世界大战结束。英国在第二次世界大战期间为了战争需要建立了两个地理手册编纂中心即牛津和剑桥。1941—1945年，牛津编纂28种地理手册，剑桥编纂30种地理手册。

·中国北京师范大学地理系主任黄国璋和辅仁大学历史系主任张星烺（张相文之子）联合，促成中国地学会重新开展活动。

·中国胡焕庸受邀在美国马里兰大学地理系教学与研究。访问美国多所著名大学地理系。

·世界建立布雷顿森林体系。深远影响世界地理格局和世界地理研究。

·国际组织"联合国（UN）"成立大会在美国圣弗朗西斯科（旧金山）举行。深远影响世界政治经济地理格局及其研究。

·联合国通过《联合国宪章》。在起草过程中的诸多阶段，地理学提供支持，地理学的观点被证明具有价值。

·国际组织"阿拉伯国家联盟"成立。简称"阿盟""阿拉伯联盟"。深远影响世界政治经济地理格局及其研究。

·中国（民国政府）与苏联签订《中苏友好同盟条约》并开始施行。深远影响世界地理格局特别是远东地区地理格局，影响世界地理研究。

公元 1946 年

·苏联 А. Д. 哥热夫提出和阐释自然地理环境要素整体性的形成机制。1956 年 А. А. 格里高利耶夫也阐述了这个问题。这一时期还有其他人的阐述。他们认为各个自然地理要素之间及其与外部环境之间的物质和能量的相互交换是形成自然地理环境的机制。

·苏联 И. В. 斯大林提出苏联共产主义建设伟大纲领，包括后来被称为的"斯大林自然改造计划"。斯大林自然改造计划为地理学提供服务国家目标的平台和机会，使地理学特别是自然地理学得到很大发展。

·苏联地理学会莫斯科分会开始编撰论文集《地理学问题》。

·苏联 Н. Н. 巴朗斯基发表"地方志、自然地理和经济地理"。阐述综合性地理著作和综合研究的重要性和必要性以及实现综合地理途径。

·苏联 Н. Н. 巴朗斯基提出借鉴美国研究进行苏联城市分类。

·法国 R. 卡波—雷伊《大陆交通地理学》出版。

·中国任美锷《建设地理新论》出版，翁文灏作序。该书指出经济地理学与经济建设密切相关，其应用可以称为"建设地理学"。首次把阿尔弗雷德·韦伯的工业区位论等中心地理论介绍到中国。1947 年列入《新中学文库》。

- 苏联 Л. С. 贝尔格《俄国地理发现史论》出版。
- 苏联 Л. С. 贝尔格《全苏地理学会百年史（1845—1945）》出版。
- 中国的中国地理研究所王德基、薛贻源《汉中盆地地理考察报告》在《地理专刊》发表，为重要的区域地理著作。
- 中国王德基系统阐述"地理区域"概念。
- 中国卢鋈《中国气候图集》出版。
- 中国李春芬应竺可桢校长之邀开始任浙江大学史地系教授。开设"地学通论""北美地理""地理学史""聚落地理"等课程。
- 中国的中国地理研究所改属中华民国教育部。
- 中国地理研究所完成《嘉陵江流域地理考察报告》。上卷主要为自然地理，下卷主要为人文地理。主要作者李承三、周廷儒、郭令智、高泳源等。
- 苏联完成《1∶100万苏联地图》。
- 法国出版法国国家地图集。
- 中国张其昀在其《人生地理教科书》中提出和阐述中国综合地理区划方案。
- 英国克利福德·达比在利物浦大学发表就职演说"地理学的理论与实践"并出版。中国侯仁之将其翻译成中文并发表在1947年3月18日《益世报·史地周刊》上。
- 中国严耕望开始研编《唐代交通图考》。1985年中国台湾地区出版五卷本《唐代交通图考》，2007年上海古籍出版社出版六卷本《唐代交通图考》，为历史地理著作。他1970年当选为中国台湾地区"中央研究院"院士。
- 中国周廷儒留学加利福尼亚大学伯克利分校，师从卡尔·奥特温·索尔。
- 中国周立三在美国威斯康星大学进修。之前在中山大学曾跟随德国教授学习地理学。
- 中国刘恩兰到美国讲学，并考察印第安人。
- 中国侯仁之留学英国利物浦大学，师从克利福德·达比学习历史地理学。1949 年获博士学位。博士论文为《北平历史地理》，2018 年中文版出版。

· 中国赵松乔开始留学美国克拉克地理研究院大学。1948 年获博士学位。

· 英国约翰·希克斯提出和阐述绿色 GDP。后成为地理研究工具。

· 盟军总司令部发布命令，清除曾用政治地理学支持政府的地理学家。

· 美国完成拉丁美洲地图。

· 世界上第一台计算机 ENIAC 在美国宾夕法尼亚大学制造出来。深远影响地理学和地理学家。

· 中国兰州大学设地理系。首任系主任王德基。

· 中国中华民国内政部设置方域司。地理学家傅角今任司长。地理学者开始参加各级政区更置、国界勘定和地图审定等方面工作。后聘请西北大学地理系郑资约为专门委员。

· 中国黄秉维率员开展长江三峡库区淹没经济损失调查。主要参加人员有施雅风、蔡钟瑞、吕东明、钟功甫和黄秉成等。

· 英国罗宾·乔治·科林伍德《历史的观念》出版。1994 年增订本出版。为科林伍德的历史哲学论文集。深远影响地理学和地理学家特别是地理学思想史和地理学思想史学家。2010 年中译本出版。

· 苏联科学院设立道库恰耶夫金质奖章和奖金。

· 中国李旭旦受邀开始（至 1947 年）在美国马里兰大学地理系任访问教授。对研究生班讲授中国地理和经济地理等课程，指导该系研究生。后完成的"中国地理区之划分"发表在《美国地理学家协会汇刊》。该文将自然地理要素和人文地理要素综合起来进行中国综合地理区划。

· 澳大利亚国立大学成立。之后在太平洋研究院（后改称亚太研究院）下建立地理学系。至 20 世纪 60 年代，高度重视综合地理学和经验主义传统。

· 广东省文理学院成立地理系。

· 美国提出"大数据"概念及术语。之后深远影响地理学和地理学家。

・中国的中国地理研究所改署教育部和中英文教基金会。林超开始担任所长。

公元1947年

・苏联科学院生产力研究委员会完成全国自然地理区划。也称"苏联自然历史区划"。出版主要为农业生产服务的四卷本《苏联自然（自然历史）区划》，包括《苏联自然历史区划》《苏联地貌区划》《苏联地植物区划》《苏联水文区划》。1954年开始第二阶段。

・苏联科学院生产力研究委员会完成的《苏联自然历史区划》中提出和使用自然历史地带（即自然地带）、自然历史区域（即自然区域）、自然历史省、自然历史州、自然历史区等自然历史区划等级单位。

・苏联C. B. 卡列斯尼克的《普通自然地理学原理》由俄罗斯苏维埃联邦社会主义共和国教育部教育出版社出版。经由苏联高等教育部审定作为综合性大学和师范学院的地理系的教科书。1955年出版修订本。1954年第一版中译本以《普通地理学原理》为书名出版，1957年和1958年第二版中译本以《普通地理学原理》为书名出版。

・苏联C. B. 卡列斯尼克明确提出和系统阐述自然地理环境的整体性、变动性、发展的连续性、结构的地带性。

・苏联C. B. 卡列斯尼克提出和阐述自然地域分异的地带性因素和非地带性因素及其二者的对立统一，自然地理区划要同时注意到地带性原则和非地带性原则的对立统一。

・德国C. 特罗尔发表"1933—1945年的德国地理学：评论与辩护"。

・苏联K. K. 马尔科夫完成《苏联地貌区划》。

・德国阿福雷德·赫特纳遗著《人文地理学》（也称《人的地理学》）开始陆续出版。包括《人文地理学基础》《运输地理学》《经济地理学》三卷。

・苏联M. C. 波德纳尔斯基《俄国地学史论》的第一卷出版，内容为12—19世纪的地学史。

· 中国田世英《地理学新论及其研究途径》出版。提出和系统阐述地理学的综合性和区域性等特点，阐述地理研究方法论即"分析、综合、比较"。

· 中国张丕介《经济地理学导论》由商务印书馆出版。

· 中国王维屏《中国政治地理》出版。

· 英国 F. 马卡姆《气候与国力》出版。

· 美国 J. K. 莱特《地理学中物象空间》出版。提出和阐述个人的知觉世界与现实行为之间的关系。

· 美国约翰·K. 赖特发表"未知领域：构想在地理学中的地位"。提出"地理知识论"概念和"地理观念"概念。

· 美国奥尔多·利奥波德《沙乡年鉴》出版。明确提出和系统阐述"大地伦理学"人地关系的理论。

· 中国内政部方域司司长傅角今主编"方域丛书"开始出版。

· 中国张其昀《中国人地关系概论》出版。

· 中国徐俊鸣《中国历代统一之地理观》出版。

· 中国郑资约《南海诸岛地理志略》出版。为傅角今主编的"方域丛书"中的一卷。

· 美国乔治·葛德石《中国的地理基础：土地及其民族概论》的《分论》卷中译本出版。书名为《中国区域地理》。

· 苏联 E. M. 拉甫林科等《苏联地植物区划》出版。该著作在三级区划单位上将苏联划分为 374 个植物地理州。

· 中国翻译出版《苏联国力的基础》中文本。

· 中国傅角今《世界经济地理》出版。为"世界经济丛书"中的一卷。

· 中国傅角今（时任内政部方域司司长，地理学家）组织召开西沙、南沙群岛范围及主权确定与公布会议。

· 中国任美锷阐述地理学的学科体系。他认为："地理学是一门综合的科学，内容分自然地理和人文地理两大部门，前者包括地形学、气候学、水文学、土壤地理、生物地理等，是一切地理学的基础；后者则分政治地理、经济地理、社会地理、历史地理等。地理学一方面与许多自然科学和应用科学，如地质学、气象学、生物学、测量学、绘图学等有关，他方面又与政治学、经济学、社会学和历史等人文科学，发生密切的联系。"

· 中国大学设置的地理研究机构有中央大学理学院地理学研究所、浙江大学文学院史地研究所、史地教育研究室、东北大学理学院地理学研究所、清华大学理学院地学研究所。

· 中国第一个省级民族自治地方"内蒙古自治区"建立。

· 中国王庸《中国地理图集丛考》出版。1956年再版。

· 苏联 Л. C. 贝尔格《气候与生命》出版。1991年中国出版中译本。

· 加拿大矿产资源部成立地理处。1950年地理处升级为分支机构。

· 德国杜梅勒出版社《地理学》创刊。

· 中国地理学会在上海召开年会。讨论中学地理课程问题。

· 中华地理教育研究会成立。专门研究中学地理教育问题。中华地理教育研究会是上海地理教育研究会对外交流时的名称。

· 苏联联共（布）中央指出先进的农业应该"按照农业生产的地带性来建设"。地理学的地带性思想深远影响国家发展战略、规划和计划。

· 法国《地理学报》创刊。

· 瑞典 T. 帕兰德开始在瑞典乌普萨拉大学任教授。之后因他在经济区位论方面的贡献，该大学特设帕拉德奖，以表彰这位优秀的区域经济地理学者。

· 中国浙江大学成立地理研究所。主任为张其昀。

· 中国鲍觉民应英国文化协会邀请赴英国讲学，并奉命考察英国土地利用工作等。

· 中国任美锷《建设地理新论》（1946年出版）列入《新中学文库》。

· 南太平洋委员会成立。1998年改为"太平洋共同体（SPC）"。深远影响世界地理格局。

公元 1948 年

·法国伊曼努尔·德·马东《自然地理学通论》出版。

·苏联 A. A. 格里高利耶夫提出和阐述"地理圈是大气圈、岩石圈、水圈、生物圈相互作用和在很大程度上也是相互渗透的区域，以及发生在这些圈中的能量从一种形式向另一种形式转化的区域。正是这种渗透，地理圈才成为生命的唯一的基础和生命的最高形式即具有意识的人类活动场所"。

·中国李春芬发表"现代地理学及其展望"。阐述"地理学研究对象"是"地球表面"，并指出这个面是"三度空间"，是"水陆气三界的交错地带，即是土地空气阳光和生命聚合体的面体"。

·中国任美锷在《科学》发表"最近三十年来中国地理学之进步"。该文和张其昀 1935 年在《地理学报》上发表"近二十年来中国的地理学之进步"系列论文等暗含和提出竺可桢在中国近现代地理学中的宗师地位。

·苏联 A. A. 格里高利耶夫提出和构建"地理地带性周期律"。后与 M. N. 布迪科等不断深入研究和系统表述。

·苏联 H. H. 科洛索夫斯基明确提出、系统阐述和使用地域生产综合体概念及其术语和理论。也称生产地域综合体。之后 B. B. 基斯丹诺夫补充完善。苏共代表大会使用和重视地域生产综合体，深远影响苏联经济地理研究及经济布局。这一理论深远影响中国 20 世纪 50—80 年代计划经济时期工业基地建设规划布局和区域经济地理学。

·苏联至 1950 年研究和阐述改造自然问题特别是向干旱区进军的一系列著作问世。

·法国加洛瓦等人完成《世界地理大全》。为现代区域地理学经典著作。

·苏联 K. K. 马尔科夫《地貌学基本问题》出版。

·美国 E. M. 胡佛发表"经济活动区位"。

·中国竺可桢、卢于道等的文集《科学概念新篇》出版。为科学哲学著作。

- 中国竺可桢《地理学家徐霞客》出版。
- 英国 H. L. 彭曼提出和阐述后来被称为"彭曼蒸发公式"。该公式为水面蒸发计算公式。
- 中国徐特立阐述经济地理学主要研究物资分布和利用，政治地理学主要研究物资占有关系。
- 中国中央研究院选出第一批院士。竺可桢、顾颉刚为院士。
- 中国赵松乔提出和阐述中国的综合地理界线"腾冲—瑷珲"线。
- 中国赵松乔完成博士论文《中国地理区域：它们的构成因素和主要特征》。该文综合考虑气候、地貌、水文、土壤、植被等自然地理要素和种族（民族）与人口等人文地理要素，以"腾冲—瑷珲"线为界线将全国划分为大东南和大西北两大区域，再下分 7 组和 23 个地理区。
- 美国哈佛大学停办地理系。地理学学科的合法性合理性受到质疑。之后耶鲁大学等大学也停办地理系。英国、加拿大和苏联等国家的地理系也受到不同程度的影响。但哈佛大学的地理研究依然继续。
- 德国 C. 特罗尔系统阐述自然地理环境三维地带性。
- 苏联提出和制订斯大林改造自然计划。该计划为苏联国土开发巨型规划，是人地关系地域系统协调共生的巨型工程，是综合地理工程。主要包括改良农业、营造防护林、灌溉系统、改造内河水系和利用河流发电等。苏联地理学特别是自然地理学发挥重大作用，也因此获得巨大发展。
- 美国出版具有可持续发展思想的《被剥削的地球》和《生存之道》。在 20 世纪 50 年代曾被中国某些地理学学家批判。
- 苏联通过在森林草原和草原地区植造护田林带计划。地理学家特别是 B. B. 道库恰耶夫思想深远影响苏联国家发展规划。
- 苏联 A. Г. 伊萨钦科明确提出和系统阐述自然地理综合体的等级系统，从低级到高级包括相、县区、地方等。
- 中国傅角今著《重划省区论》。系统阐述"缩省"方案。在划省原则上，主张以自然地理特征、历史因素及经济发展远景特征。省区数目亦较当时 30 省为多，每一新省区，皆概述位置、境界、地理特征，并附一简图。在此期间，中国地理学家胡焕庸、黄国璋、洪绂、谌亚达、张其昀等均论述过"缩省"问题。

- 中国李春芬阐述自然资源考察方法论，提出"先观察后推理，先分析后综合"。
- 中国丁山发表"地理与中华民族之盛衰"。为丁山著《中国通史》第一章。
- 中国孙敬之发表"地理教学应该注意到几个问题"。阐述地理与政治之间的关系。开始探讨建立马克思主义地理学。
- 美国 R. S. 普拉特发表"地理学中的地理（环境）决定论"。
- 英国汤姆逊《古代地理学史》出版。1953 年苏联出版俄文版。
- 美国 R. H. 布朗《美国历史地理》出版。
- 中国翻译出版中文本《苏联力量的基础》。
- 中国邹豹君《欧洲地理》出版。
- 中国葛绥成《地理丛谈》出版。
- 苏联《苏维埃地理学成就（1917—1947 年）》出版。
- 在瑞典工作的埃德加·康德撰写"关于社会学的地方主义、社会时间与社会空间"。阐述社会时间和社会空间概念。
- 中国青年互助总会发表《大学理学院地理学系、师范学院史地学系之性质、目的》，系统阐述地理学科和地理课程以及地理教育目的。
- 东北师范大学设史地科。1949 年设地理系。张子桢为首任系主任。
- 中国曹婉如毕业于金陵女子大学，为刘恩兰的学生。
- 美国诺伯特·维纳《控制论》（全名《控制论——关于在动物和机器中控制和通讯的科学》）出版。是第四次科学革命的重要标志。深远影响地理学和地理学家。
- 国际自然保护联盟成立。后变更为世界自然及自然资源保护联盟、世界保护联盟等。与地理有关的国际组织。
- 美洲国家组织成立。深远影响世界地理格局和世界地理研究。
- 国际卫生组织（WHO）成立。与地理有关的国际组织。
- 联合国通过《世界人权宣言》。深远影响地理学和地理学家。
- 南非国民党开始施行种族隔离政策。最初的隔离包括三个地理空间尺度即人身、城镇居民区和国家。影响地理格局和地理学研究。

公元 1949 年
- 第 16 届国际地理大会在葡萄牙里斯本举行。
- 中华人民共和国成立。新中国领导人根据中国地理和世界地理知识规划、设计和不断完善中国发展空间格局。深远影响中国乃至世界的地理格局。深远影响地理学发展和地理学家。
- 中国林超代表中国地理学会参加第 16 届国际地理大会。
- 中国地理学会成功申请为国际地理联合会会员国，后中断，1984 年恢复会员国。
- 苏联《苏联大百科全书》第二版开始陆续出版。至 1958 年出版 51 卷。内含丰富的地理学与地理相关内容。苏联 A. A. 格里高利耶夫撰写"地理学"条目。
- 中国科学院成立。竺可桢被任命为副院长。中国周立三、刘恩兰、李旭旦、任美锷、朱炳海、施雅风、吴传钧、赵松乔、高泳源等联名给竺可桢致信，建议在中国科学院中筹建中国科学院地理研究所。
- 中国的原中国地理研究所正式收入中国科学院。
- 苏联科学院组织规模巨大的种植防护林综合考察团。
- 苏联 A. A. 格里高利耶夫主编论文集《为美帝国主义服务的资产阶级地理学》出版。
- 苏联谢苗诺夫发表"为美帝国主义服务的法西斯政治地理学"。
- 中国孙敬之在《人民日报》发表"人民地理教师怎样贯彻思想政治教育"。
- 美国福格特《生存之路》提出"区域承载力"概念。
- 阿根廷普雷维什提出和阐述中心—外围概念和理论。深远影响地理学。
- 国际地理联合会成立世界土地调查委员会。
- 英国开始全国土壤调查。
- 苏联 B. H. 苏卡乔夫明确定义生物地理群落概念。他阐述道："地球表面凡是这样的地段都是生物地理群落，那里生物群落和与其相适应的大气圈、水圈、土壤圈的部分在一定范围内维持着相同的、有同一特点的彼此相互作用，因此共同形成一个统一的、内部互相制约的综合体。"具有鲜明的自然地理环境要素整体性思想。

·美国乔治·齐普夫提出和阐述城市规模及其排序的方程即等级—规模方程。之后被称为齐普夫法则。

·法国奥特维勒提出"荒漠化"概念。1994年《联合国防治荒漠化公约》给出荒漠化的新定义。

·中国钱今昔《新哲学的地理观》出版。

·中国王守礼《新经济地理学》出版。

·美国翻译出版苏联巴朗斯基等1940年著俄文版《苏联经济地理》的英文版。

·苏联出版亚历山大·伊凡诺维奇·沃耶科夫论文集《人类对自然界的影响》。

·苏联 В. Н. 苏卡乔夫《斯大林改造自然计划》出版。从地理学角度介绍斯大林改造自然计划。

·苏联《苏联历史地图集》开始出版。

·苏联 Л. С. 贝尔格《俄罗斯地理发现史概论》出版。

·苏联 И. П. 马格道维奇《地理发现史概论》出版。

·苏联 А. В. 叶菲莫夫《俄国人在太平洋探险史纲》由苏联武装部出版社出版。

·苏联 А. В. 叶菲莫夫《伟大的俄国地理发现史纲》出版。

·日本出版由美国爱德华·阿克曼指导的《日本自然资源：全面的调查》。

·中国编纂完成《南沙群岛区域地理志》。

·美国地理学家协会《职业地理学家》创刊。

·第一次世界自然资源利用大会召开。

·联合国开始编辑和出版《联合国统计年鉴》。之后不断编辑和出版。

- 苏联部长会议决定将苏联中央地理观象台命名为"A. N. 沃耶科夫地理观象台"。
- 中国张其昀根据台湾的地理条件提出国民党当局撤退至台湾建议被采纳。
- 国际地理联合会根据英国土地利用研究及制图经验成立了世界土地利用调查委员会。
- 中国的人口城镇化率约为百分之十。
- 中国中央大学改称南京大学。重新组建南京大学地理系。
- 中国北京举行地理学者座谈会。黄国璋主持,竺可桢、张星烺、任美锷、周立三等20余人参加。竺可桢提出中央研究院和北平研究院将来改为国家或人民研究院,应包括一个地理研究所。
- 中国有关出版社开始出版"新中国百科丛书"。陆续出版《英国》《美国》等国家系列、《西北》等中国地区系列、《地震》等自然专题系列。
- 国际组织"北大西洋公约组织(NATO)"成立。简称"北约"。其实现该理论基础是1924年英国哈尔福特·麦金德提出和阐述"大西洋共同体"概念。深远影响世界地理格局和世界地理研究。
- 中国根据政治经济区域差异建立六大行政管理区即东北、华北、华东、西南、中南和西北大行政区并开始施行,每个大行政区辖数省。至1954年撤销大行政区。深远影响中国地理格局和中国地理研究。
- 中国浙江大学地理学成立。由原史地系分开。
- 中国的中央大学、北京师范大学、中山大学、清华大学、浙江大学、西北大学、东北大学、金陵女子文理学院、四川大学等设有地理系。
- 欧洲委员会成立。也称欧洲理事会。深远影响世界地理格局。
- 巴黎统筹委员会成立。简称"巴统"。深远影响世界地理格局。

20世纪40年代

- 苏联地理学家提出和阐释以及使用综合考虑热量和水分的综合指标——辐射干燥指数。这一指数之后成为自然地理综合研究的重要工具。

- 中国在 1949 年年底进行全国科学专家调查。其中地理学方面专家 77 人，大多集中在各高等院校的地理系中。
- 中国广东省立文理学院地理系开设聚落地理学。梁溥讲授。
- 中国开始现代冻土学研究。

第六节　地理学年表:公元 1950—1959 年

公元 1950 年

- 中共中央召开全国自然科学界人士会议。商讨建立全国科学联合会及有关科普组织等。在这次会议上，中国地学会和中国地理学会商定组成新的全国性学会。
- 新的中国地理学会成立。中国地学会（1909 年成立于天津）与原来的中国地理学会（1934 年成立于南京）合并为现在的中国地理学会。推举黄国璋为理事长。中国地理学会成立的时间可追溯到 1909 年。至 2019 年已设立奖项十余项。
- 美国成立国家科学基金委员会（NSF）。其任务是通过对基础科学研究计划的资助，改进科学教育，发展科学信息和增进国际科学合作等办法促进美国科学的发展。主要包括基础研究计划、科学教育计划、应用研究计划、科学政策计划和国际合作计划等。后资助地理学研究，是地理学研究与发展的最重要支持机构。
- 美国成立国家科学委员会（NSB）。深远影响地理学及地理研究。
- 美国成立国家科学基金会（NSF）。之后支持地理学研究。
- 中国科学院决定组建各个专业委员会。为介于科学研究机构和行政管理部门之间的一种松散建制，大多为临时性组织。
- 苏联 И. И. 伊凡诺夫·欧姆斯基《历史唯物主义论地理环境在社会发展中的作用》由苏联国家政治书籍出版局出版。包括绪论、关于地理环境在社会发展中的作用的资产阶级理论的批判、地理环境对人类社会发展的影响以及社会对地理环境的影响、资本主义社会对地理环境的影响、社会主义社会对地理环境的改造和利用。

- 苏联 H. A. 宋采夫提出和阐述几乎所有著名的俄国自然科学家都跟地理科学有某种联系的观点和思想。
- 美国 R. 哈特向提出和阐述政治地理学研究方法和研究范式——政治地理学应当研究政治区域内的区域异同，强调向心力和离心力对政治单元的综合作用。
- 美国在人口普查时提出和使用城市化地区概念及术语。
- 苏联科学院开始（至 1951 年）组织苏联地理学家以及有关学科专家，参加苏联政府关于在苏联干旱地区改造自然和经济的伟大计划的决定。
- 中国科学院计划局召开八次科学家座谈会。王成组、周立三、竺可桢、涂长望、胡焕庸、曾世英、黄秉维、黄国章、赵九章等（注：按会议综述中名单顺序）先后参加。
- 美国《科利尔百科全书》开始出版。后多次再版。包括地理学和区域地理等知识。
- 中国政务院批准设立学术名词统一委员会。进行统一与审定自然科学名词工作，包括地理学名词。一些地理学家被聘为工作委员会委员。
- 中国地理学名词术语工作进行到《自然地理初审本》和《人文地理初审本》的整理阶段。
- 中国科学院成立中国科学院地理研究所筹备处。竺可桢任主任。
- 中国侯仁之发表"中国沿革地理课程商榷"，阐述"历史地理"与"沿革地理"之异同和历史地理学的性质和任务。
- 中国徐近之在中国《地理学报》发表"国际地理大会历次概况"。该文引起讨论。
- 苏联 И. И. 伊凡诺夫－欧姆斯基《历史唯物主义论地理环境在社会发展中的作用》出版。
- 中国孙敬之《地理学与地理教学》出版。
- 中国孙敬之在其"人与自然相互关系的几点认识"中阐述人地关系思想。
- 中国孙敬之等部分地理学工作者发起组织地理学"双周座谈会"。

"双周座谈会"大致每两周举行一次,先后举行20多次。

·中国徐特立(时任中共中央宣传部副部长)曾参加地理学"双周座谈会"部分活动,并就地理学问题进行阐述。

·联合国教科文组织提出三大人种划分方案。

·法国弗朗索瓦·佩鲁在其"经济空间:理论与应用"中开始提出和阐述增长极理论。之后逐渐成为地理学特别是经济地理学分析工具。

·苏联开始出版综合性海洋地图集(共3卷),至1963年出齐。

·中国李四光回国。任美锷组织南京地理学界欢迎李四光并座谈,请教李四光如何发展中国地理学。李四光认为,要掌握正确的科学研究方法,抓住有代表性的典型地区深入反复研究是很重要的经验等发展地理学的方法论。

·中国开始选译《苏联大百科全书》有关条目,并由多家出版社出版。

·美国"麦卡锡主义"一词出现。美国参议院开始调查包括地理学家在内的科学家在国外的研究。1954年美国麦卡锡主义运动达到高潮。

·苏联 Ю. К. 叶夫列莫夫提出和使用地球景观壳概念。

·中国胡焕庸开始(至1952年)在中国的治淮委员会工作。

·法国罗贝尔·舒曼提出和阐述"超国家"概念。

·苏联 A. M. 斯米尔诺夫在《哲学问题》上发表"论地理科学的基础"。

·苏联 A. M. 斯米尔诺夫批评苏联地理学的著作出版。他认为苏联地理科学的发展并没有立足于为过去伟大的俄罗斯唯物主义地理学者奠定基础的真正科学成就之上,却受到资产阶级理论的强烈影响。

·《世界气象组织公约》正式生效。

·中国和苏联签订《中苏友好同盟互助条约》并开始施行。深远影响中国地理格局和世界地理格局以及中国地理研究和世界地理研究。

·中国《人民日报》在1950年和1952年先后重新发表毛泽东的《实践论》和《矛盾论》。中国开始学习"两轮"热潮。中国地理学及其工作者运用"两论"研究地理问题。

・中国抗美援朝开始，到1953年《朝鲜停战协议》签订。提升中国国际地位，深远影响世界地理格局和世界地理研究。

・美国斯克里普斯海洋研究所开始发起至1958年主持了包括北太平洋在内的一系列调查。是联合调查的先声。

・中国吕炯发表多篇海洋气候研究论文。

・中国第一个地市级民族自治地方西康省藏族自治区建立。之后中国建立多个地市民族自治地方。深远影响民族地理研究。

・中国第一个县级民族自治地方甘肃省天祝藏族自治区建立。之后中国建立多个县级民族自治地方。深远影响民族地理研究。

・中国开始系统的民族识别工作。为民族地理研究奠定基础。

・中国开始系统的民族语言调查工作。为语言地理研究奠定基础。

・中国清华大学和竺可桢商量后聘请林超任清华大学地学系地理组组长。

・中国科学院地理研究所（筹备处）接受铁道部任务，派员参加成渝铁路等路线选线调查等方面的工作。

・中国《中国科学》创刊。之后创刊《中国科学·地球科学》。

・中国湖南大学设地理系。首任系主任为曹廷藩。

・中国山东师范大学设地理系。其前身为山东师范学院史地系。

・中国河南大学设地理系。其前身为创始于1923年的河南大学地学系。首任系主任为冯景兰。

・中国《地理知识》创刊。最初为具有学术性的科学杂志，后为科普大众杂志。

・德国社会统一党全体会议决议中把德国亚历山大·冯·洪堡列为德国引以为豪的人物。在此前后命名洪堡河、洪堡山脉和洪堡洋流等。

・中国开始筹建全国科学联合会。

公元1951年

・美国R.哈特向提出地理学定义。地理学是提供对地球表面各种不同特征进行准确、有序及合理描述和解释的学科。

·苏联地理学会自然地理部与列宁格勒大学地理系的哲学研究班举行两次会议，讨论斯大林语言学著作与苏联自然地理一些理论问题的关系。属于地理学特别是自然地理学哲学范畴。

·苏联 И. П. 格拉西莫夫发表"地理学在苏联社会主义建设中的作用及其现代发展趋势"。他阐述道：科学地理知识的发展与其他自然科学和社会科学的发展密切相关。一方面，地理学针对自己的目的广泛利用其他学科的成就，并且在这种相互联系中不断用新的学术思想和方法丰富自己。另一方面，在研究自然科学和社会科学各种普遍性和局部的学术问题时也广泛利用地理学中的事实和法则。

·苏联 И. П. 格拉西莫夫发表"苏联地理学家在参加斯大林改造自然计划中的任务"。其中之一是系统阐述地理学"不仅需要应用一切已经积累的科学资料，而且还要在本质上来加以补充和扩大，专门研究一系列新问题，用许多新的工作方法来充实近代科学的地理研究"。

·苏联 Н. Н. 巴朗斯基《区域地理调查组织中的地理学原理》出版。

·苏联 Ю. Г. 萨乌什金《苏联伟大的改造自然工作》出版。系统介绍和阐述苏联 20 世纪 20—50 年代改造自然的人地关系地域系统协调共生工程。1952 年中译本第一次印刷。

·德国赫尔曼·劳藤萨赫开始系统阐述他的区域地理理论。其核心观念是，地理学是用发生、因素和作用的观点来研究地球上的地区，包括主要用于普通地理学的分析研究法和主要用于区域地理学的综合研究法。

·美国开始进行"土壤系统分类"研究工作。于 1960 年完成和提出"土壤系统分类第七次草案"。

·苏联斯米尔诺夫在《全苏地理学会刊》发表"关于地理学理论问题的若干错误观点"。

·苏联科学院组织地理学等学科专家考察咸海里海的考察团。为国家发展计划服务。

·苏联科学院组织地理学等学科专家考察苏联东南部的考察团。为国家发展计划服务。

·中国科学家开始独立自主考察青藏高原。中央人民政府向西藏派出了一支地质、地理、气象、水利、土壤、植物、农业、牧业、社会、历史、语言、文艺和医药卫生等专业在内的西藏工作队。对西藏自然条件、自然资源及社会人文状况等进行了近3年的考察研究。1956年《国家十二年科学技术发展规划》把青藏高原综合考察列为重点项目。1972年中国科学院制定了《青藏高原1973—1980年综合科学考察规划》。1973年组建了中国科学院青藏高原综合科学考察队。20世纪80年代编辑出版"青藏高原科学考察丛书"。

·中国王勤堉提出将"额非尔士峰（或埃弗勒斯峰）"正名为"珠穆朗玛峰"名称建议。次年中国恢复使用珠穆朗玛峰名称。

·中国《人民日报》刊载中国王勤堉提出将"额非尔士峰（或埃弗勒斯峰）"正名为"珠穆朗玛峰"名称的建议。

·中国人民大学成立经济地理教研室。

·中国人民大学完成《经济地理学》（孙敬之主编）。后被教育部指定为全国大专院校地理专业参考教材之一。

·中国人民大学经济地理教研室开始开设经济地理研究生班。

·中国孙敬之《地理学的阶级性》出版。

·苏联 B. H. 谢缅托夫斯基发表"关于自然地理学家的专业面"。阐述地理学内部过分专业化问题和地理学的理论薄弱问题。

·苏联全苏地理协会经济地理部组织讨论"斯大林的著作《马克思主义与语言学问题》与经济地理的任务"。有19人发言。

·苏联《哲学问题》发表"地理学最重要的方法论问题""论自然地理学的对象与方法""论地理科学问题"。

·苏联《全苏地理学会消息》发表"论地理学理论问题中的错误观点"。

·苏联《地理教学》发表"加里宁论地理教学"。

·澳大利亚格里菲斯·泰勒《20世纪的地理学》出版。后多次再版。

·英国 G. 塔桑发表"19世纪的地理学"。

·澳大利亚格里菲斯·泰勒提出和阐述人地关系论即以"自然地理

环境给人类社会提供最初'基本框架'"为核心思想的"新地理环境决定论"。

- 美国 A. 斯特拉勒《自然地理学》出版。
- 苏联 B. A. 奥勃鲁契夫《亚洲地理著作选集》（第 1—3 卷）出版。
- 利奥·巴格罗《绘图学史》出版。
- 描述城市人口密度梯度的负指数函数模型由克拉克提出并阐述。
- 苏联《经济学问题》出版文集《为美帝国主义服务的资产阶级地理学》。
- 加拿大地理学家协会成立。出版物为《加拿大地理学家》。
- 中国李旭旦在中国地理学会南京分会作《美帝侵略的地理思想》报告。
- 苏联科学院地理研究所完成论文集《为美帝服务的资产阶级地理学》。次年，中国出版中文本。
- 苏联 H. H. 巴朗斯基的中学地理教科书《苏联经济地理》获斯大林奖金。该教科书的前期基础是他 1925 年完成的、体现苏联国家计划局观点的著作《苏联区域经济地理教程》。
- 苏联 И. A. 维特维尔的大学地理教科书《外国经济地理》获斯大林奖金。之后中国三联书店以《世界经济地理》为书名出版中文版。
- 中国华东师范大学设立地理系。首任系主任李春芬。
- 中国华南师范大学设地理系。其前身为 1933 年创建的勷勤大学博地系和 1946 年成立的广东省文理学院地理系。
- 世界气象组织（WMO）成立。其前身是国际气象组织（IMO）。成为联合国专门机构。是与地理有关的国际组织。
- 中国褚绍唐《新中国地理》出版。把全国分为 12 个自然经济区。1953 年苏联莫斯科外文出版社出版俄文本，1957 年日本古今书院出版日文本。

公元 1952 年
- 第 17 届国际地理大会在华盛顿举行。
- 中国科学院完成《中国科学院 1953 年工作计划（草案）》。该工作计划中将国家自然条件和自然资源的调查作为第一项重要工作。深远影响中国的地理科学发展。

·中国、匈牙利、波兰和罗马尼亚等被终止国际地理联合会会员国资格。

·德国奥托·施吕特尔三卷本《早期欧洲聚落区域》开始陆续出版。

·美国卡尔·奥特温·索尔发表"农业的起源与传播"。阐述核心问题之一是文化扩散。

·苏联 И. В. 斯大林《苏联社会主义经济问题》出版。中国 1961 年出版中译本。该著作阐述人地关系形成具有一定代表性的马克思主义人地关系综合理论。该理论主要包括：人们如果认识了自然法则，估计到它们，依靠它们，善于应用和利用它们，便能限制它们发生作用的范围，把自然的破坏力引导到另一方向，使自然的破坏力转而为社会造福。

·苏联科学院院长涅米扬诺夫致函中国科学院院长郭沫若，提出苏联与中国联合编纂《中华人民共和国地理志》意向。10 月获得中华人民共和国政务院批准，中苏开始联合编纂。

·苏联 Л. С. 贝尔格《苏联自然地带》出版。

·苏联 Ю. А. 日丹诺夫《人类对自然过程中的作用》出版。

·美国 A. 克罗伯和 C. 克鲁克洪《文化：概念和定义的回顾》出版。在对 164 个文化定义评论的基础上，提出和阐述文化的概念及其定义。认为"文化是通过符号而获得，并通过符号而传播的行为模型，这种模型有显型的和隐型的。其符号也像人工制品一样体现了人类的成就。在历史上形成和选择的传统思想，特别是其所代表的价值，是文化的核心，文化系统一方面可以看作是行动的产物，另一方面又是进一步行动的制约因素"。

·澳大利亚 O. H. K. 斯帕特提出和阐述作为人地关系论之一种理论的"地理环境或然论"，很多文献表述为"或然论"。这一理论观点介于"地理环境决定论"和"地理环境可能论"这两种理论之间，发展了"地理环境可能论"。

·英国克利福德·达比等《清册地理》（共 7 卷）开始陆续出版。

- 苏联全苏地理学大会决议认为自然地理学的研究对象是自然地理环境，以及各部门地理学之间的相互联系。
- 苏联 И. П. 格拉西莫夫发表"苏联科学院地理研究工作的任务"。针对如何发挥地理学在完成斯大林改造自然计划中的作用，系统阐述地理学的国家任务。
- 苏联 А. Д. 哥热夫在《哲学问题》上发表"论地理环境"。
- 苏联 Ф. Я. 基林在《哲学问题》上发表"论统一地理学"。
- 苏联 В. Т. 沙伊奇柯夫在中国地理学会南京分会发表"苏联地理学家在参加斯大林改造自然计划工作中的任务"。
- 苏联 И. М. 查别林发表"地理环境、地理自然综合体与自然地理科学体系"。认为作为统一科学的地理学是不存在的，自然地理学是一门关于地理环境发展的最一般规律和关于人类社会与地理环境相互关系的科学。
- 美国 A. H. 克拉克编纂《美国地理学：现状和前景》，之后出版。
- 美国卡尔·奥特温·索尔阐述文化地理学中的重要概念"文化核心"。认为文化核心是通过反映了包括气候和植被在内的自然资源的适宜环境的组合而出现的，具有鲜明的人地关系思想基础。
- 中国徐世珍译编的《地理学的任务和方法论问题》出版。文献来自苏联。这些文献政治性很强。
- 中国黄秉维开始编制《黄河中游侵蚀分区图》。之后，中国罗来兴、朱震达主编《黄土高原水土流失和水土保持图（1∶100万)》。
- 中国的诸多大学普遍开始开设植物地理学等课程。
- 中国开始举办植物地理学等研修班。促进了中国植物地理学的发展。
- 中国《新建设》发表时任中央人民政府出版总署编审局地理组组长田世英"国际地理大会的透视——评徐近之'国际地理大会历次概况'"。同年，中国《地理学报》全文转载。
- 中国孙敬之在《人民日报》发表批评徐近之"国际地理大会历次概况"的文章。

- 中国孙敬之在《人民日报》发表"肃清地理学中的崇美思想"。
- 中国孙敬之在中国《地理学报》发表"对徐近之'国际地理大会历次概况'检讨的意见"。
- 中国徐近之在中国《地理学报》发表"我对于'国际地理大会历次概况'一文的检讨"。
- 中国《地理学报》编辑委员会就发表徐近之"国际地理大会历次概况"在中国《地理学报》发表"地理学报编辑委员会的检讨"。
- 中国教育部公布《关于翻译苏联高等学校教材的暂行规定》。中国翻译大批地理学教科书,深远影响中国地理学的发展。
- 苏联经济地理学家巴达绍夫应邀到中国人民大学经济地理教研室讲学。
- 中国成立国家计划委员会。次年开始工作。深远影响中国经济地理格局和中国地理研究。
- 中国开始院校、系、专业的调整。深远影响中国高校系统的地理研究力量布局。
- 中国北京大学创建地质地理系。清华大学地学系(包括教师和学生)并入北京大学,原燕京大学历史系部分教师加入。建系之初只设置自然地理专业。1978年地质系和地理系分别设立。
- 中国南京大学地理系与并入的原浙江大学地理系、四川大学地理学和金陵女子大学地理学部分师生组建新的南京大学地理系。
- 中国福建师范大学设地理系。其前身为创建于1907年的福建优级师范学堂史地专科。
- 中国山东师范大学设地理系。其前身是山东师范学院史地系。
- 中国西南师范大学设地理系。其前身是创建于1950年的西南师范学院史地系。
- 中国兰州大学地理系设立自然地理专业。1958年更名为地质地理系。
- 国际社会科学理事会(ISSC)成立。简称"国际社科联"。是与地理有关的国际组织。国际地理联合会积极参加该会活动。

公元 1953 年

·中国科学院院长郭沫若、副院长李四光等阐述科学规划。中国科学发展按科学计划发展成为中国科学的发展模式。深远影响中国的地理科学发展。

·中国高等地理教育开始全面"苏化"。深远影响中国高等地理教育。

·德国弗雷德·舍费尔发表"地理学中的例外论：一个方法论的检视"。批判《地理学的性质》。认为地理学的本质和所有科学一样在于寻找客观规律，而知识的生成必须从科学经验中来，在实践中检验。

·美国 R. H. 惠特克提出植被演替的顶级配置格局假说。

·澳大利亚格里菲斯·泰勒主编文集《二十世纪的地理学》第二版出版。

·苏联 A. Г. 伊萨钦科《自然地理学基本问题》出版。1958 年中译本出版。

·德国 E. 迈南和 J. 施米提森开始（至 1967 年）主编出版《德国自然区域手册》。该书按自然地域分异格局划分为不同尺度和不同类型的自然区域单元。

·苏联 M. C. 波德纳尔斯基《古代地理学》出版。

·中国地理学会召开中华人民共和国成立后的第一届全国代表大会。选举竺可桢为中国地理学会理事长，常务理事孙敬之、侯仁之、周立三、周廷儒、褚亚平、施雅风，理事 17 人。竺可桢在大会上作"中国地理学工作者当前的任务"的报告，后发表在《科学通报》《光明日报》上。

·中国竺可桢在《科学通报》《光明日报》等发表"中国地理学工作者当前的任务"。其中阐述和强调地理学基础理论研究的重要性，对于地理学研究中经常被动地按生产部门的要求从事具体任务的做法提出批评。

·中国为适应国家"一五"国民经济发展计划开始研究全国农业区划问题。农业部组织中国科学院和有关省区开展跨农学、林学、地理学、气候学、水利学、植物学和经济学等多学科综合研究。

·中国黄秉维发表"陕甘黄土区域土壤侵蚀的因素和方式",编制 1∶400 万黄河中游土壤侵蚀分区和水力、风力侵蚀地图。中国水利水保部门应用此图开展工作 60 余年。

·瑞典托尔斯坦·哈格斯特朗发表"作为一种空间过程的革新传播"。提出和使用"革新波"概念,是文化扩散的一种形式。

·苏联 A. Г. 伊萨钦科阐述"地理综合体都是由它的组成成分之间相互作用结果而形成,这种相互作用的性质也决定了地理综合体的结构,因而也决定了它的性质"和"它的各个组成成分本身及其相互作用的性质不断发展变化着"等观点。

·荷兰 J. H. 伯克提出"二元经济结构"即工业化部门和非工业化部门。之后,本杰明·霍华德·希金斯、W. A. 刘易斯等学者不断研究和发展。成为地理特别是经济地理分析工具。

·中国第一个"中华人民共和国国民经济和社会发展五年计划纲要"(简称"五年计划")开始编制与实施。后改称"五年规划"。地理学是主要支持学科之一,地理学家参加有关工作。2006 年成立国家发展规划专家委员会。深远影响中国产业和社会经济发展空间秩序、时间序列和动因机制,深远影响中国地理格局和中国地理研究。

·中国科学院编译局《自然地理名词草案(地形之部)》刊印。为之后研究与编制《地理学名词》的前期基础工作之一。

·中国李四光《中国地质学》中译本出版。张文佑翻译。该中译本将《中国地质学》英文本中的 19 个自然区中的蒙古草原自然区删掉,为 18 个自然区。施雅风批评这种处理。

·苏联 K. K. 马尔科夫在苏联《自然》发表"最新的地质时期——灵生纪"。

·英国克利福德·达比提出并阐述地理学与历史学结合起来的地理研究范式。曾在其"论地理与历史的关系"中论述历史地理研究的纵向专题法。

·中国总理周恩来在全国政协常务委员会所作报告《过渡时期的总

路线》中阐述中国优先发展重工业的产业发展战略。深远影响中国社会经济发展空间秩序、地理学和地理学家。

· 中国科学院编译《改造自然与自然地理学的任务》。为《科学译丛》之《地理学》中的第一册。

· 联合国开始接手1∶100万地图绘制工作。

· 中国《中华地理志》研编工作启动。中国科学院副院长竺可桢总负责。

· 中国国家计划委员会参考苏联国家计划编制经验，开始编制1953年中国的国家年度计划。深远影响中国经济地理格局和中国经济地理研究。

· 苏联斯大林逝世。之后苏联赫鲁晓夫开始"去斯大林"计划。"斯大林改造自然计划"综合地理工程因政治因素被停止。

· 苏联开始赫鲁晓夫提出的粮食增产计划"赫鲁晓夫处女地开发工程"。该工程是单一追求粮食增产的。该工程因片面追求粮食增产而严重破坏生态环境稳定性，导致严重问题。该工程与"斯大林改造自然计划"工程内容完全不同。20世纪60年代以来，处女地开发工程地区已成为沙尘暴源地，严重影响俄罗斯南部及其有关国家的生态环境。

· 中国"中华全国科学技术普及协会"主编《苏联的自然环境及其改造》出版。

· 中国科学院制定学科发展规划。此期间有部分人怀疑质疑地理学的合法性。

· 中国科学院地理研究所在南京成立。其主要基础是中国地理研究所。1958年迁址北京。

· 波兰科学院地理研究所成立。

· 苏联科学技术情报所《文摘杂志》创刊。现称俄罗斯《文摘杂志》，俗称《俄罗斯文摘》。收录地理学和区域地理方面文章。

公元1954年

· 中国中共中央主席毛泽东批准吴晗"重编改绘杨守敬《历代舆地

图》报告"。次年成立"重编改绘杨守敬《历代舆地图》委员会"。中国范文澜、吴晗和尹达等先后领导这项工作。

·中国召开第一次全国地理学术研讨会。研讨中国自然地理区划和经济地理区划，突出为农业发展服务导向。

·苏联科学院生产力研究委员会开始全国自然地理区划第二阶段工作。这一阶段主要是针对第三、四级区划单位，已具有自然—经济属性，是"自然经济区划"，直接为经济发展服务提供科学根据。1940 年开始 1947 年完成的全国自然地理区划第一阶段工作是"自然历史区划"。

·中国开始研究与编制具有现代意义的中国自然地理区划。

·中国林超等拟订大学地理教育使用的《全国综合自然地理区划方案》。该方案首先根据非地带性自然地域分异因素即大地构造将中国自然地理环境划分为四大部分，其次根据地带性自然地域分异因素将中国自然地理环境划分为十大地区，再次主要根据非地带性自然地域分异因素即地貌格局将中国自然地理环境划分为 31 个地区和 105 个亚地区。

·中国林超、冯绳武、关伯仁发表"中国自然地理区划大纲"。

·中国马溶之完成中国土壤地理区划方案。该方案将中国划分为 7 个土壤带 38 个土壤区。之后不断完善。

·苏联 П. С. 马克耶夫发表"论自然地带系统"。使用矩形自然地域分异和自然地带模式。1955 年中译稿发表。

·美国 S. B. 琼斯发表"政治地理学的统一场论"。提出将政治学的研究与地理学的研究结合起来的思想及方法，政治观念、政治决策、政治运动、政治场、政治区域构成政治地理研究基本关系。为政治地理学中的统一场论学派的代表论文。

·美国 B. 梅格斯发表"文化发展的环境限制"。提出和阐述人地关系论即以"人类文化与自然地理环境存在限定关系"为核心思想的"新地理环境决定论"。

·中国周廷儒、施雅风和陈述彭明确提出中国三大自然区。主要反映在罗开富主编的《中国自然区划草案》中。中国三大自然区的观念和概念确立，沿用至今。在《中国综合自然区划（草案)》中以 0 级自然区划单位表达。

· 德国 A. 廖什《区位经济学》出版。

· 苏联《世界地图集》出版。

· 中国《中华地理志》"经济地理分区（辑）"中的《内蒙古经济地理》出版。是最早出版的一卷。至 20 世纪 60 年代出版大部分地区分卷。

· 中国科学院编译局《自然地理名词（地形之部）》由中国科学院出版。该书为中国全国自然科学名词审定委员会《地理学名词》的基础。

· 苏联 A. C. 巴尔科夫《自然地理辞典》第三版出版。1962 年中译本出版。

· 美国爱德华·阿克曼发表《地理科学》。阐述地理学若干理论和学科问题。

· 美国沃尔特·伊萨德发起成立"区域科学协会"。中国严重敏于 20 世纪 90 年代将区域科学引入中国。1991 年陈宗兴等中译本《区域科学导论》出版。

· 中国科学规划委员会开始研究和编制《地理学学科规划》。1956 年刊印。包括《地理学学科规划总论》《地理学学科规划说明书》。

· 中国地理学界开始讨论和争论的经济地理学研究对象问题，形成了生产力配置论和生产配置论等学术派别。

· 美国普·詹姆斯和克·琼斯《美国的地理学：回顾和展望》英文版在美国出版。1957 年苏联出版俄译本。该书阐明和坚持地理学的自然地理和人文地理的统一性观点和区域方法观点。

· 中国孙敬之等在《地理学报》发表"冀南地区经济地理"。

· 中国"中华地理志经济地理组"在孙敬之主持下，通过集体讨论，一致同意将中国划分为华北、东北、华东、华中、华南、西南、西北、内蒙古、新疆、西藏十大经济区。

· 中国严钦尚提出"中国鄂尔多斯沙漠就地起沙"论。后被推荐参评中国《国家地理》"中国近百年地理大发现"。

· 美国乔治·葛德石上节美国总统，对中美关系提出三点建议。

· 美国格伦·特里瓦萨《日本：地理学》出版。

·苏联《A. A. 包尔卓夫地理论文集》出版。他在不同时期阐述景观即为自然综合体、自然地理学包括自然地方志和普通自然地理、地理学的研究对象和研究范式等地理学基本理论问题或元问题。

·美国乔治·葛德石"以一个从事了三十年亚洲研究的地理学家的身份"上书美国总统。就当时的中美关系提出三点建议。近一个月后，美国助理国务卿代表总统给葛德石回信。葛德石收到回信后立即给助理国务卿回信，再次阐述自己的观点。

·中国《地理知识》因发表关于国内的工业地理文章，被认为是"泄密"而遭受限制。

·中国成立"重编改绘杨守敬《历代舆地图》委员会"。

·英国 J. D. 贝尔纳《历史上的科学》出版。是把"科学"作为一门学科加以研究的最早最系统的著作。深远影响地理学和地理学家。

·中国竺可桢发表"为什么要研究我国古代科学史"。

·苏联出版由苏共中央批准的《世界地图集》。

·中国陈述彭《中国地形鸟瞰图集》出版。

·德国 J. 丹豪瑟提出和使用解释学术语。也称诠释学。深远影响地理学特别是人文地理学和人文地理学家。

·苏联《哲学问题》作出"关于自然和经济地理学问题讨论的总结"。指出自然地理学是自然科学，经济地理学是社会科学，因而不存在作为伪科学的统一地理学。

·苏联科学院地理研究所《地理文摘》创刊。

·中国南京师范大学设地理系。首任系主任李旭旦。其前身是1919年的南京高等师范学校文史部地理学科。

·中国湖南师范大学设地理系。其前身是1938年创办的国立湖南师范学院史地系。

·中国香港的香港大学设地理系。香港中文大学于20世纪60年代中期设地理系。

·中国南京大学地理系成立自然地理专业。

·中国张镜湖获美国克拉克大学地理学博士学位。1999年当选国际欧亚科学院院士。

·中国教育部《师范学院暂行教学计划》《师范专科学校暂行教学计划》规定开设地理课程。

公元1955年

·中国毛泽东向全中国人民发出"绿化祖国，实行大地园林化"地理工程号召。中国开始大规划以植树造林为核心的人地关系地域系统协调共生工程。深远影响中国地理格局特别是生态地理格局和中国地理研究。

·中国科学院院长顾问、苏联科学家科夫达建议中国科学院应该规划全国的科学研究工作，编制"十五年科学发展远景计划"。深刻影响中国科学院的决策和工作。

·中国科学院通过《中国科学院关于制订十五年发展远景计划的指示》。中国开始科学规划编制。深远影响中国地理科学发展。

·中国竺可桢当选中国科学院院士。原称学部委员。

·中国黄秉维当选中国科学院院士。原称学部委员。

·中国涂长望当选中国科学院院士。原称学部委员。

·德国赫尔莫斯开展对全球林线雪线对比研究。

·美国西蒙·史密斯·库兹涅茨提出倒"U"形曲线。之后倒"U"形曲线内涵不断变化，称为地理分析工具。

·法国F. 佩鲁明确提出和系统阐述"增长极"概念及其理论。同时代的其他学者提出和阐述类似的问题。J. R. 布德维尔1966年把它转换为区域经济地理概念。D. F. 达温特1969年把它转换为"增长中心"。

·中国国务院批准成立中国科学院综合考察工作委员会。1957年更名为中国科学院综合考察委员会。

·中国农业部组织多学科研究完成《中国农业区划的初步意见》。地理学是主要学科之一。地理学在参加这方面工作中，高度重视人地关系。这也是中国地理学运用人地关系思想理论的重要工作。

·美国西蒙·史密斯·库兹涅茨提出"库兹涅茨曲线"，后发展出环境库兹涅茨曲线。

·美国 C. W. 索恩思韦特确定以降水和可能蒸发量等为指标的气候分类系统。他曾于 1931 年和 1948 年确定气候分类系统。

·美国乔治·葛德石出版中国地理著作《五亿人口的土地》。在该著作中阐述了地理学的价值和功能。

·苏联 А. И. 别列尔曼《景观地球化学概论》出版。1958 年中译本出版。

·美国 H. J. 纳尔逊提出美国城市统计分类系统。

·英国 J. 斯图尔特研究文化生态学问题。

·中国建立中国科学院沙坡头沙漠试验研究站。1992 年成为中国生态系统研究网络（CERN）站，2006 年纳入国家野外科学观测研究站。

·苏联 П. Н. 斯捷潘诺夫《苏联工业地理》出版。

·中国孙敬之发表"论综合地理学与统一地理学"。既论述了自然地理学与经济地理学的科学性质不同，又从地理学发展史、实际需要和研究客体三个方面论述了二者的密切关系，即同属于地理学。同时，提出和阐述将自然地理与经济地理割裂的危害。

·中国科学院成立。截至 2019 年，38 位中国地理学家当选为中国科学院院士（1993 年之前称学部委员）。

·中国科学院成立生物学地学部。1957 年分为生物学部和地学部。

·中国科学院自然资源综合考察委员会成立。由中国国务院批准成立。其前身为 1955 年成立的中国科学院综合调查工作委员会和综合考察工作委员会。1969 年撤销。1975 年成立中国科学院自然资源综合考察组，1978 年恢复成立中国科学院自然资源综合考察委员会。1982 年由中国科学院和国家计委双重领导。1999 年与中国科学院地理研究所合并，改称"中国科学院地理科学与资源研究所"。

·中国科学院组建黄河中游水土保持综合考察队。由中国科学院的地质、地理、土壤、植物、地球物理、农业生物、经济共 7 个研究所，中央林业研究所、黄河水利委员会的测量组、中国农业大学、北京大学、南京大学、兰州大学等高等学校组成。马溶之和刘栋生为队长。

- 中国科学院制定了《黄河中游水土保持工作计划纲要》。
- 中国科学院和苏联科学院"中苏云南紫胶工作队"到云南考察。
- 美国威廉·L. 加里森在华盛顿大学开办第一个地理数量方法研讨班。
- 美国威廉·L. 加里森《计量地理学》出版。
- 中国出版第一张有系统资料支持的"中国民族分布地图"。2014年潘玉君《中国民族地理》给出有系统数据支持的中国各民族地图。
- 中国科学院地理研究所正式开始外国地理研究（后改称世界地理研究）。
- 英国W. G. 霍斯金斯等《英国地理景观的形成》出版。
- 苏联H. H. 科洛索夫斯基《地理学的科学问题》出版。提出和阐述的核心之一是，地理学学科过分专门化和地理专业过分细分等问题的危险。
- 美国路德维希·冯·贝塔朗菲《一般系统论——基础、发展和应用》出版。是第四次科学革命的重要标志。深远影响地理学和地理学家，是现代地理学的基础和核心。
- 苏联地理学会第二届全国代表大会召开。会议形成对苏联地理学及其发展基本认识的结论。中国地理学会编辑翻译刊印《苏联地理学会第二届全国代表大会文件》。深远影响中国地理学和地理学家。
- 中国地理学会代表团参加苏联地理学会第二届代表大会。孙敬之在会上作"中国地理学发展简史"报告。
- 中国科学院中国自然区划工作委员会成立。委员会由23人组成，竺可桢为主任，涂长望、黄秉维为副主任，黄秉维主持日常工作。
- 中国的中华地理志自然地理组人员全部参加自然区划工作。
- 中国农业部向中国科学院地理研究所交办农业区划研究任务。周立三、邓静中撰写"中国农业区划初步意见"。将中国划分为6个农业地带16个农业区。
- 中国华东师范大学举办普通自然地理教师进修班。
- 中国开始改绘杨守敬《历代舆地图》工作暨《中国历史地图集》

编纂工作。之后，中国谭其骧明确提出和阐述不能把历史上的中国与中原王朝等同起来的重要观点。

·日本综合性大百科全书《世界大百科事典》开始（至1963年）出版，共33卷。后陆续再版。

·苏联谢·米·祖波夫在中华华东师范大学举办的普通自然地理教师进修班上讲授《普通自然地理学》课程。他于1957年在中国商务印书馆出版《普通自然地理》中文本。

·中国北京大学开始设置经济地理专业。

·中国陕西师范大学设地理系。首任系主任为黄国璋。其前身是1944年陕西省师范专科学校设立的史地科。

·中国台湾大学设地理系。张其昀1954年发起、筹建。首任系主任为薛继壎。2000年更名为地理环境资源学系。1981年设地理研究所。

·苏联全苏地理大会对经济地理学定义采取大会决议方式表达。1976年也是如此。

·华沙条约组织成立，简称"华约"。深远影响世界地理格局和世界地理研究。

·苏联将原国家计划委员会改组为国家计划委员会和国家经济委员会。前者主要负责编制国家中长期计划，后者主要负责编制和实施国家年度计划。深远影响苏联经济地理格局和苏联经济地理研究，深远影响中国政府职能部门划分。

·"亚非会议"在印尼的万隆召开，也称万隆会议。深远影响世界政治地理格局及其研究。

公元1956年

·中国毛泽东发表《论十大关系》。系统阐述中国区域社会经济发展中的产业关系和区域关系等若干重大问题，为战略地理学、政治地理学和经济地理学著作。深远影响中国地理及其研究和地理学家。1976年发表。后收入《毛泽东选集》第5卷和《毛泽东文集》第7卷。

·中国开始"百家争鸣"热潮。深远影响中国地理学和地理学家。

- 中国完成三大改造，社会主义制度基本建立。深远影响中国地理学和地理学发展。

- 中国开始从农业国转变为工业国建设。深远中国地理学特别是经济地理学发展和经济地理学家成长。

- 中国1月21日下午在中南海怀仁堂举行科学报告会。毛泽东主席、刘少奇委员长、周恩来总理、各位副总理、各部各省负责人等出席，约1400人。会上，竺可桢代表中国科学院生物学地学（部）作报告。

- 中国中共中央政治局公布《1956—1967年全国农业发展纲要草案》（以下简称《纲要》）。1957年10月公布修正草案，1960年4月经第二次全国人民代表大会第二次会议讨论通过，作为正式文件公布。《纲要》全文共40条，故习惯称为"40条纲要"。向中国地理学提出要求，成为中国地理学的发展动力。

- 第18届国际地理大会在巴西里约热内卢举行。中国地理学会原拟派代表团参加这次大会，但由于中国台湾代表非法窃据着中国代表团的席位而未参加。匈牙利、埃及、摩洛哥、波兰、苏联、瑞典、捷克斯洛伐克、南斯拉夫、芬兰等国代表团团长在大会上发表联合声明，请求国际地理联合会采取必要措施保证中华人民共和国的地理学会能参加下一届会议，以消除国际地理学组织中的这一巨大缺陷。

- 德国C. 特罗尔发表"地理科学的地位和它对现实问题研究的重要性"。

- 中国竺可桢阐述地理学的研究对象和研究核心——"地理学则着重现代地球表面的岩石圈、水圈、气圈、生物、人类的相互作用"。

- 苏联А. Г. 伊萨钦科阐述综合自然地理学与部门自然地理学的发展之间的关系。

- 中国地理学会召开第二次会员代表大会。选举徐特立为中国地理学会名誉理事长，竺可桢为中国地理学会理事长，孙敬之和黄秉维为副理事长。

- 中国召开全国第一次科学普及积极分子代表大会。毛泽东主席接见代表。杨纫章出席大会并在大会上发言，受到毛主席接见。

- 中国竺可桢阐述自然综合考察的科学意义和应用价值。
- 中国黄秉维提出开展自然地理环境的物理过程、化学过程和生物过程的研究，然后加以综合的思想。这一"地理过程综合"思想比国际上后来形成的共识早约25年。
- 中国自然地理学界开始依据黄秉维"地理过程综合"思想，广泛开展地理环境中的热量—水分平衡、化学元素迁移及其转换过程、生物群落及其与环境之间物质和能量转换三个地理过程的定量和半定量、定位和半定位研究。
- 美国W.托马斯组织的以"人类在改变大地面貌中角色"为主题的学术会议召开。卡尔·奥特温·索尔、L.芒德福等联合担任大会主席。
- 美国W.托马斯发表"人在改变地球中的作用"。
- 美国克拉伦斯·格拉肯发表"可居世界之观念的变化"。对当时的地理学思想有重要影响。
- 苏联K.K.马尔科夫《古地理学》出版。
- 法国比埃尔·热奥《经济地理概要》出版。
- 法国皮埃尔·比罗《20世纪法国地理学》出版。该著作阐明，法国地理学关注和阐述植被自然地理要素比关注和阐述地貌自然地理要素要晚很长时间。他曾宣称他自己是"自然科学家"。
- 中国科学院中华地理志经济地理丛书开始陆续出版。包括《华北经济地理》（孙敬之、邓静中、胡序威等）、《内蒙古自治区经济地理》（孙敬之、邓静中、胡序威等）、《华中地区经济地理》（孙盘寿、李文彦、李慕贞等）、《华东地区经济地理》（胡序威、李润田等）、《华南地区经济地理》（梁仁彩、黄勉、申维承等）、《东北地区经济地理》（吴传钧、李振泉、梁仁彩、李慕贞等）、《西南地区经济地理》（孙盘寿、孙承烈、申维承、黄勉等）、《西北地区经济地理》（胡序威、刘再兴、李文彦等）、《新疆维吾尔自治区经济地理》（周立三、佘之祥、蔡清泉、沈道齐等）相继出版。反映了地理环境和自然资源与区域经济活动之间关系的人地关系思想。
- 中国商务印书馆和人民出版社分别出版《苏联大百科全书》中的

"地理学"条目。

·中国孙敬之发表"食物来源与人口增长"。该文被中共中央国际活动指导委员会确定为对外宣传参考资料,多种中外文报纸期刊刊载。

·中华地理志编辑部(罗开富主持、主编)出版《中国自然区划草案》。次年苏联出版俄译本。

·苏联 A. A. 格里高利耶夫和 M. И. 布迪科提出并阐释"自然地带周期律"。从理论上系统阐述热量—水平平衡对(广义)自然地带特别是植被地带的影响,具有自然地理环境要素整体性和分异性思想。

·苏联 П. С. 马克耶夫《自然地带与景观》出版。1963 年中译本出版。

·苏联 П. С. 马克耶夫明确给出水平自然地带与垂直地带之间关系的理论模型(包括大陆性和海洋性)。成为中国综合自然地理学中的基本理论模型。

·苏联 M. И. 布迪科《地表热量平衡》出版。中译本 1960 年出版。

·苏联 И. П. 格拉西莫夫编制了土壤生物气候带的世界(土壤)地图。反映了自然地理要素整体性思想、自然地理要素和自然地理小系统地域分异思想。

·美国 E. L. 乌尔曼提出"乌尔曼相互作用理论"。该理论认为互补性、中介性和可运输性是影响空间相互作用的条件。

·苏联 Б. П. 阿里索夫提出综合考虑大气环流、景观、地理区域、地带的苏联气候区划。

·中国杨吾扬在《新建设》发表"地理科学的一个重要理论问题"。

·苏联 П. С. 马克耶夫提出和阐述"长方形理想大陆模式图"。之后有学者提出"卵形理想大陆模式图"。这些模式图是地理学研究的理论思维图形工具。

·中国王庸《中国地图史纲》出版。

·中国科学院自然区划工作委员会成立。1959 年后《中国综合自然区划(初稿)》等 8 种 9 卷区划方案陆续完成和出版。

·中国中共中央政治局批准竺可桢兼任中国科学院自然资源综合考

察委员会主任。

· 美国沃尔特·伊萨德《经济学的位置和空间》出版。提出"区域科学"概念。

· 美国《人类在地表改变中所扮演的角色》出版。同期出版《被人类行为所改变的地球：过去三百年中全球和区域变化》。这些书籍深受1864 年《人与自然：人类活动所改变的自然地理》的影响。

· 美国华盛顿大学召开研究生数学统计专题研讨会，是计量革命重要标志。

· 中国《1956—1967 年科学技术发展远景规划》（又称《十二年规划》）明确提出"以任务为经、学科为纬"的"任务带学科"这一国家发展与学科发展之间关系的方针。其中，"任务"代表国家发展需求，"学科"代表基础理论研究。深远影响中国的地理科学发展。

· 中国《十二年规划》的四项关于自然资源综合开发规划项目的规划任务书中，明确提出要在全国建立"自然资源综合考察委员会"并隶属国务院。

· 中国的科学规划委员会《1956—1967 年基础科学学科规划》确定地理学的基础学科地位。《1956—1967 年基础科学学科规划》为《1956—1967 年科学技术发展远景规划》中的核心文件之一。对中国地理学发展具有深远而重大促进作用。

· 中国《十二年规划》提出"任务代学科"观念。这里的"任务"就是国家需求，"学科"就是基础理论研究。《十二年规划》由《1956—1967 年科学技术发展远景规划纲要（草案）》和四个附件组成。对中国地理学发展有深远而重大作用。

· 中国《1956—1967 年科学技术发展远景规划纲要（草案）》涉及国家科学技术发展的 13 个方面，并从中提出 57 项重要的科学技术任务。

· 中国《十二年规划》的"国家重要科学技术任务"中有近二十项为地理学或与地理学有关的项目。第一项是"中国自然区划和经济区划"，包括中国综合自然区划、中国地貌等方面区划、中国气候区划、中国水文区划、中国土壤区划、中国植被区划、中国动物区划、中国农业区划、中国经济区划。对中国地理学发展有深远而重大作用。

·中国的科学规划委员会编制完成《1956—1967年基础科学学科规划》。其中的《地理学学科规划》包括《地理学学科规划总论》《地理学学科规划说明书》两部分。

·中国的科学规划委员会《地理学学科规划总论》包括地理学学科内容和意义、国际和国内期刊、发展方向、具体措施四个部分。该规划研编者有任美锷（执笔）、黄秉维、侯仁之、孙敬之、施雅风、李承三、郭敬辉、方俊、罗开富、周立三、夏坚白、陈述彭、周廷儒、冯景兰、刘培同、袁复礼、张之、竺可桢、王经、曾世英、杨韧章、朱炳海。对中国地理学发展有深远而重大作用。

·中国的科学规划委员会《地理学学科规划总论》阐述地理学"以地球表面为研究对象，分为自然地理学和经济地理学""自然地理学属于自然科学""经济地理学属于社会科学""地理学在国民经济和科学发展上的意义是很重大的"等若干地理学基本问题。

·中国的科学规划委员会《地理学学科规划总论》阐述"自然地理学除研究自然环境的整体的普通自然地理学和区域自然地理学以外，还包括许多专门的分支"；"这些专门的分支有地貌学、气候学、陆地水文学、海洋学、土壤地理学、植物地理学和动物地理学"；此外还有地图学、古地理学、历史地理学。

·中国的科学规划委员会《地理学学科规划总论》阐述经济地理学分为中国经济地理学、苏联和人民民主国家经济地理学、资本主义国家经济地理学、人口地理学、都市地理学、工业地理学、农业地理学、运输地理学等门类和分支学科。

·中国的科学规划委员会编制完成《地理学学科规划说明书》。黄秉维负责自然地理学、孙敬之负责经济地理学、方俊负责地图学、任美锷负责地貌学、朱炳海等负责气候学、郭敬辉和罗开富负责陆地水文学、马溶之负责土壤地理学、陈昌笃负责植物地理学、侯仁之负责历史地理学和地理学史。对中国地理学发展具有重大而深远的影响。

·中国《1956—1967年哲学社会科学规划方案（草案）》（又称《十

二年哲学社会科学规划》）把新的地方志编纂列为 12 项重要工作之一。地理学是地方志编纂的主要支持学科之一。

• 中国《十二年哲学社会科学规划》的《自然辩证法（数学和自然科学中的哲学问题）研究规划草案》中包括地理学哲学问题。

• 中国地理学界开始明确关注中国的热带北界问题。之后，出现"副热带""亚热带""准热带"等概念及其术语，势将促进气候学和自然地理学的理论发展。

• 中国竺可桢阐述要将作为历史学附庸的历史地理学改造为现代科学的历史地理学。

• 苏联 Ф. H. 米尔科夫《自然地理区及其内容》出版。1959 年中译本出版。

• 中国孙敬之《论经济地理学的科学性质》由新知识出版社出版。后由商务印书馆再版。该书内容涉及面甚广，包括经济地理学史、经济地理学的对象与任务、经济地理的区域和自然条件在经济地理学中的地位。对中国 20 世纪 50 年代前半期经济地理学理论研究和实践有较大影响。之后俄文译本出版。

• 苏联 Л. C. 贝尔格的《贝尔格院士选集》出版。

• 苏联 Б. Б. 波雷诺夫的《波雷诺夫院士选集》出版。

• 中国顾颉刚和章巽编、谭其骧校《中国历史地图集（古代史部分）》在地图出版社出版。因国界线等问题，最后为内部出版发行。

• 中国钱崇澍、吴征镒、陈昌笃《中国植被的类型》出版。

• 苏联 Б. Б. 波雷诺夫发表"景观学说"。这是他晚年所撰写，收入《波雷诺夫院士选集》。他在有关著作中批评自然地带学说，认为"地带性图式开始起着一种偏见作用"而影响对自然地理环境的科学认识。

• 中国林业部颁布《天然林禁伐区（自然保护区）划定草案》。为中国自然保护区建设的开始。

• 苏联 B. H. 苏卡乔夫在中国进行考察。阐述植被演替的三个基本类型。

• 中国黄秉维提出要发展自然地理定位观测与实验。

- 苏联科学技术情报研究所《文摘杂志·地理学》创刊。
- 中国张同铸在《地理学报》发表"为帝国主义服务的人文地理学"。同年中国新知识出版社出版该文的单行本《为帝国主义服务的人文地理学》，1959年商务印书馆出版该文的单行本《为帝国主义服务的人文地理学》。包括前言、人文地理学的产生、人文地理学为帝国主义服务（对人和自然关系的歪曲、对国内劳动人民的贫困与殖民地国家的落后的谎言、对于帝国主义侵略行为的辩护、唯心的形而上学的方法论）、人文地理学思想在中国的影响。
- 中国施雅风在《自然辩证法研究通讯》（后更名为《自然辩证法通讯》）发表"地学的特性与分类问题"。
- 中国教育部颁布《小学地理教学大纲（草案）》《中学地理教学大纲（草案）》。这两份大纲是在1953年编制的大纲基础上修订完成的。
- 苏联成立的行政经济区国民经济委员会向地理学特别是综合自然地理学提出新的要求。
- 苏联共产党第20次代表大会提出在组织农业生产时要仔细考虑当地的自然条件和经济条件的因地制宜的人地关系思想。
- 中国李富春提出在计划体制上要实行分级管理并施行。深远影响中国地理格局和中国地理研究。
- 中国成立国家计划委员会和国家经济委员会。前者负责中长期计划编制，后者负责年度计划编制。深远影响中国政治经济地理格局和中国政治经济地理研究。
- 中国《自然辩证法研究通讯》创刊。是地理学哲学论文发表的主要期刊之一。后更名为《自然辩证法通讯》。
- 中苏两国联合开展黑龙江流域科学考察。至1960年结束。
- 中国开展新疆综合科学考察。至1960年结束。
- 中国华东师范大学成立人口地理研究室。由胡焕庸倡议。
- 中国左大康等到苏联莫斯科大学地理系学习。后中国连续多年陆续派员前往苏联有关机构学习地理学和地图学等。
- 中国第一个自然保护区"鼎湖山自然保护区"建立。

公元 1957 年

· 中国毛泽东主席邀请七省市教育厅局负责人座谈中小学教育问题。阐述中学地理等问题。

· 中国北京大学和中山大学开始举办自然地理教师进修班。第一阶段在中山大学，第二阶段在北京大学。邀请苏联 А. Г. 伊萨钦科系统讲授自然地理学，包括课堂授课和野外实习等环节。他的讲稿后以《自然地理学基本问题》为名出版中文版。

· 中国林超提出和阐述"综合自然地理学"概念及其英文表达。中国地理学家开始创建"综合自然地理学"学科。她不同于西方近代地理学中的自然地理学，也不同于苏联近现代地理学中的自然地理学。

· 苏联地理研究所列宁格勒建立分所列宁格勒地理研究所。С. В. 卡列茨尼克为首任所长。

· 中国科学院自然区划工作委员会顾问苏联 И. В. 萨莫依洛夫《自然区划方法论》在中国以中文版出版。该著作为作者在 1957 年 1—2 月中国科学院自然区划工作委员会举行自然区划讨论会中的讲稿。

· 中国侯学煜和马溶之编制《中国植被土壤分区图（1∶400 万）》。反映自然地理要素整体性思想、自然地理要素及其自然地理小系统地域分异性思想。

· 中国马溶之开始系统阐述中国土壤地理分布格局、欧亚大陆土壤地理分布格局。受到国际土壤学界的高度重视。

· 捷克科学院召开经济区划专题会议。

· 中国竺可桢根据中国自然地理环境实际情况提出"亚热带"概念并进行具体划分。促进自然地域分异理论和自然地理区划理论的发展。

· 中国任美锷根据中国自然地理环境实际情况提出"准热带""热带山原"概念并进行具体划分。促进自然地域分异理论、自然地理区划理论和中国自然地域分异格局划分的发展。

· 中国周廷儒、施雅风和陈述彭提出中国地形三大区划分思想和方案。促进自然地理区划理论发展和中国自然地理区划认识发展。

- 中国《中华人民共和国地图集》出版。

- 苏联 И. М. 查别林《自然地理学理论基本问题》出版。1959年中译本出版。

- 中国三联书店分两册内部出版 Ю. Г. 萨乌什金1955年著的《经济地理学导论》中译本。

- 荷兰克里斯蒂安·范·范帕森《地理学的古典传统》出版。

- 法国 J. 戈特曼在论文中创用"大城市集群区"或"大都市带"概念及其术语。1961年《大城市集群区》出版。

- 瑞典 G. 缪尔达尔在其《经济理论与不发达地区》中提出和阐述后来被称为"地理二元经济发展理论"的学说。之后成为地理学特别是经济地理学的分析工具。

- 中国张文奎《经济地理学概论》由新知识出版社出版。该书主要论述经济地理学的基本问题。对生产配置规律特别是社会主义生产配置规律做了较系统的分析。最后论述工业、农业、运输业、人口、城市研究在经济地理中的意义。并叙述了新中国经济地理研究取得的重要成就和经济地理如何为社会主义建设服务等问题。

- 美国 A. O. 赫希曼（至1958年）《经济发展战略》中提出"极化效应""涓流效应"。之后成为地理特别是经济地理分析工具。

- 中国马寅初发表"新人口论"。具有地理环境要素整体性、地理要素综合和可持续发展等思想。曾受到曲解和批判。

- 中国李春芬发表"从发展过程中认识地理学的对象、任务和方法"。

- 中国陈述彭在中国科学院地理研究所组建航空相片综合利用分析判读组。

- 中国叶笃正等揭示青藏高原夏季是巨大热源。

- 苏联 И. П. 格拉西莫夫提出中国黄土成因是风和土壤作用说。之后，黄土成因研究又出现一次高潮。中国的张伯声、杨杰、刘栋生、张宗祜、曾昭璇、张天曾等分别提出不同假说。

- 中国孙敬之在《自然辩证法研究通讯》（后更名为《自然辩证法通

讯》）发表"地理科学争论中的哲学问题"。系统阐述地理学的综合性。

·中国胡兆亮在《自然辩证法研究通讯》（后更名为《自然辩证法通讯》）发表"地理学中的几个哲学问题"。系统阐述的问题之一是地理学的学科地位。

·中国陈传康在《自然辩证法研究通讯》（后更名为《自然辩证法通讯》）发表"有关自然地理学的几个哲学问题"。

·美国科学信息研究所创办《科学引文索引》（SCI）。成为地理学主要信息平台之一。

·中国科学院自然科学史研究室成立。后发展为中国科学院自然科学史研究所。是地理学史研究的主要单位之一。1958年创办《科学史集刊》，1982年改为《自然科学史研究》。

·中国科学院成立生物学地学部。原生物学地学部划分为生物学部和地学部。

·苏联 H. H. 巴朗斯基发表"关于地理系社会地理学部分的教学计划问题"。提出和阐述了地理学和地理专业课程过分细分的弊端。

·中国科学院地理研究所成立历史地理组。

·中国竺可桢（时任中国科学院副院长）在《科学大众》发表"要开发自然必须先了解自然"。阐述认识自然是改造自然的基础的人地关系思想。

·苏联出版《中国自然区划草案》俄译本。

·中国科学普及出版社开始出版"中国地理知识丛书"。包括《我国的地形》《我国的气候》《我国的资源地理》《我国的农业地理》《我国的轻工业地理》《我国的重工业地理》等。

·中国科学院综合考察工作委员会更名为中国科学院综合考察委员会。

·第三次国际地球物理年对南极进行大规模考察。

·英国大卫·哈维从剑桥大学毕业。获博士学位。

·美国段义孚从美国加州大学伯克利分校毕业。获博士学位。后出版《无边的恐惧》《逃避主义》《主导与情感》等人本主义地理著作。

- 国际地球物理年（IGY）期间开展联合海洋科学考察。促进海洋地理学发展。
- 海洋研究科学委员会（SCOR）成立。促进了海洋地理学的迅速发展。
- 日本柴田武、贺登崧等开始对日本东西两大方言区接触地带进行语言地理调查。这次调查及其研究的主要成果之一是后来出版的《语言地理学方法》《丝语川语言地图》。
- 中国李文华留学苏联。师从 B. H. 苏卡乔夫。在此前后中国到苏联学习地理学人员较多。
- 中国反右运动开始。一些地理学家被错划为右派，受到冲击。
- 中国登山队首次登上四川贡嘎山主峰，完成第一次高山考察。

公元 1958 年

- 中国毛泽东、刘少奇、周恩来等参观中国科学院科技成果展览会参观地学展台。
- 中国中共中央主席、国家主席毛泽东在中央工作会议上倡议全国各地编修地方志。地理学是地方志编纂主要支持学科之一。
- 美国哈特向发表"作为一门空间科学的地理学概念：从康德和洪堡到赫特纳"，关注和阐述地理学若干基本理论问题。
- 中国开始"大跃进"、人民公社运动。"快速空间规划"开始进行。
- 中国自然地理区划首先划分为三个自然大区即三大自然区的概念的术语开始出现。其概念的内涵萌芽于 1930 年中国竺可桢提出的"中国气候区域论"。
- 中国科学院黄河中游水土保持综合考察队完成的成果开始陆续出版。主要有《黄河中游黄土高原的自然、农业、经济和水土保持土地合理利用区划》《黄河中游黄土》《黄河中游黄土地区水土保持手册》《陕西西部水土保持调查报告》《黄河中游的林业》等。
- 中国科学院地理研究所由南京迁至北京。
- 中国竺可桢提出和阐述"地理工作者应该是向地球进军的先锋"。

系统阐述若干元地理学问题：研究地球外壳的结构及其组成部分的发生、发展、分布和各组成部分之间的相互制约与相互转化的过程，要结合生产实践来认识和改造自然，努力为经济建设服务。地理学是一门综合性的科学，要成为一个现代的地理学家，必须具有地貌、水文、气候、土壤、地植物、经济地理等一般知识和其中一门比较专门的知识，要善于应用其他自然科学的研究成果武装自己。

·中国叶笃正等发现和提出东亚季风和南亚季风系统。

·美国建立了美国国家航空航天局（NASA）。之后的工作促进了地球系统科学发展。

·中国吴传钧提出"经济地理工程师"术语。

·中国陈传康提出和阐述"自然地理学是研究整体的自然地理环境""地理环境在时间和空间上是统一的"，以及要"使其自然科学化"等自然地理学思想。

·中国成立"中华人民共和国国家大地图集编纂委员会"。编纂国家大地图集是1956年列入"中国十二年科学技术发展远景规划"中的国家重点科研项目之一。编委会主任竺可桢，副主任白敏、黄秉维、孙冶方、李秉枢，另有31位委员。陈述彭为编委会常务编委兼学术秘书。成立普通地图集专门委员会、自然地图集专门委员会、经济地图集专门委员会、历史地图集专门委员会、制图工艺专门委员会、地名译音专门委员会。

·中国"中国国家大地图集编纂委员会"确定中华人民共和国国家大地图集包括《中华人民共和国国家普通地图集》《中华人民共和国国家自然地图集》《中华人民共和国国家经济地图集》《中华人民共和国国家历史地图集》。

·中国"中国国家大地图集编纂委员会"组织代表团访问苏联，征求编纂意见。

·中国"中国国家大地图集"的《中华人民共和国国家普通地图集》编辑工作启动。由地图出版社和中国科学院地理研究所等承担，在地图出版社成立"国家大地图集普通地图集编辑部"，张思俊任主任，陈述彭、刘德隆任副主任。1959年陈述彭领导并执笔完成《〈中华人民共和国国家普通地图集〉技术总设计书》。1960 年全面开始编纂工作。阶段性成果于 1969 年以《中华人民共和国分省地图集》形式内部出版。

· 美国汉逊提出"种群结构演替顶级"概念。

· 中国沈玉昌建立中国地貌分类系统。包括中国陆地地貌成因类型、海岸地貌成因类型、海底地貌成因类型。每一类型之下分为若干亚类。

· 中国施雅风建立中国地貌分类系统。其中，平地地貌包括 12 种地貌类型，山地地貌包括 11 种地貌类型。

· 中国崔之久在 1956 年贡嘎山登山考察基础上完成发表第一篇现代冰川地貌论文。

· 中国"中国人民大学书报资料中心"成立。之后出版《地理学》《中国地理》《世界地理》等。

· 中国科学院南京地理研究所正式成立，1988 年后改称中国科学院南京地理与湖泊研究所。

· 中国科学院高山冰雪利用研究队成立。开始对中国冰雪资源进行考察、研究。是兰州冰川冻土沙漠研究所的前身。现已发展成"中国科学院寒区旱区环境与工程研究所"。

· 中国竺可桢在《科学通报》发表"中国的亚热带"。发展了自然地域分异的基本认识和基本理论，认识和解决发生观点与实用观点的矛盾与兼顾问题。

· 中国曹廷藩阐述经济地理学研究"生产配置"。之后又进一步阐述了经济地理学的研究对象和性质。

· 苏联 И. B. 萨莫依洛夫在中国《地理学报》发表"苏联地理学的发展过程"。其中，提出"地理科学系统"概念。

· 苏联 И. B. 萨莫依洛夫《苏联地理学四十年》在中国用中文出版。附录有黄秉维"学习苏联，感谢苏联"和孙敬之"学习苏联经济地理学的先进成果，争取 1967 年左右赶上国际水平"两篇文章。

· 中国林超发表"珠穆朗玛峰的发现与命名"。

· 中国钟功甫发表论文，系统总结和研究中国珠江三角洲地区"桑基鱼塘"和"蔗基鱼塘"。系统总结和阐述数千年以来逐渐形成的地理系统模式。

· 中国徐兆奎在《地理学报》发表"葛德石反动地理学思想批判"。

· 中国朱震达发表"应用数量方法来研究黄土丘陵地区的侵蚀地貌"。为中国第一篇计算地理学论文。

· 中国开始第一次全国土壤普查。以土壤农业性状为基础，提出中国的全国第一个农业土壤分类系统。1979 年开始第二次土壤普查。

· 中国开始出版《中华人民共和国水文年鉴》。

· 中国《中华地理志》的《华北经济地理》俄文版出版。

· 苏联 Ю. Г. 萨乌什金《经济地理学导论》由莫斯科大学出版社出版。1960 年商务印书馆出版中文版。在中文版中作者略有修补。在中文版出版之前，中国孙敬之曾就翻译中文本事宜征求 Ю. Г. 萨乌什金意见。Ю. Г. 萨乌什金为中译本撰写中文版前言。

· 苏联 Ю. Г. 萨乌什金《经济地理学导论》十分重视人地关系，其第二章标题是"地理环境与人类社会的相互作用"。表明人地关系及其研究不是狭义的人文地理学的专有研究问题。

· 中国允白（编辑和翻译）《地理学基本问题》出版。

· 加拿大罗斯·麦凯提出"多年冻土与地下水相之间互作用"学说。

· 美国艾伯特·赫尔希曼（出生于德国）提出和阐述"不平衡增长"理论，使用"战略部门"和"主导部门"等术语。之后成为地理学特别是经济地理学分析工具。

· 中国许多地区开始大规模毁林开垦、围海造田、围湖填塘，以求粮食生产。

· 中国孙敬之在《自然辩证法研究通讯》（后更名为《自然辩证法通讯》）发表"把地理科学的理论争论向前推进一步"。批评在地理学理论争论中的不严肃性等问题。

· 中国科学院地理专业会议在北京召开。

· 联合国领海会议定义"毗邻区"。对地理研究有一定影响。

· 中国国务院科学规划委员会成立地方志小组。

· 中国国务院在内蒙古呼和浩特召开内蒙古、新疆、甘肃、青海、陕西、宁夏六省区治沙规划会议。

· 中国华中师范大学开始设地理系。其前身为1924年建立的私立华中大学史地专业。

· 国际地球物理合作（IGC）联合海洋考察。促进了海洋地理学发展。

· 中国教育部《高等学校专业目录》调整高等师范学校17个专业，其中包括地理学专业。

公元1959年

· 中国中共中央面对国家经济困难时期态势再次强调发展国民经济要以农业为基础的方针。为农业地理研究提出任务和要求，也促进农业地理发展。

· 中国陈云在《红旗》发表"当前基本建设工作中的几个重大问题"。精辟论述中国工业布局问题。之后，中国正式使用"生产（力）布局"概念及其术语。

· 中国地理学会向全国地理学界发出"地理学要为农业服务"的号召。

· 中国竺可桢在《人民日报》发表"综合考察是建设计划的计划"。阐述科学考察的成果是建议性的远景方案。深远影响中国的地理科学发展。

· 美国国家科学基金会开始高度重视科学方法。开始资助包括地理学在内的新的科学研究方法的研讨会和讨论会。

· 中国科学院召开综合考察工作会议。中国科学院党组副书记、秘书长杜润生在会议上阐述任务与学科之间的关系，指出综合考察可以带动学科，但真正重大的理论问题，还需要研究机构去解决。深远影响中国地理科学发展。

· 苏联米哈依洛夫给出"自然地理综合体"（也称"自然综合体"）概念的定义。

· 中国竺可桢提出和阐述地理概念包括术语和内涵的一致性等地理

学基础问题，特别是热带和湿润等基本概念在不同自然地理学科之间的一致性和通用性问题。

·中国科学院副院长竺可桢发表"纪念德国地理学家和博物学家亚历山大·洪堡逝世100周年"。

·中国黄秉维系统揭示了中国的自然地理环境的能量—物质迁移转化规律、地域分异规律、时间变化规律，建立了具有中国特色的自然地域分异理论。蕴含地理研究的空间秩序维度、时间序列维度和动因机制维度等地理研究范式思想。21世纪初叶中国地理学家开始系统阐述地理研究基本范式理论。

·中国科学院自然区划委员会阐述作为综合自然地理区划单位的自然带科学概念。自然带是按地表热量的分布及其对整个自然地理环境的影响而划分出来的大空间尺度的自然地理区划单位和自然地理综合体单位。

·中国科学院自然区划委员会阐述作为综合自然地理区划单位的自然地带科学概念。自然地带是包括一个可以代表自然界水平分异特征的土类和植被群系纲的自然地理区划单位和自然地理综合体单位。

·中国自然区划委员会《中国地貌区划》出版。该区划方案将中国划分为18个一级地貌区、44个二级地貌区、114个三级地貌区。其中一级地貌区划分根据非地带性标志。

·中国自然区划委员会《中国土壤区划（初稿）》出版。该区划方案拟定土壤气候带、生物气候地区、土壤地带、土壤省、土壤区、土壤片、土壤块共7级土壤区划单位。

·中国科学院地理研究所和中国科学院南京地理与湖泊研究所《中国地貌类型图（1∶100万）》出版。

·中国黄秉维发表"亚历山大·洪堡的生平及其贡献"。其中将洪堡的自然科学哲学概括为：自然界是一个统一的整体；这个统一体由千差万别的现象组成，这些现象的联系，存在着内在的因果关系；地球上任何一块地方的自然现象也处于相互联系中，构成天然的统一体；地表上任何一块地方的自然是整个自然界一部分。

•美国 A. N. 斯特拉勒提出以气团源地、分布和气候锋的位置等为基础的气候分类系统。

•中国黄锡畴发现、研究长白山高山自然景观类型，并将其命名为"高山苔原"景观。

•美国 R. 哈特向《地理学性质的透视》出版。1963 年出版中译本。

•苏联 Ф. Н. 米尔科夫《自然地理学基本问题》出版。

•德国 C. 特罗尔《热带山地——他们的气候与植物地理的三维地带性》出版。

•法国皮埃尔·比罗《自然地理学概论》出版。阐述自然地理环境要素整体性。

•苏联编制 1959—1965 年科学发展规划中的地理学规划。苏联地理研究所 А. А. 格里高利耶夫和 И. П. 格拉西莫夫、列宁格勒大学卡列斯尼克、莫斯科大学萨乌什金等参加。

•中国自然区划委员会 9 种自然区划方案出版。为中国自然地理环境及自然地理环境要素的空间秩序的系统识别的典型研究及成果。包括《中国综合自然区划（初稿）》《中国地貌区划（初稿）》《中国气候区划（初稿）》《中国水文区划（初稿）》《中国潜水区划（初稿）》《中国土壤区划（初稿）》《中国植被区划（初稿）》《中国动物区划（初稿）》《中国昆虫区划（初稿）》。

•中国自然区划委员会构建出自然地理区划（包括自然地理要素区划和综合自然地理区划）的理论和方法，发展了自然地理区划理论和方法，促进自然地理学理论和学科发展。

•中国黄秉维提出和运用地带性自然地域分异因素为第一因素，非地带性自然地域分异因素为第二因素的思想和原则。

•中国科学院新疆综合考察队和苏联科学院地理研究所《新疆维吾尔自治区的自然条件论文集》（中文）由中国科学出版社出版。

•中国《地理学报》发表"中苏专家对'中国综合自然区划草案'的意见摘要"。

•中国科学院自然科学名词编订室《自然地理名词（俄汉对照试用

本)》出版。为之后中国全国自然科学名词审定委员会《地理学名词》的基础。

·中国编制出版《中国植被图（1∶400万）》。

·中国首次对喜马拉雅山珠穆朗玛峰地区进行科学考察。

·中国建立中国科学院天山冰川观测试验站。是中国唯一专门以冰川和冰川作用区位主要观测、试验和研究对象的野外台站。是国际冰川监测网络中的中亚内陆冰川的代表观测站点。

·国际地图学协会（ICA）成立。中国于1980年加入。下设地图制度教育与培训、地图生产技术、先进技术、地图学史、卫星影像专题制图、城市制图、触觉与低视力制图、海洋制图、人口制图、地图学概念与方法论、地图与空间数据应用、环境地图与地图集、地图学文献等多个专门文员会和工作组。

·中国科学院治沙队成立。开始开展沙漠及沙漠化以及荒漠化的系统研究。是中国科学院沙漠研究所的前身。

·中国开展南水北调科学考察。许多地理学家和地理工作者参加。

·美国C. P. 斯诺发表学术报告"两种文化和科学革命"。

·美国C. 赖特·米歇尔《社会学的想象力》出版。为后现代主义重要著作。影响20世纪90年代后现代地理学。

·德国出版《国际社会学家辞典》。1980年再版。上卷中文版1987年出版。其中包括社会地理学家。

·美国G. W. S. 罗宾逊提出飞地分类体系。

·德国G. 施瓦茨提出"城市化村"概念。改变了将聚落仅分为城市和乡村的思想。

·中国地理学会举行德国亚历山大·冯·洪堡逝世100周年纪念会。

·中国科学院综合考察委员会组织"论综合考察"研讨会。

·中国科学院地理研究所《十年来的中国科学·地理学》出版。包括总论（黄秉维、施雅风、高泳源撰）、综合自然地理学（林超、陈传康、黄秉维撰）、地貌学（沈玉昌、施雅风、王乃梁、陈吉余、陈梦熊、朱震达撰）、水文地理学（郭敬辉撰）、动物地理学（郑作新、张荣祖撰)、经济地理学（周立三、吴传钧撰）、历史地理学（侯仁之撰）。

·中国科学院综合考察委员会《十年来的中国科学·综合考察》出版。包括总论（竺可桢）、黑龙江流域综合考察报告（冯仲云、朱济凡、吴传钧、王守礼撰）、新疆综合考察报告（周立三撰）、黄河中上游水土保持综合考察报告（林镕、马溶之、楼桐茂撰）、西藏综合考察（李璞、李连捷、锺补求、贾慎修撰）、云南热带亚热带生物资源综合考察（吴征镒、刘崇乐、吕炯撰）、华南热带亚热带生物资源综合考察（张肇骞、吴征镒、吕炯撰）、青海甘肃综合考察（侯德封、李文彦撰）和沙漠的综合考察（黄秉维、陈道明、高尚武撰）等。

·中国严重敏系统论述了中国城市地理学的理论体系、基本方法和主要应用领域。之后，引进克里斯泰勒中心地理论、开启中国城镇化、城镇体系、城镇人口布局、大城市研究方面。

·中国科学院和国家档案局联合成立中国地方志小组。

·中国出版中文版《地质学原理》（英国 C. 莱伊尔著）出版。

·苏联科学院土壤研究所和地理研究所等完成《中国土壤概图》。

·委内瑞拉政府建立洪堡纪念馆。以纪念德国亚历山大·冯·洪堡 1799 年的考察和发现。

·中国上海图书馆《中国丛书综录》开始陆续出版。为中国历史地理研究的重要文献。

·中国地理学会召开人民公社规划学术工作会议。在此前后，中国地理研究单位开始全国范围的人民公社规划工作。之后编纂《区域规划工作手册》和《农村人民公社建设规划方法》。在这方面中国地理学工作者以人地共生思想为主，强调了人定胜天的思想。

·德国 A. 格劳特吾德在《经济地理》发表"回顾杜能"。

·部分国家或组织开始（至 1965 年）国际印度洋考察（IIOE）。促进海洋地理学发展。

·联合国通过《南极条约》。1961 年生效。1983 年中国加入。深远影响世界地理格局和世界地理研究。

·国际开发协会（IDA）成立。

20 世纪 50 年代

·中国经济地理学界深受苏联两大经济地理学派关于经济地理学研究对象等基本认识的影响。这两个学派是以地理学家巴朗斯基、科洛索夫斯基和萨乌什金为主的区域学派，以经济学家费根、康斯坦丁诺夫为主的部门统计学派。

·德国奥特伦巴《德国自然区划原理》、德国米素森《德国自然区划研究和表述的原理》《德国自然区划手册》等相继出版。

·中国乃至世界的自然地理学处于"支离破碎"高潮期，即部门自然地理学从自然地理学中高度分离独立的高潮期。在这一学科背景下，中国黄秉维后来提出和阐述自然地理学的三个方向。

·中国开始（至 20 世纪 70 年代）出现人文地理学被弱化和取消的态势。

·中国经济地理学 20 世纪 50 年代后期参加四川、江苏、辽宁等省有关地区以工业布局为中心、结合城市发展的规划工作，开始形成产业、城市、区域综合的思想。

·中国 20 世纪 50 年代后期开始农业区划工作。

·中国谢家泽、郭敬辉、罗开富、施成熙等于 20 世纪 50 年代初为推动我国水文地理研究作出巨大贡献。

·中国开始系统的动物地理研究。迄今已在动物区系的分异规律、动物地理区划及种的分布型、生态动物地理、动物地理专题等方面取得成果。

·中国地理学家在中国综合自然地理区划研究中，开始认识综合自然地理区划的若干原则并开始系统阐述。包括地带性原则、非地带性原则、地带性与非地带性统一性原则、发生性原则、区域共轭性原则等。

·中国从 20 世纪 50 年代初开始系统考察和研究荒地土地资源。包括荒地资源的分类、分等、分布、利用等。

·中国开始对黄土地貌类型及发展过程进行系统研究。罗来兴、陈永宗、袁宝印、刘栋生、景可等从不同角度开展工作。

- 20 世纪上半期，中外科学家已开始关注和研究中国冰川。
- 中国逐渐开始形成对外国地理的研究的一定的分工：华东师范大学主要对西欧、北美，南京大学主要对非洲，东北师范大学主要对苏联、日本，南开大学主要对大洋洲，中国科学院地理科学与资源研究所对东南亚、日本等，都先后出版了研究区域的专著。
- 人口地理学发展成为地理学中的独立的分支学科。